귀스타프 모로, 〈오이디푸스와 스핑크스〉, 1864년, 뉴욕 메트로폴리탄 미술관
"죽음이란 모든 사람들에게 공통적인 것이요. 기나긴 비탄을 가져오는 죽음의 운명이 인간을 파멸시키면 신들조차도 자신들이 사랑하던 인간을 지킬 수가 없소." -호메로스, 《오뒷세이아》 중에서

아테나 여신은 오뒷세우스의 아들 텔레마코스에게 죽음은 모든 인간의 운명이라고 말한다. 신들도 인간의 죽음 앞에서 무력하다. 인간에게 죽음은 필연적인 것이기 때문에 신들도 어쩌할 수 없는 것이다. 신들조차 운명을 거부할 수는 없다. 운명은 인간만 지배하는 것이 아니라 신들도 지배하기 때문이다. 사실 신들이 운명을 만든 것이 아니며 신들도 운명에 저항할 수 없다.

자크 다비드, 〈파트로클로스〉, 1780년, 프랑스 셰르부르 토머스앙리 미술관

아킬레우스는 복수를 위해 파트로클로스의 시체를 묻지도 않고 전장에 나가 이루 말할 수 없을 정도로 많은 트로이군을 죽인다. 마침내 헥토르를 죽이고 돌아왔을 때는 이미 파트로클로스가 죽은 지 여러 날이 지난 후였을 것이다. 아킬레우스가 피곤에 지쳐 잠이 막 들었을 때 파트로클로스의 영혼이 찾아들어 아직 장례 의식을 치르지 못해 하데스로 들어가지 못하고 있다고 하소연한다. 고대 그리스에서는 장례 의식을 치르지 못한 영혼은 하데스의 문 근처에서 정처 없이 헤맨다고 생각했기에 죽은 자의 장례 의식을 무엇보다도 중요하게 생각하였다.

"그대는 나를 잊고 잠이 들었구려, 아킬레우스여.
내가 살았을 적에는 잊지 않더니,
죽고 나니까 잊고 마는구려. 자, 어서 나
를 장사 지내 하데스의 문을 통과하게
해주시오. 죽은 자들의 그림자인 영혼들
이 나를 멀리 내쫓아 강을 건너 그들 틈에
섞이지 못하게 하니, 나는 정처 없이 문이 넓
은 하데스의 집 근처를 헤매고 있소이다. 내 눈물
로 간청하노니, 그대의 손을 이리 주시오. 그대들
이 나를 화장하고 나면 나는 다시는 하데스의 집에
서 돌아오지 못할 테니까."
-호메로스, 《일리아스》 중에서

'케르베로스, 헤라클레스, 청동단지에 숨는 유리스테우스', 기원전 530년경, 루브르 박물관

요아힘 파티니르, 〈스틱스를 건너는 카론〉, 1512년경, 캔버스에 유채, 마드리드 프라도 미술관

호메로스 시대에 그리스인들은 산 자들의 세계와 죽은 자들의 세계는 서로 오갈 수 없다고 생각하였다. 서로 다른 두 세계의 경계를 분명하게 하기 위해 등장하는 상징물들이 바로 지하 세계를 흐르는 '강'과 지하 세계의 문을 지키는 '개' 등이다. 이들은 '분리'와 '경계'를 상징한다. 하데스의 문을 지키는 개인 케르베로스는 문으로 들어가는 사람들에게는 우호적이지만, 문에서 나오려는 사람들이 있으면 잡아먹어 버린다. …죽음의 신 타나토스는 잠의 신 휘프노스와 함께 '영혼의 안내자'로 등장한다. 이들은 누군가의 생명을 빼앗는 자가 아니라 영혼을 죽은 자들의 세계인 하데스로 안내하는 존재일 뿐이다.

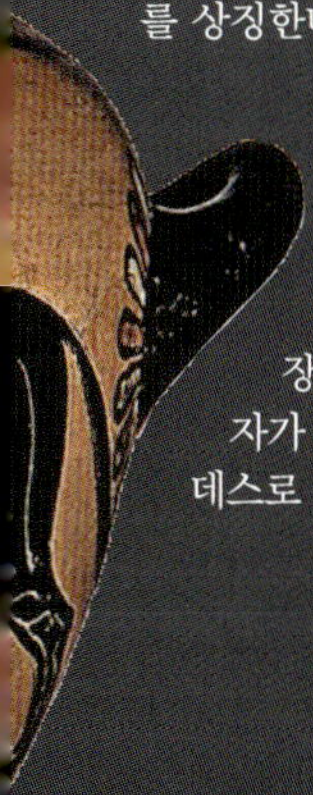

헨리 퓨슬리, 〈사르페돈의 죽음〉, 1803년

피에르 나르시스 게링, 〈잠자는 아가멤논을 죽이기 전 망설이는 클뤼타임네스트라〉, 1817년, 루브르 박물관
트로이전쟁에서 승리하고 돌아온 남편 아가멤논을 살해한 클뤼타임네스트라는 전형적인 팜므 파탈로 이야기되지만 그녀에게는 충분한 이유가 있었다. 아가멤논이 그녀의 남편과 자식을 살해하고 강제로 그녀를 아내로 삼은 인물이기 때문이다. 그녀의 입장에서 본다면 오히려 아가멤논이 그녀를 파멸로 몰아간 극악무도한 존재라 할 수 있다.

프란시스코 고야, 〈마녀들의 집회〉, 1820-1823년, 마드리드 프라도 미술관
악의 기원으로서 여성의 이미지는 중세 말부터 대상화되고 객관화되었다. 중세 말에 여성혐오증의 극단적 현상으로 등장하는 것이 바로 마녀사냥이다. 마녀사냥에 고발된 여성들을 분석해 보면 흥미로운 결과가 나타난다. 마녀는 사회적으로 중요한 역할을 하거나 영향력이 있는 여성들, 또는 아예 쓸모없거나 불쾌감을 불러일으키는 여성들로 보인다. 치료사, 산파, 나이 든 여인, 가난한 여인, 못생긴 여인 등이 주로 마녀로 내몰렸다.

로드 라이튼, 〈알케스티스를 보호하기 위해 죽음의 신과 싸우는 헤라클레스〉, 1870년
아드메토스는 누군가 자신을 위해 죽어 줄 것이라고 생각했지만 충성을 바치던 신하도 사형당할 죄수도 늙은 부모도 그를 대신하여 죽기를 원하지 않았다. 그러나 아내인 알케스티스가 나서서 남편을 대신해서 죽기를 청하자 그녀에게 죽음의 신이 찾아와 영혼을 앗아갔다.

프란시스코 고야, 〈아들을 먹어치우는 사투르누스〉, 1819-23년, 마드리드 프라도 미술관
페테르 루벤스, 〈자식을 삼키는 크로노스〉, 1636-38년, 마드리드 프라도 미술관

그리스신화의 크로노스는 후대에 시간의 신으로 수용되는데, 전형적인 노인의 특징들을 모두 가지고 있는 모습으로 그려진다. … 그는 최고신이 된 후에 자신도 자식들로 인해 최고신의 지위를 잃게 되리라는 신탁을 받게 된다. 그래서 그는 레아 여신이 자신의 자식들을 낳는 대로 모두 삼켜 버린다. 이것은 시간이 모든 것을 생성시키기도 하지만 모든 것을 파괴하기도 한다는 해석과 밀접하게 연관되기도 한다. 시간의 신은 자식을 낳지만 다시 삼켜 버리고 또다시 뱉어 내는 행위를 한다. 이것은 시간이 반복적으로 흘러간다거나 순환적으로 흘러간다는 해석도 가능하게 한다.

한스 발둥 그리엔,
〈인생의 세 시기와 죽음〉,
1540-43년, 마드리드 프라도 미술관

한스 발둥 그리엔,
〈젊음〉(세 명의 그라티아이),
1540-43년, 마드리드 프라도 미술관

아름다운 것들은 영원하지 않다. 태어나서 죽어가는 모든 것은 끊임없이 변할 수밖에 없기 때문이다. 시간은 아름다움을 파괴하고 정복한다. 서구 회화사를 보면 여성의 아름다움의 허망함을 경고하는 그림들이 있다. … 인간 삶의 세 시기를 여성의 이미지로 표현한 한스 발둥 그리엔의 그림들은 너무나 젊고 아름다운 여성이 해골 모습을 한 죽음의 신과 포옹하고 있는 모습을 보여준다. 그림은 여성의 아름다움은 일시적이며 덧없는 것이라는 사실을 반복적으로 상기시켜 준다.

'빌렌도르프 비너스',
기원전 약 3만 년경,
비엔나 자연사 박물관

'파르테논 신전 동쪽
페디먼트 장식 조각',
기원전 5세기, 런던 대영박물관

안니발레 카라치, 〈에로스들과 함께 잠든 아프로디테〉, 16세기경, 프랑스 샹티이 미술관

우리는 아름다운 것을 사랑한다. 고대 그리스에서 아름다움은 사랑과 늘 함께 이야기된다. 대부분의 고대사회에서 아름다움의 여신은 사랑의 여신이기도 하였다. 아름다움은 사랑을 불러일으킨다. 그것은 사랑의 대상이자 목적이었다. 그래서 아름다움은 다산과 풍요를 가져온다. 이것이 바로 아름다움의 여신이 고대사회에서 가장 강력한 여신이었던 이유라고 할 수 있다.

'카피톨리노의 비너스', 기원전 3-2세기 조각상의 복제품, 카피톨리노 미술관

원시시대로부터 그리스와 헬레니즘을 거쳐 르네상스에 이르기까지 여성적 아름다움이 가지는 초월적 이미지는 관능적 이미지로 변화되어간다. … 고대의 여신은 '위대한 어머니 여신'이라 불렸다. 위대한 어머니 여신은 모든 것의 근원이자 원천으로 생각되었다. 여신의 몸은 우주의 자궁이자 배꼽이며 여기서 이 세계의 모든 것이 생겨나서 자라난다. … 반면에 고대 그리스의 여신상은 신체의 특정 부분을 두드러지게 강조하지 않는다. 가장 아름다운 만드는 수학적 비율에 의해 신체가 구성되기 때문에 전체적으로 균형미와 조화미가 느껴진다. 파르테논 신전의 동쪽 페디먼트에 조각된 그리스 고전기 여신들은 페플로스를 입고 있기는 하지만 아주 가볍고 얇은 천 위에 물결치듯이 흘러내리는 주름이 신체의 선을 그대로 드러내 준다.

'테네아의 소년상', 기원전 550년경, 뮌헨 글립토테크 미술관

프락시텔레스, '도마뱀을 죽이는 아폴론',
기원전 480-323년경, 루브르 박물관

미켈란젤로, 〈교황 율리오 2세 무덤의 죽어가는 노예〉,
1513-14년경, 루브르 박물관

고대 그리스에서는 인간이 가진 신체와 영혼의 탁월성이 완전하게 발휘될 수 있는 것은 남성뿐이었다. 여성이나 여자아이는 불완전한 이성을 가진 존재였다. … 그리스 사회는 가부장제 사회이면서도 동성애를 긍정적으로 받아들인 독특한 문화를 형성했다. 그것은 그리스 사회가 남성 중심적일 뿐만 아니라 남성 우월적 시각을 갖고 있었기 때문이다. 그래서 가장 훌륭하며 아름다운 인간은 남성일 수밖에 없고 남성만이 사랑하고 사랑받을 수 있는 존재라 생각한 것이다. 아름다움의 척도는 바로 남성이었고 남성에 대해 '아름다운'이라는 형용사를 자유롭게 사용했다.

죽음과 아름다움의 신화와 철학

죽음과 아름다움의 신화와 철학

지은이 : 장영란

1판 1쇄 발행일 : 2015. 2. 20.

펴낸이 : 원형준
펴낸곳 : 루비박스
기획 · 편집 : 허문선 · 신동화
마케팅 : 홍수아
등록 : 2002. 3. 28(22-2136)
주소 : (137-860) 서울시 서초구 서초 2동 1338-21 코리아 비즈니스센터 1101
전화 : 02-6677-9593(마케팅) 02-6447-9593(편집부)
팩스 : 02-6677-9594
이메일 : rubybox@rubybox.co.kr
블로그 : www.rubybox.kr 또는 '루비박스'
트위터 : @rubybox_books
페이스북 : www.facebook.com/rubyboxbooks

저작권자 ⓒ 2015 장영란
이 책의 저작권은 지은이에게 있습니다.
서면에 의한 저자와 출판사의 동의 없이 내용의 일부를 어떤 형태로든 인용하는 것을 금합니다.
ⓒ Young-Ran Chang
All rights reserved including the rights of reproduction in whole or in part in any form.
Printed in KOREA.

【일러두기】
이 책에 등장하는 그리스 · 로마 신화의 신명, 인명, 지명은 원어 발음에 가깝게 표기했습니다.

죽음과 아름다움의 신화와 철학

장영란 지음

서문 _6

chapter 1 죽음과 영혼의 제의 _13

1. 죽은 자의 영혼과 제의 _17
2. 죽음과 장례 의식 _23
3. 죽은 자들의 매장과 애도 _31
4. 죽은 자와 죽음의 세계 _47
5. 죽음 이후의 보상과 처벌 _62

chapter 2 죽음과 여성, 그리고 에로스 _77

1. 죽음과 운명의 법칙 _78
2. 죽음과 괴물의 여성적 이미지 _85
3. 죽음과 아름다운 악 _100
4. 죽음과 에로스 혹은 욕망 _105
5. 희생양과 마녀사냥 _123

chapter 3 늙음과 죽음의 철학 _145

1. 죽음에 이르는 병 _148
2. 인간의 한계와 불멸의 꿈_155
3. 늙음의 철학적 분석_159
4. 노년과 현자의 이상_172
5. 늙음의 현상과 가치_179

chapter 4 죽음과 육체 숭배주의 _185

1. 시간과 죽음의 이미지의 변천 _188
2. 죽음의 공포와 뱀파이어의 탄생 _198
3. 젊음의 신화와 육체 숭배주의 _208
4. 타자의 존재와 자기 인식 _216
5. 노년의 삶과 보살핌의 윤리 _225

chapter 5 아름다움의 역사와 신화 _237

1. 아름다움이란 무엇인가? _238
2. 초월과 관능: 여성적 아름다움의 은유 _246
3. 매혹과 숭고: 남성적 아름다움의 은유 _262
4. 아름다움의 이데올로기와 신체 미학 _291

맺는말 _308

참고문헌 _312

서문

죽음은 모든 인간의 운명이다. 사람은 누구도 동일한 삶의 역사를 가질 수 없다. 아무리 동일한 시간과 공간 속에서 살아가는 사람들이라도 각자 다르게 느끼고 생각한다. 또한 아무리 동일한 사건을 함께 겪은 사람들이라 할지라도 각자 다르게 수용하고 평가한다. 그래서 사람들은 동일한 시간이나 공간 속에서 살았다 하더라도 서로 다른 기억을 가지고 살아간다. 물론 같은 나라에서, 같은 민족으로, 같은 가족으로 살아가면서 서로 공유하는 경험도 있다. 그렇지만 그것은 한 민족 또는 한 가족의 경험은 될 수 있어도 한 개인의 경험이 될 수는 없다. 그래서 인간은 모두 서로 다른 삶의 역사를 이루고 살아간다. 그렇지만 결국 누구도 죽음을 피할 수는 없다. 죽음은 모든 인간에게 정해진 길이다. 태어나는 모든 것은 자라나서 늙어 가고 언젠가 죽을 수밖에 없다. 처음부터 태어나지 않았다면 죽지도 않을 것이다. 인간에게 죽는다는 것은 자연적이고 필연적이다. 모든 것들에 공통적인 죽음이라는 현상을 왜 인간만이 일종의 한계상황으로 여기며, 어떻게 극복하고 초월할지를 철학적으로 고민하는지 이해할 필요가 있다.

이 책은 필자가 철학에 입문하여 오랫동안 관심을 가진 영혼이라는 주제와 관련되어 있다. 영혼과 관련된 세부적인 주제로 들어갈 때 가장 일반적으로 떠오르는 이미지는 '죽음', '사랑', '아름다움', '진리' 등이다. 고대 신화와 철학에서의 '영혼의 역사'에 대한 철학적 논의는 전작《영혼의 역사》에서 이미 다룬 적이 있다. 이 책에서는 죽음과 아름다움을 중심으로 영혼의 주제를 다루고자 한다.

그런데 왜 우리는 죽음을 아름다움과 연관 지어 생각하게 되는 것일까? 실제 죽음은 아름다움과 필연적인 관계를 가지고 있지 않으며, 죽음 자체가 아름답지도 않다. 그럼에도 불구하고 죽음은 아름다움과 매우 친밀하다. 도대체 죽음과 아름다움은 어떤 관계가 있는가? 아름다움은 '에로스'를 통해 치명적으로 나타난다. 만약 아름다운 신체와 영혼에 관련되어 있다면 그것은 우리를 지배할 수밖에 없다. 아름다움은 결코 벗어날 수 없는 유혹의 대상이자 죽음에 이를 때까지 치달을 수밖에 없는 욕망의 대상이기 때문이다. 그러나 아름다움은 불멸로 이끈다. 아름다움을 통해 진리에 이를 수 있기 때문이다.

죽음이 아름다움과 함께 변주되는 방식은 다양하다. 고대 그리스로부터 르네상스를 거쳐 현대에 이르기까지 인간의 보편적 운명으로서 죽음의 기원과 원인에 대한 신화와 문화를 분석하여 철학적 담론을 산출할 수 있다. 또한 죽음에 이르는 과정에 나타나는 나이 듦 또는 늙음의 현상을 철학적으로 분석하여 현대사회의 젊음과 육체 숭배주의에 대해 진단할 필요도 있다. 나아가 아름다움에 대한 역사적 인식의 변화를 살펴봄으로써 현대사회에 나타나는 사회·문화적 현상들을 통해 인간의 의식이 변화되는 원리를 살펴볼 수 있다. 죽음은 자신과의 거리와 관련하여 젊음과 늙음을 '시간의 낫'에 의해 측정할 수 있고, 상대적인 아름다움과 추함을 판단하고 평가할 수 있다.

이 책은 그리스 서사시로부터 시작하여 비극과 철학을 중심으로 죽음과 아름다움을 논하며 현대와의 연관성을 놓치지 않으려고 노력했다. 죽음과 아름다움과 관련된 주제를 가진 다른 문화 콘텐츠와는 몇 가지 점에서 차별성을 두었다. 첫째, 국내에서는 처음으로 서구 고전 텍스트를 분석하여 죽음과 영혼 및 아름다움에 대한 다양한 소재를 개발하고 철학적 방법론을 통해 보다 심층적인 분석을 제공하고자 했다. 둘째, 현대사회에 필요한 융합적 사유를 자극하고 촉진하기 위해 문학과 예술, 신화와 철학, 미학과 사회학 등 다양한 학문 영역을 가로지르면서 죽음과 아름다움의 신화와 문화 등을 철학적 입장에서 개진했다. 셋째, 죽음과 아름다움에 대한 고전적인 견해와 철학적 입장이 현대에 미친 영향을 분석하고, 나아가 현대사회에서 문제가 되고 있는 성형과 다이어트 및 외모 지상주의나 성차별 등의 다양한 문제들을 해결할 수 있는 비판적 시각과 대안을 제안함으로써 현재적 의미를 놓치지 않으려 했다.

《죽음과 아름다움의 신화와 철학》은 인간의 필연적 운명으로 인식되는 죽음과, 인간의 욕망의 궁극적 대상인 아름다움을 주제로 인간 삶의 다양한 측면들을 포괄적으로 이해하고자 한다. 이와 관련하여 죽음과 영혼의 제의, 죽음과 여성 및 에로스, 늙음과 죽음, 죽음과 육체 숭배주의, 아름다움의 역사와 신화 등 세부 주제들을 중심으로 전개된다.

1부 '죽음과 영혼의 제의'에서는 초기 그리스 사회에서 죽음과 영혼의 제의 및 죽음 이후의 영혼관과 처벌과 보상의 문제를 검토하여 철학적 의미를 밝혀내는 데 목표가 있다. 이러한 논의는 나중에 그리스철학의 영혼관을 이해하는 데 중요한 단초가 된다. 그리스에서 죽음에 대한 견해는 영혼의 불멸성과 비물질성 등의 문제와 매우 밀접하게 연관해 발전했다. 초기 서사시 시대의 영혼 개념은 단순히 생명력만을 의미하다가 점차 다양한 정신적 기능들을 통합하게 된다. 그리하여 죽음의 문제에도 보다 복잡하고 심층적인 논의들이 등장하게 된다.

그리스의 서사시인 호메로스의 경우 죽음은 '삶의 끝'으로 산 자의 세계와 죽은 자의 세계는 완전히 분리되어 있다. 따라서 죽은 자가 산 자의 세계에 영향을 미칠 수 없다고 생각했다. 그러나 초기 그리스 장례 의식을 보면 호메로스 이전부터 내려오는 강력한 영혼 숭배의 자취를 발견할 수 있다. 죽은 자를 화장하는 관습은 산 자의 세계에서 완전히 '분리'시키려는 의도와 '정화'의 목적이 있다. 또한 죽음 이후 세계에서의 보상과 처벌에 대한 개념이 분명치는 않지만 일련의 암시들을 볼 수 있다. 이것은 주로 호메로스 이전부터 내려오는 전통, 관습과 관련이 있다. 그렇지만 호메로스 서사시에도 죽은 자들이 지하 세계에서 심판을 받는 것이 나타난다. 죽음 이후의 처벌과 관련하여 그리스인들은 기독교보다 더 형이상학적인 고통을 지향하고 있다. 근본적으로 육체에 대한 고통에서 출발하지만 보다 견디기 어려운 정신적 고통을 주는 데에 목적이 있다. 반면에 죽음 이후의 보상과 관련하여 호메로스는 특별한 언급이 없다. 단지 특별히 선택받은 영웅과 같은 존재들은 엘뤼시온 또는 축복받은 섬에 간다고 말한다. 그리하여 죽은 자들 가운데 영원한 형벌을 받는 자는 있어도 엄밀히 말하자면 영원한 보상을 받는 자는 없다.

2부 '죽음과 여성, 그리고 에로스'에서는 죽음에 대한 공포와 두려움이 어떻게 여성과 괴물의 이미지로 형상화되었으며, 나아가 죽음과 에로스는 어떠한 관계인지 분석하는 데 목표가 있다. 고대 그리스에서 죽음은 인간에게 정해진 운명과 같다. 그런데 대부분 죽음은 인간에게 공포와 두려움으로 다가온다. 그리스인들은 죽음의 원인과 결과에 대해 주로 여성적 이미지와 괴물의 이미지를 혼합하여 사용하고 있다. 특히 영웅신화 속에서 살해될 운명을 가진 괴물들은 대부분 여성의 얼굴을 하고 있다. 그렇지만 여성의 이미지가 처음부터 부정적 이미지와 결부되었던 것은 아니다. 여신의 신성한 이미지로부터 괴물의 부정적 이미지로의 변화는 인간의 의식을 규정하는 사회제도나 관습에 영향을 받은 결과이다. 그리스신화에서 나온 여성의 분열된 이미지는 영웅신화 속에 등장하는 영웅을 도와주고 보호하는 여신과 영웅을 죽음의 위험으로 몰아넣는 괴물로 양극화된다. 그리스 서사시로부터 여성은 악 혹은 악의 원천으로 규정되고 있다.

헤시오도스의 인류 종족 신화는 인류의 타락의 직접적인 원인이 여성이 아니라 오만이라고 한다. 판도라 이야기는 부차적인 설명이다. 궁극적으로 인류가 멸망하게 된다면 그것은 인간 내면에 있는 결함 때문인 것이다. 더욱이 에로스도 여성적 이미지와 연관되면 육체적으로 설명되며 오히려 죽음에 가까워진다. 에로스는 불멸성을 추구한다. 그러나 육체를 통한 여성과의 사랑은 단지 자식을 낳아 불멸하려는 것일 뿐 진정한 의미의 불멸은 아니다. 따라서 여성의 이미지는 육체와 죽음과 긴밀하게 결합되어 부정적 방식으로 이해된다.

3부 '늙음과 죽음의 철학'에서는 늙음과 죽음에 관한 그리스신화와 철학의 다양한 논의들을 분석하여 각자 자신의 삶의 윤리적 주체로서 확립할 수 있는 기초를 마련하는 데 목표가 있다. 이를 위해 세 가지 측면에서 늙음과 죽음의 현상을 철학적으로 분석한다.

우선 늙음과 인간의 비극적 운명과 관련하여 그리스신화와 비극에 나타나는 삶에 대한 집착과 죽음을 회피하려는 인간의 보편적인 욕망에 대해 살펴볼 수 있다. 그리스신화에서 인간의 불멸에 대한 욕망은 단순히 시간의 연장일 뿐이며 실제로 불가능하다고 말한다. 하지만 그리스철학에 이르러서는 영혼의 불멸을 통해 신들과 같은 영원한 삶을 획득할 수 있는 가능성을 제시한다.

다음으로 늙음과 죽음에 관한 철학적 입장을 살펴보기 위해 노년과 쾌락, 노년과 지혜, 노년과 죽음으로 주제를 구분하였다. 첫째, 노년과 쾌락과 관련하여 늙음이 반드시 삶의 쾌락을 잃어버리게 하지 않는다는 주장을 분석한다. 둘째, 노년과 지혜와 관련하여 인생에서 노년의 시기가 가장 원숙하게 지혜를 실천할 수 있다는 주장을 분석한다. 셋째, 노년과 죽음과 관련하여 죽음이 늙음이라는 현상을 동반하지만 반드시 두려움의 대상이 아니라는 주장을 분석한다.

마지막으로 늙음과 죽음에 대한 반성적 통찰을 통해 삶의 윤리적 주체로서 확립할 수 있는 계기를 제시한다. 늙음과 죽음은 모든 인간에게 나타나는 자연적인 현상이기 때문에 사실의 문제이지 당위의 문제는 아니다. 따라서 그것들 그 자체로는 윤리적인 문제를 제기하지 않는다. 그럼에도 불구하고 그것들은 끊임없이 가치의 문제와 연관해 논의되어 왔다. 늙음이나 죽음 자체보다는 그것들에 부수적으로 나타나는 현상들이 삶의 양식과 밀접하게 연관 지어 평가되기 때문이다. 또한 늙는다는 것은 삶과 죽음에 대해 반성적으로 고찰할 계기를 마련한다. 죽음이라는 한계상황을 예시하는 늙음을 통해 우리는 자기 자신을 성찰할 수 있을 뿐만 아니라 타인에 대해 배려할 수 있는 계기를 발견할 수 있다.

4부 '죽음과 육체 숭배주의'에서는 늙음의 현상들에 대한 일반적 견해들을 분석하고 현대사회에서 나타나는 젊음에 대한 맹목적인 추종과 이데올로기화된 육체 숭배주의에 대해 비판적으로 살펴보고자 한다.

인간은 누구나 나이를 먹는다. 시간은 인간에게 죽음의 지형도와 같은 주름이라는 흔적을 남긴다. 늙음은 죽음과 아름다움의 이미지와 관련하여 부정적으로 생각되었다. 시간적으로 늙음은 죽음과 인접해 있을 뿐만 아니라 아름다움을 파괴한다. 그래서 인간은 늙음을 부정하고 젊음의 신화에 집착해 왔다. 현대 자본주의 사회는 젊음의 기호와 이미지들을 상품화하는 소비전략을 확산하여 늙음이 자연적 현상이 아니라 치유의 대상으로 가정한다. 그러나 늙음 자체는 질병이 아니며 오히려 늙음을 질병으로 생각하거나 부정하는 생각이 질병이라 할 수 있다. 현대사회에는 늙음의 현상을 부정하면서 성형과 다이어트에 집착하는 과도한 육체 숭배주의와 자아분열적인 정신 병리 현상이 팽배해 있다. 그럼에도 불구하고 언젠가 누구나 마주하게 될 늙음의 현상을 보다 긍정적으로 수용하기 위해 필요한 사항들을 검토한다.

　마지막으로 5부 '아름다움의 역사와 신화'에서는 고대 그리스의 신화와 철학을 중심으로 아름다움의 이미지의 기원과 역사 및 변천을 살펴본다. 우선 고대 그리스를 중심으로 아름다움의 기본적인 정의를 살펴볼 필요가 있다. 또한 고대 그리스로부터 르네상스까지의 회화와 조각의 이미지를 검토하여 여성적 아름다움이 가지는 초월적 이미지로부터 관찰자(남성)의 시선을 통한 관능적 이미지의 변천을 살펴볼 수 있다. 다음으로 고대 그리스로부터 나타나는 남성 신체의 이상과 소년애로부터 출발한 양성적이며 중성적인 미소년의 이미지를 통해 살펴본다. 마지막으로 아름다움을 작고 연약한 것으로 규정하여 여성의 전유물로 만들면서 열등한 가치로 전락시킨 근대 미학자들의 시선을 비판적으로 검토하면서 현대 여성의 성형과 다이어트와 관련하여 미적 금욕주의와 그로테스크의 미학에 대해 검토한다. 이를 통해 현대 대중문화와 관련하여 미소녀와 미소년에 대한 열광에 대해서도 살펴볼 수 있다.

chapter 1

죽음과 영혼의 제의

모든 사람은 죽을 운명을 갖고 태어났다. "죽음은 모든 사람에게 공통적인 것이며"1) 언젠가 우리가 죽는다는 것은 필연적이다. 아무도 죽음을 피할 수 없다. 그럼에도 불구하고 우리는 죽음을 자연적인 것으로 생각하지 않고 마치 자신은 죽지 않을 것처럼 살아간다. 어떻게 이토록 분명하고 확실한 사실을 망각할 수 있을까? 누구도 최소한 인간에게 주어진 삶의 조건과 한계상황을 모르지는 않는다.

인간은 언제까지나 살 수 있는 존재가 아니며 언젠가는 죽을 수밖에 없다. 더욱이 삶은 즐거움만 있는 것이 아니며 고통과 절망이 함께한다. 인간은 근본적으로 행운과 불운이 뒤섞인 삶을 살아가기 때문에 누구에게나 언젠가 불운이 닥칠 수밖에 없고 피할 수가 없다. 그래서 호메로스는 인간을 "대지를 기어 다니는 죽을 운명을 가진 비참하고 가련한 존재"라고 말한다. 소포클레스는 "인간에게 가장 좋은 것은 태어나지 않는 것이지만, 일단 태어났으면 가능한 한 왔던 곳으로 되돌아가는 것이 그 다음으로 좋은 것"이라고 한다.2) 그럼에도 불구하고 인간이 여전히 죽음보다는 삶에 집착하는 이유는 무엇일까? 그것은 아마도 '희망' 때문일지도 모른다.

헤시오도스는 인간의 삶의 고통과 관련하여 판도라의 항아리pithos를 말한다.3) 인간은 원래 지상에서 재앙으로부터 멀리 떨어져 힘든 노고도, 죽음의 운명을 가져다주는 병도 없이 살았다고 한다. 판도라가 항아리

존 윌리엄 워터하우스, 〈판도라〉, 1896년, 91×152cm, 개인 소장
헤시오도스는 판도라가 항아리의 뚜껑을 열어 이 세상에 수많은 재앙들을 풀어놓았다고 설명한다.

의 뚜껑을 열어 이 세상에 수많은 재앙들을 모두 풀어놓기 전까지는 말이다. 그렇지만 마지막까지 날아가지 않은 것이 단 하나 있었는데 바로 '희망elpis'이었다고 한다. 아이스퀼로스는 희망에다 또 다른 형용사를 한 가지 덧붙였다. 그것은 바로 '맹목적'이라는 단어다. 프로메테우스는 제우스가 인간 종족을 모두 없애버리려 했을 때 자신만이 반대했으며 인간에게 큰 도움이 되는 일을 했다고 말한다. 그것은 인간이 자신의 운명을 내다볼 수 없도록 '맹목적인 희망typhlas elpidas'을 심어 놓았다는 것이다.4) 인간은 다양한 희망을 갖고 살아간다. 오늘날 희망이란 인간에게 고통과 절망을 극복하기 위한 힘을 줄 수 있다고 믿어진다. 따라서 희망에는 매우 긍정적이고 적극적 가치가 부여된다. 하지만 어떤 희망은 헛된 것이기도 하다. 희망이 우리의 현실을 외면하게 만들기도 하기 때문이다. 그럼에도 불구하고 프로메테우스가 자랑스럽게 인간에게 준 선물들 가운데 첫 번째로 맹목적인 희망을 말하는 이유는 무엇일까? 그것은 인간의 삶이 너무나 고통스럽지만 미래를 내다볼 수 없어 하루하루 죽지 않고 살아갈 수 있기 때문일 것이다.

결국 모든 사람은 죽기 마련이다. 물론 언젠가 죽는다는 사실 자체가 인간의 삶을 무의미하게 만들지는 않는다. 그렇지만 인간은 항상 죽음 앞에 서 있을 수밖에 없다. 일상적인 삶 속에서 인간은 늘 자신의 죽음을 망각하지만 예고 없이 마주하는 수많은 타자의 죽음들 가운데 늘 죽음을 다시 기억하게 된다. 우리가 죽음을 기억하는 한, 삶의 의미는 끊임없이 반추되며 삶에 필연적이지 않은 욕망과 집착에서 벗어나기 쉬울 것이다. 그래서 고대인들은 '메멘토 모리Memento mori', 즉 '죽음을 기억하라'를 삶의 중요한 지침으로 삼았다. 그리스인들의 죽음과 영혼에 대한 견해는 매우 독특하고 점진적인 발전을 하였다. 그래서 현대인의 관점에서는 특이하고 복잡한 양상을 띠고 있는 것으로 보인다. 특히 초기 서사시 시대의 호메로스의 영혼 개념이 서정시, 서사시, 비극, 철학을 거치면서 보다 다양하고 심층적으로 변화되기 때문에 죽음에 대한 태도와 견해도 매우 다변화되었으며 중첩적으로 나타난다. 그리고 이러한 고대 그리스인들의 죽음에 대한 태도와 설명은 현대를 살아가는 우리의 현실을 냉정하고 정확히 직시하게 한다.

1
죽은 자의 영혼과 제의

산 자와 죽은 자의 세계

그리스의 올륌포스 신화에서 죽음은 모든 것의 끝이다. 죽음 이후에는 더이상의 삶은 없다. 비록 영혼(프쉬케psyche)이 죽음의 세계인 하데스를 유령처럼 떠돌아다닌다고 하더라도 그것은 본래적인 의미에서 '사는 것'이라고 할 수 없다. 인간은 결코 죽음을 피할 수 없다. 물론 그리스신화에 보면 예외적으로 하데스에 갔다가 되돌아온 몇 명의 영웅들이 있다. 그러나 신화 속의 영웅들이 지하 세계를 모험하고 돌아온 것은 엄밀한 의미에서 죽음을 완전히 극복한 것은 아니다. 그들은 다시 지상으로 돌아오기는 하지만 언젠가 반드시 죽음의 세계로 되돌아가야 하기 때문이다. 영웅들이 지하 세계에 갔다가 돌아오는 모험은 인간의 한계를 넘어서는 고통을 이겨냈던 체험과 연관 있을 것이다.

인간은 아무리 죽음을 피하려 해도 결국에는 죽을 수밖에 없다. 산 자의 세계와 죽은 자의 세계는 죽음을 통하지 않고는 결코 건널 수 없다. 그것들은 완전히 분리되어 있다. 아주 특수한 경우를 제외하고는 인간은 하데스의 세계로 가고 싶어도 갈 수가 없다. 하데스로 가는 길을 아무도 모르기 때문이다.

  호메로스의 세계에서 산 자와 죽은 자는 서로 오갈 수가 없기 때문에 당연히 서로 영향을 주고받을 수도 없다. 산 자가 산 채로 죽은 자의 세계로 가는 것도 불가능하지만, 죽은 자가 죽은 채로 산 자의 세계로 오는 것도 불가능하다. 그렇지만 모든 것에는 예외가 있다. 가령 죽은 파트로클로스의 영혼은 살아 있는 아킬레우스에게 나타났을 뿐만 아니라 아킬레우스에게 제발 자신의 장례를 빨리 치러 달라고 부탁까지 한다.5) 여기서 한 가지 의문을 제기할 수 있다. 분명히 산 자의 세계와 죽은 자의 세계가 단절되어 있다면, 파트로클로스는 어떻게 죽은 후에 산 자의 세계로 돌아올 수 있었는가?

  파트로클로스의 영혼이 산 자의 세계로 되돌아온 것은 그리스의 장례 의식과 매우 밀접한 관계가 있다. 그리스인들은 장례 의식을 치르지 않으면 하데스로 들어갈 수 없다고 생각하였다. 장례 의식은 죽은 자들에게는 일종의 통과의례이다. 그래서 장례 의식을 치르고 나면 죽은 자의 영혼은 다시는 하데스의 집에서 돌아오지 못한다.

통과 의례로서의 장례 의식

죽음의 문제에 있어 장례 의식의 중요성은 다양한 사례들을 통해 알 수 있다. 지하 세계로 끌려간 시쉬포스Sisyphos가 죽음의 신 하데스와 페르세포네를 속이고 지상으로 되돌아올 수 있었던 이유는 바로 장례 의식을 치르지 않았기 때문이다. 그래서 시쉬포스는 자신의 아내 메로페Merope에게 자신이 돌아올 때까지 지하 세계의 신들에게 제주祭酒를 바치지 말라고

귀스타프 모로, 〈오이디푸스와 스핑크스〉,
1864년, 206×104cm,
뉴욕 메트로폴리탄 미술관

신신당부를 하고 떠났던 것이다.

   테베의 오이디푸스의 딸 안티고네Antigone가 자신의 목숨을 걸고 나라를 배신했던 오빠 폴뤼네이케스의 시체를 매장하려 했던 것도 바로 이러한 이유 때문이다. 오이디푸스가 죽자 아버지의 왕권을 물려받기 위해 서로 싸우던 에테오클레스Eteokles와 폴뤼네이케스Polyneikes는 결국 전장에서 모두 죽게 된다. 테베를 교대로 지배하자는 약속을 에테오클레스가 지키지 않자 폴뤼네이케스가 아르고스의 군대를 이끌고 와서 테베를 공격했던 것이다. 오이디푸스의 아들들이 모두 죽어버리자 테베의 왕권은 오이디푸스의 어머니이자 아내인 이오카스테의 남자 형제인 크레온Kreon에게 돌아갔다. 그는 테베를 위해 싸운 에테오클레스의 시체는 정중히 묻어 주었으나, 테베를 공격했던 폴뤼네이케스의 시체는 그대로 내버려두었다. 더욱이 그의 시체를 매장하지 못하게 하는 금지령과 함께 위반할 시에는 사형에 처하겠다는 포고령을 내린다.[6] 한 나라의 왕으로서 크레온은 국가의 안위를 위협하는 행동을 한 반역자에게 당시로는 최고의 형벌을 국가법으로 제정한 것이다.

그러나 안티고네는 오빠의 장례 의식도 치르지 못하게 할 뿐만 아니라 시체를 개나 독수리의 밥이 되게 하는 것에 반발하여 죽음의 위험을 무릅쓰고 시체를 매장한다.[7] 안티고네의 행동은 언뜻 사사로운 감정에서 비롯된 것으로 보인다. 비록 크레온이 선포한 국가법에 어긋나는 걸 알고 있지만 자신의 형제의 시신을 길바닥에 방치할 수는 없는 노릇이 아닌가. 그러나 안티고네는 단지 가족이라는 혈육의 정 때문에 시신을 매장한 것만은 아니었다. 당시의 그리스인들이 믿고 있는 신법이자 관습법에 따라 행동한 것이다. 죽은 자는 죽음의 세계, 즉 하데스의 것이다. 만약 죽은 자를 위한 장례를 치르지 않는다면 신들의 확고부동한 불문율을 어기는 것이다. 그것은 '영원히 살아 있는 신법'이라 불리며, 당연히 인간이 만든 법과 비교할 수 없을 만큼 훨씬 강력하다. 안티고네는 국가법을 내세우는 크레온에 대해 정면으로 반박한다.[8]

"나는 그대의 명령이 신들의 확고부동한 불문율들을 죽을 운명을 가진 한갓 인간들이 어길 수 있을 만큼 강력하다고 생각하지 않아요. 왜냐하면 그 불문율들

■
샤를 잘라베르, 〈콜로노스의 오이디푸스〉, 1842년, 마르세유 미술관
아버지 오이디푸스를 이끌고 가는 안티고네. 그녀는 자신의 목숨을 걸고 나라를 배신했던 오빠 폴뤼네이케스의 시체를 매장하려 했다.

은 어제오늘에 생긴 것이 아니라 영원히 살아 있으며 어디서 왔는지 아무도 모르기 때문이지요. 나는 한 인간의 의지가 두려워 그것들을 어겨서 신들 앞에서 벌을 받고 싶지는 않아요."

안티고네는 인간이란 언젠가 죽게 마련인데 신들의 법을 어기고 살아남는다고 무슨 소용이 있겠느냐고 반문한다. 따라서 안티고네는 죽음을 무릅쓰고라도 신법에 따라 시체를 매장하려고 했던 것이다. 이것은 죽은 후에 매장을 해야만 영혼이 하데스로 들어갈 수 있다는 그리스의 통념을 대변한다. 안티고네의 행동을 두고 후대에 많은 논의가 있다. 헤겔은 안티고네가 사사로이 혈연과 가족에 얽매여 여성법인 신법을 따르고 국가법을 어긴 것을 비난한다. 그러나 그리스 사회의 신법은 단순히 사적인 법이 아니라 오랜 세월을 거치며 여러 세대들의 묵시적인 동의를 통해 확립된 법이다.9) 오히려 당시 그리스인들의 생각에는 크레온이 공포한 국가법이야말로 명시적인 동의는 물론이고 묵시적인 동의조차 얻지 못한 사적인 법일 수 있다.

2
죽음과 장례 의식

죽은 자들의 영혼 숭배

호메로스에 따르면 인간이 죽는 순간 신체로부터 영혼이 빠져나간다. 죽은 후 인간의 영혼은 하데스로 가게 된다. 그러나 하데스로 들어가면 죽은 자의 영혼은 다시는 이 세상으로 되돌아올 수 없다. 그렇다면 죽은 자들은 이 세계에 아무런 영향을 미칠 수 없지 않겠는가? 더욱이 하데스에 머무는 죽은 자의 영혼은 단지 '그림자'요, '연기'에 불과할 뿐이다. 따라서 죽은 자들에 대한 숭배는 엄밀히 말해 성립할 수 없다. 그럼에도 불구하고 호메로스에게서 강력한 영혼 숭배의 자취를 발견할 수 있다. 그것은 아마도 호메로스 훨씬 이전부터 내려오는 전통적인 관습의 흔적일 것이다.

우리는 이러한 영혼 숭배와 관련된 설명을 《일리아스》에서 쉽게 찾아볼 수 있다. 아킬레우스는 아가멤논 때문에 분노하여 전쟁에 참여하지 않다가 파트로클로스가 살해당하자 오직 복수의 일념으로 다시 전쟁터로 나간다. 그는 종횡무진 싸우다가 헥토르를 죽인 후에야 피곤에 지쳐서 잠이 막 들었는데 가련한 파트로클로스의 영혼이 찾아들었다. 파트로클로스는 아직 자신이 하데스에 들어가지 못하고 있다면서 빨리 장례식을 치러 하데스의 문을 통과시켜 달라고 한다.10)

"그대는 나를 잊고 잠이 들었구려, 아킬레우스여. 내가 살았을 적에는 잊지 않더니, 죽고 나니까 잊고 마는구려. 자, 어서 나를 장사 지내 하데스의 문을 통과하게 해주시오. 죽은 자들의 그림자인 영혼들이 나를 멀리 내쫓아 강을 건너 그들 틈에 섞이지 못하게 하니, 나는 정처 없이 문이 넓은 하데스의 집 근처를 헤매고 있소이다. 내 눈물로 간청하노니, 그대의 손을 이리 주시오. 그대들이 나를 화장하고 나면 나는 다시는 하데스의 집에서 돌아오지 못할 테니까."

파트로클로스의 영혼은 아킬레우스에게 장례 의식을 치러 달라고 간절하게 부탁한다. 아킬레우스는 자신이 사랑하던 파트로클로스가 트로이 성벽 앞에서 헥토르에게 살해당한 것을 알고는 크게 분노하였다. 그것은 아가멤논에 대한 분노보다 훨씬 격렬한 것이었다. 나중에 아가멤논이 아킬레우스와 싸운 것을 진심으로 후회하며 엄청난 보상과 대가를 치르겠다고 사절을 보냈지만 수포로 돌아갔다. 그렇지만 파트로클로스가 죽자 아킬레우스는 아무런 조건 없이 아가멤논과 화해를 하고 전쟁에 참여한다. 그는 복수를 하기 위해 파트로클로스의 시체를 묻지도 않고 전장에 나가 이루 말할 수 없을 정도로 많은 트로이군을 죽인다. 마침내 헥토르를 죽이고 시체를 끌고 돌아왔을 때는 이미 파트로클로스가 죽은 지 여러 날이 지났을 것이다. 파트로클로스의 영혼은 아직 장례 의식을 치르지 못해 하데스로 들어가지 못하고 있다고 아킬레우스에게 하소연하고 있는 것이다. 고대 그리스에서는 장례 의식을 치르지 못한 영혼은 하데스의 문 근처에서 정처 없이 헤맨다고 생각했다. 이러한 영혼들은 산 자의 세계에

자크 다비드, 〈파트로클로스〉, 1780년, 122×170cm, 프랑스 셰르부르 토머스앙리 미술관
트로이전쟁에서 헥토르에게 살해당한 파트로클로스. 그는 아킬레우스의 꿈에 찾아와 빨리 장례식을 치러 하데스의 문을 통과시켜 달라고 한다.

도 죽은 자의 세계에도 속하지 못하는 가련한 신세가 되어버린다. 그래서 고대 그리스인들은 죽은 자의 장례 의식을 다른 어떤 것보다도 중요하게 생각하였다.

《일리아스》에서 그리스군과 트로이군 간의 전쟁과 관련된 상당 부분이 마치 '시신 쟁탈전'처럼 보인다. 전쟁 중에 싸우다가 죽은 자의 시체를 찾아 돌아오기 위한 생사를 건 결투들이 수없이 등장하기 때문이다. 가령 아킬레우스 대신에 출정한 파트로클로스가 제우스의 사랑을 받는 사르페돈Sarpedon을 죽였을 때 헥토르를 비롯한 트로이군과 파트로클로스를 비롯한 그리스군이 그의 시신을 차지하기 위해 격돌하는 장면이 등장한다. 인간 '파리 떼'가 몰려들어 먼지가 그의 시신을 머리에서 발끝까지 뒤덮

자 제우스는 아폴론을 통해 사르페돈의 시신을 영예롭게 만들게 한다.[11] 이어서 파트로클로스가 헥토르에 살해되자 또다시 양군이 목숨을 걸고 시신을 차지하기 위해 싸우는 장면이 등장한다.[12] 이미 패색이 짙어진 그리스군 가운데 아이아스와 메넬라오스 및 다른 두 명의 장군들이 파트로클로스의 시신을 들고 추격자들을 저지하면서 트로이군의 포위를 뚫고 겨우 후퇴한다. 이러한 시신 쟁탈전은 죽은 자를 위해 장례 의식을 치를 목적 때문이다.

그리스의 장례 의식 풍경

우리는 그리스인들이 치르는 장례 의식의 한 가지 사례를 호메로스의 《일리아스》를 통해 자세히 알아볼 수 있다. 아킬레우스는 헥토르를 죽인 후 파트로클로스의 꿈을 꾸다가 새벽에 잠에서 깬다. 그는 자기 민족 뮈르미돈 족Myrmidones과 함께 죽은 친구를 위한 장례를 준비하기 시작한다. 먼저 아킬레우스는 파트로클로스의 시신을 화장시킬 나무를 모을 것을 지시한다. 파트로클로스는 아킬레우스가 사랑하던 사람이었기 때문에 장례 의식의 규모가 매우 컸다. 호메로스에 따르면 사방으로 백 보나 되는 엄청난 크기의 장작더미가 쌓였다.[13] 파트로클로스의 시신은 전우들이 잘라서 던진 머리카락으로 수북해졌다. 아킬레우스도 자신의 금빛 머리카락을 잘라 그의 손에 놓았다.

아킬레우스를 비롯한 동료들이 자신의 머리카락을 잘라 죽은 파트로클로스의 몸에 올려놓으며 애도하는 장면은 그리스 민족뿐만 아니라 다른 민족들에게도 종종 발견되는 희생제의의 특징이다. 그런데 단순히 애도하기 위한 목적이라면, 왜 하필 신체의 다른 부분이 아닌 머리카락일까? 우리는 여러 가지 추측을 해볼 수 있다. 그렇지만 무엇보다도 그것이 인간의 머리와 밀접한 관련이 있다는 점을 고려하지 않을 수 없다. 그리스에서 머리kephale는 '생명'이나 '명예'의 상징이다. 자연히 머리에서 자라난 머리카락은 생명과 밀접한 연관이 있다. 그래서 때로는 머리카락에 영혼이 머무르는 것으로 생각되기도 하였다. 그리하여 머리카락을 제물로 바치는 것은 원시적인 인간 희생의 상징 혹은 대체물로 여겨지기도 했다.14)

그 다음으로 파트로클로스의 전우들은 수많은 작은 가축들과 힘센 황소들을 잡아 껍질을 벗기고 기름 조각을 떼내어 시신의 머리끝부터 발끝까지 감싼 다음, 주위에 가죽을 벗긴 짐승들을 쌓아올렸다. 시신 옆에는 꿀과 기름이 든 항아리들을 얹어 놓았다. 또한 말 네 마리와 개 두 마리를 죽여 장작더미 위에 던져 넣었을 뿐만 아니라 트로이아의 훌륭한 집안 자식들을 열두 명이나 죽여 불 속에 빨려들게 하였다. 여기서 트로이 전쟁 시기에 인간을 제물로 바치는 관습이 남아 있었던 것을 알 수 있다. 그러나 죽은 파트로클로스의 장작더미가 여전히 활활 타오르지 않자, 아킬레우스는 북풍과 서풍의 신에게 기도를 하며 훌륭한 제물을 바칠 것을 약속했고 곧 바람이 거세게 불어 장작더미가 타올랐다. 아킬레우스는 포도주를 땅에 쏟아 적시면서 파트로클로스의 영혼을 불러내며 슬퍼했다. 아침이 되어 불길이 잡히자 포도주로 불을 끄고 그의 뼈를 주워 모아 두 겹의 기름 조각에 싸서 황금 항아리에 넣고 부드러운 천으로 덮어두었다.15)

이것이 바로 호메로스 시대의 장례식 풍경이다. 수많은 희생 제물들이 한 영혼을 위해 바쳐졌다. 그러나 죽은 자에게 이렇게 엄청난 제물을 바치는 것이 도대체 무슨 소용이 있겠는가? 죽은 자가 이 모든 것을 즐길 수는 없다. 그렇다면 그것은 단지 산 사람을 위로하기 위한 것인가? 호메로스에 따르면 이것은 산 사람만이 아닌 죽은 사람을 위한 것이기도 하다. 장례 의식이 시작되면 죽은 자의 영혼을 위로하기 위해 수많은 희생 제물들이 바쳐지나 장례 의식이 끝나면 산 자들에 의해 먹힌다. 즉 장례식에서 희생 제물들은 죽은 자들을 위로하기 위한 것이기도 하지만 산 자들을 위한 것이기도 하다. 그러나 만약 죽음 이후에 영혼이 즉각 흩어져 버리거나, 혹은 즐길 수 없다면 이러한 제물들을 설명할 길이 없다. 영혼에게 의식이 없다면 이러한 제물들은 아무런 소용이 없다. 따라서 호메로스는 죽음 이후에는 영혼이 살아남을 수 있으며, 최소한 제물과 제주를 바칠 때는 영혼이 의식을 차릴 수 있다는 것을 전제한다.

희생 제물과 희생제의

우리는 장례 의식을 치를 때 장례 음식을 준비한다. 이것은 우리뿐만 아니라 서구에서도 중요한 요소로 여긴다. 사실 장례 의식에서 먹는 행위는 매우 독특한 문화라 할 수 있다. 우리는 죽은 자를 앞에 두고 슬퍼하면서도 아무렇지도 않게 그 자리에서 음식을 먹는다. 사실 장례식장에서 죽은 자를 위해 슬퍼하다가 잠시 후 바로 음식을 먹는 행위는 쉬이 이해할 수 있는 관습은 아니다. 죽은 자에 대한 슬픔과 고통 그리고 눈물 속에서 '먹는 것'은 어떻게 가능할까? 발터 부르케르트는 죽음Death과 먹는 것Eating이 처음부터 사냥에서만 결합되어 나타난다고 한다.16) 그것이 다양한 문화 속에 적용되면서 적절하게 변형된 방식으로 나타난 것이다. 호메로스 시대에 장례식에서 수많은 동물을 죽여 희생 제물로 바치는 관습은 이와 관련이 있을 것이다. 장례식에서 희생 제물은 죽은 자를 위로하는 것이지만 산 자를 위로하기도 한다. 장례 음식의 고기는 산 자의 것이었고 피는

■
겔라 화가, '그리스의 장례식', 기원전 6세기 후반, 테라코타 피넥스에 그려진 도기화
사자가 침대에 누워있고 가족들이 그 주변에 있는 모습이다. 가족 중 여성은 관습적으로 머리를 쥐어뜯는 모습으로 표현되었다.

죽은 자의 것이었다. 이러한 방식으로 산 자는 장례 음식을 통해 죽은 자와 하나가 될 수 있다.

호메로스가 영혼을 허상Eidolon이라 말하지만 엄청난 희생 제물들을 바치는 장례식 풍경으로 미루어 호메로스 이전부터 내려오는 영혼의 제의에 관한 전통이 있었던 것으로 보인다. 여기에 등장하는 꿀, 우유, 포도주, 물, 흰 보릿가루 등은 통상적으로 후대에서도 희생 제의에 사용되던 제물들이다. 피는 죽은 자의 영혼이 의식을 되찾을 수 있게 해주는 물질이다. 《오뒷세이아》에는 오뒷세우스가 지하 세계에 가서 키르케Kirke의 충고대로 꿀과 포도주, 물을 붓고 작은 가축들의 목을 잘라 검은 피를 흘려보내자 죽은 자들의 영혼이 모여드는 장면이 나온다.17) 오뒷세우스가 위험을 무릅쓰고 지하 세계로 내려온 이유는 테이레시아스Teiresias의 영혼에게 고향으로 되돌아가는 방법을 묻기 위해서였다. 마침내 테이레시아스가 나타나 검은 피를 마시고 기운을 차려 오뒷세우스에게 고향으로 돌아가는 방법을 가르쳐준다.18) 여기서도 알 수 있듯이 희생물의 피는 죽은 자의 영혼을 생기 있게 해준다. 그림자와 같은 죽은 자의 영혼은 살아 있을 때의 특징을 가지고 있기는 하지만 아무런 인식을 할 수 없다. 오뒷세우스의 어머니 안티클레이아는 검은 피를 마시기 전에는 그를 전혀 알아보지 못한다. 희생 제물들에서 흘러나온 검은 피를 마신 후에야 겨우 아들을 알아보고 대화를 나눈다.19) 《일리아스》에 나타난 호메로스의 죽음관에 비추어 죽은 자들에 대한 숭배는 호메로스 훨씬 이전부터 내려오던 관습에서 나왔을 것이라는 추정이 가능하다.

마지막으로 장례 의식을 할 때 흔히 죽은 자의 눈과 입은 막고 몸을 씻긴 후 향기로운 기름을 바른 다음 깨끗한 천으로 시신을 감싼다.20) 그후에 장례 애도가 시작된다. 시신이 모두 불탄 후에는 포도주로 불을 끄고 죽은 자의 뼈를 주워 모아 다시 두 겹의 기름 조각에 싸서 항아리에 넣고 땅에 묻는다.21) 이때 죽은 자가 생전에 사용하던 물건을 함께 넣기도 한다. 가령 오뒷세우스가 지하 세계에 내려가 키르케의 섬에서 죽은 엘페노르Elpenor를 만났을 때, 엘페노르는 자신의 시신을 무기와 함께 불태워 달라고 부탁한다.22) 아킬레우스도 화장용 장작더미에 안드로마케의 아버지 에에티온Eetion을 죽인 후 무기를 함께 불태웠다.23) 이것은 영혼이 어떠한 방식으로든 함께 불태워진 것을 사용할 수 있으리라는 고대의 믿음으로부터 유래된 것이라 할 수 있다.24) 그러나 왜 그리스인들이 그러한 방식으로 생각했을까? 그것은 죽은 자의 몸이 불태워질 때 영혼이 하데스로 들어간다고 일반적으로 믿었기 때문일 것이다.

3
죽은 자들의 매장과 애도

죽은 자들의 매장의 기원

죽음 이후에 인간은 무엇이라 할 수 있는가? 우리 문화에서는 산 사람의 노릇을 제대로 하지 못할 때 '산송장이나 다름없다'라고 말한다. 그렇다면 산 사람 노릇을 제대로 한다는 것은 무엇인가? 개인적으로는 인간으로서의 기본적인 기능과 역할을 수행하고, 사회적으로는 구성원으로서의 책임과 의무를 다하는 것이라 할 것이다.

산 자와 죽은 자를 구분하는 분명한 명칭이 있다. 죽은 자는 '시체'라고 불린다. 그것은 엄밀히 말하자면 인간이라고 할 수 없는 것이다. 그렇지만 만약 인간이 죽었다면 이 '인간이면서도 인간이 아닌 존재'를 어떻게 다루어야 할 것인가? 고대인들은 죽은 자를 어떻게 처리할 것인가에 대해 많은 고민을 했을 것이다. 누군가 죽었지만 그는 한 사람의 '자식'이었고, '남편' 또는 '아내'였으며, '아버지' 또는 '어머니'였을 것이다. 비록 지금은 아무것도 의식하지 못하는 시체에 불과하지만 그의 탄생과 죽음의 역사에는 수많은 관계가 있다. 이 때문에 그가 바로 이 순간에도 썩어 들어가고 있지만 아무렇지도 않게 다른 사물들과 동일하게 취급하지 못하는 것이다. 과거에는 인간이었지만 현재는 인간이 아닌 존재, 인간과 비슷하면서도 인간이 아닌 존재, 이제 사물이 되었지만 사물이라고 할 수 없는 존재가 바로 시체다.

죽음으로 인한 변화에 대한 인간의 반성적 성찰은 인간에게 죽음에 대한 의식을 만들어 내게 하는 중요한 동기로 작용했을 것이다. 또한 죽음에 대한 의식은 고대인의 철학적 사유의 단초가 되었을 것이다. 도대체 인간이란 어떠한 존재인지? 죽음이란 무엇인지? 죽음 이후에는 어떻게 되는지? 죽음의 두려움을 어떻게 극복해야 하는지? 등 철학적 문제를 발생시킨다. 더욱이 죽은 자의 남아 있는 몸은 살아남은 자에게 또 다른 공포를 일으켰을 것이다. 그래서 죽은 자를 어떻게 취급할 것이며 어떻게 격리할 것인가에 대해 심각하게 고민하였을 것이다. 고대로부터 인간이 죽었을 때 가장 일반적으로 사용한 방법은 매장이었다. 왜 매장을 하는 풍습이 생겨났을까? 다음과 같은 몇 가지 이유를 생각해 볼 수 있다.

우선 인간 존재의 기원 및 본성에 대한 통찰과 관련이 있을 것이다. 수많은 고대 신화들을 보면 인류의 기원을 흙에 두고 있다. 인간이 흙으로부터 생겨났다는 설과 흙으로 만들어졌다는 설이 많다. 그리스신화의 경우에 초기 아테네 지역에서는 인간이 땅에서 저절로 태어났다고 하며, 헤시오도스는 최초의 여성인 판도라를 헤파이스토스가 만들었다고 한다. 인간이 흙에서 와서 흙으로 돌아간다는 생각은 일반적이었다. 죽은 자를 매장하는 관습은 인간이 본래 흙에서 생겨났거나 만들어졌기 때문에 흙으로 소멸되거나 해체될 것이라는 생각에서 비롯되었을 가능성이 높다. 고대의 무덤 형태들도 '위대한 어머니 여신'의 몸을 형상화한 형태로 만들어진 경우가 많다. 아마도 어머니의 몸으로부터 나와서 어머니의 몸으로 되돌아간다는 생각이었을 것이다. 우리가 상상할 수 있는 것보다 훨씬 오래전부터 매장 관습이 있었다는 사실을 알면 매우 놀랄 것이다. 이미 구석기시대에도 매장을 했던 흔적이 남아 있는데, 기원전 약 7~5만 년 전까지 거슬러 올라간다. 심지어 두개골과 아래턱뼈를 매장했던 유적은 기원전 40~30만 년으로 추정되며 주구점周口店에서 발견되었다.25)

다음으로 특정한 역사를 가진 죽은 자의 몸을 다른 존재들과 동일하게 다루는 것을 꺼림칙하게 생각했을 가능성이 높다. 소크라테스의 시체는 이제 엄밀한 의미에서 소크라테스가 아니라 할지라도 과거에 불리던 방식으로 소크라테스라고 어느 순간까지 불릴 수 있다. 그런 소크라테스의 시체를 플라톤과 같은 제자들이 망가지고 부서진 물건처럼 쓰레기통이나 그 외 다른 곳에 함부로 버릴 수는 없을 것이다. 그래서 죽은 자를 떠나보내기 위해 장례 의식과 장례 잔치, 그리고 매장 절차가 필요했을 것이다. 더욱이 일부 고대인들은 죽은 자의 몸이 다른 동물들에게 먹히면 그들의 몸속으로 죽은 자의 영혼이 들어간다고 생각했기 때문에 매장을 하였던 것으로 볼 수 있다. 또한 죽은 자의 몸은 산 자에게 두려움을 일으켰을 것이다. 따라서 죽은 자의 몸을 적절하게 처리할 필요가 있었다. 죽음의 공포를 불러일으키지 않기 위해 보이는 것을 보이지 않게 하는 매장이 가장 손쉬운 방법이었을 것이다.

마지막으로 죽음 이후의 삶과 관련된 고대인들의 믿음에서 비롯된 것으로 보인다. 비록 어떤 민족들이 매장을 하지 않았다고 해서 사후의 삶에 대한 믿음이 없었다고 할 수는 없다. 그렇지만 그러한 믿음이 더욱 분명하게 매장 관습을 설명해 줄 수 있다.26) 순환론적인 세계관을 가진 민족의 경우에는 식물의 씨앗이 땅 속에 묻혀 있다가 봄이 되면 싹이 트고 꽃을 피워 열매를 맺고는 다시 씨앗으로 떨어지듯이 인간도 태어나서 죽지만 씨앗과 같이 다시 탄생할 것이라고 생각했다. 실제로 고대의 무덤 속에서 곡물 씨앗을 담은 항아리도 자주 발굴된다. 더욱이 고대 무덤을 발굴하다 보면 굴장屈葬이라는 매우 특이한 매장 방식도 나타난다. 이것은 마치 어머니의 자궁 속에 있는 태아의 자세로 시체를 매장하는 방식이다. 또한 시체를 매장할 때 동쪽을 향하게 하고 부장품이나 공물을 함께 묻는 관습도 사후의 삶에 대한 믿음과 밀접한 연관이 있다.27)

그리스의 화장의 기원

그리스 사회는 장례 방식으로 화장과 매장을 모두 사용하였다. 그리스인들은 시체를 화장한 후 남은 뼈들을 거두어 매장을 했다. 일반적으로 장례 이후에는 더 이상 죽은 자의 영혼에 관심을 가지지 않았다. 시신이 불태워진 후에 영혼은 누구도 되돌아올 수 없는 보이지 않는 세계로 갔다고 확신했기 때문이다. 그러나 가끔씩 《일리아스》나 《오뒷세이아》에서 죽은 후 시신이 불태워지기 전에 '하데스로 출발한 영혼'을 발견할 수 있다. 가령 《일리아스》에서 헥토르는 아킬레우스에 의해 살해된 후 곧바로 시신을 떠나 하데스의 집으로 날아갔다고 한다.28) 사실 《일리아스》는 오랫동안 구전되면서 서로 상충되는 내용들이 많다. 수 세기 동안 음유시인들의 입을 통해 내려오면서 각 시대의 문화가 은연중에 반영되었기 때문이다. 초기에 그리스인들은 인간이 죽으면 영혼이 빠져나와 곧바로 하데스로 간다고 생각하게 되었다. 그러나 점차 죽음과 관련된 제의들이 중요해지면서 죽은 자의 영혼이 장례 의식을 통해 하데스로 들어갈 수 있다고 생각하게 되었다. 그래서 장례 의식을 치르지 못한 파트로클로스의 영혼은 산 자와 죽은 자의 영역을 헤맸던 것이다.

오뒷세우스의 동료 엘페노르의 영혼도 하데스로 들어가는 것이 허용되지 않았다. 그는 술에 만취하여 키르케의 궁전에서 누워 자다가 하데스로 출발하는 전우들의 시끄러운 목소리와 발걸음 소리를 듣고 갑자기 일어나는 바람에 긴 사다리를 타고 도로 내려오는 것을 잊어버렸다. 결국 지붕에서 그대로 뛰어내렸다가 목이 부러져서 죽고 말았다.[29] 그러나 오뒷세우스와 그 일행은 급한 나머지 엘페노르의 시신을 매장하지 못하고 떠났다. 결국 그의 영혼은 하데스로 들어가지 못하고 입구에서 헤매다가 오뒷세우스를 만나 간곡하게 자신을 화장해 달라고 한다.[30]

"제발 부탁이니, 나를 기억해주오. 눈물을 흘리지도 매장을 하지도 않은 채, 나를 뒤에 남겨두고 떠나지 마시오. 나로 인해 그대가 신들의 노여움을 사지 않도록 말이오. 그대는 내 모든 무구들과 함께 나를 화장한 후에 나를 위해 그곳 잿빛 바다의 기슭에 무덤을, 한 불운한 사내의 무덤을 쌓아 올려주시오."

죽은 후에 영혼이 하데스로 들어가기 위해서는 단지 육신이 썩는 것만으로 되지 않는다. 그리스인들은 '불'만이 죽은 자의 영혼들을 달래줄 수 있다고 생각하였다. 아가멤논은 트로이 쪽에서 죽은 자들을 화장하기 위해 휴전을 제의해 오자 수락하였다. 그것은 "죽은 시신들에 대해서는 일단 그들이 죽은 이상 지체 없이 불로 위로해 주기를 아까워해서는 안 되기" 때문이었다.[31]

그리스에서 시체를 화장하는 관습이 발달하게 된 이유는 무엇일까? 사실 단순히 시체를 매장하는 것이 훨씬 편리한 방법일 수 있다. 그렇다면 도대체 어떠한 이유로 호메로스 시대에 화장이 이루어졌고, 화장은 어떠한 의미를 지니는 걸까? 로드Rohde는 화장 관습이 유목 생활에서 유래

소시아스 화가, '아킬레우스와 파트로클로스', 기원전 500년경.
아킬레우스가 화살에 부상당한 파트로클로스를 치료하는 장면이 킬릭스에 그려진 적색상 도기화이다.

되었으리라 추정한다. 그러나 화장을 한 진짜 이유는 죽은 자를 산 자의 세계에서 완전히 '분리'시키려는 데 있다.32) 불로 시체를 태우는 것이야 말로 확실하게 죽은 자의 흔적을 없애는 것이기 때문이다. 그렇다고 이 관습이 산 자의 편리를 위해 만들어진 것은 아니다. 호메로스의 작품들에는 정상적인 장례식을 거쳐 화장되지 못한 영혼들이 산 자의 꿈에 출몰하여 독촉하는 장면들이 나온다. 죽은 후에 시체가 불태워지지 않은 영혼은 하데스로 들어갈 수 없어 끊임없이 방랑하게 된다. 따라서 구천을 떠도는 유령의 상태에서 벗어나기 위해 시신이 불로 태워지는 장례식을 치러야 한다. 시체가 화장된 후에 남은 뼈들은 항아리에 넣어 매장하거나 작은 상자에 넣어 보관했던 것으로 나타난다.

그렇다면 그리스인들은 죽은 자를 불태우는 '불'이 도대체 어떠한 의미와 역할을 한다고 생각하였을까? 시신을 불로 태우는 것은 오히려 영원하고 무한한 생명력의 원천인 '물'의 상징과 밀접한 관련이 있다.33) 그리스와 근동 지역에서 물은 우주의 최초 상태이자 모든 것을 생겨나게 하는 원천이며, 생명으로서 물은 불과 대립적인 요소이다. '생명이 있는 것'은 물기가 있다. 반대로 '생명이 없는 것'은 물기가 없다. 죽는 것은 물기가 없어지고 건조해지는 것이다. 오르페우스 종교에 따르면, 영혼은 '건조한auos' 하데스에 도착한다. 죽은 자를 불태우는 화장은 생명의 물기를 증발시켜 건조하게 만드는 것이다.34) 따라서 화장을 통해 확실하게 죽은 자는 죽은 자로서 산 자와 구분되고 분리될 수 있는 것이다.

불의 상징과 의미

호메로스 시대에 그리스인들이 불을 종교적인 '정화'의 의미와 연관 지어 사용했는지는 분명하지 않다.35) 그러나 그리스신화나 근동 신화에 남아 있는 불이 가지는 정화의 측면을 간과할 수는 없다. 헤라클레스의 비운의 아내 데이아네이라Deianeira는 강을 건너다가 켄타우로스 넷소스Nessos에 의해 납치될 위급한 상황에 처한다. 마침 헤라클레스가 활을 쏘아 맞추자 넷소스는 쓰러지면서 데이아네이라에게 헤라클레스가 자신의 피로 가득 채운 옷을 입는다면 어떤 다른 여성과도 사랑에 빠지지 않을 것이라고 말하였다. 데이아네이라는 이 치명적인 조언을 따라 넷소스가 죽음의 순간 강둑에 도착하였을 때 그의 피를 받아서 자기 집에 있는 청동 용기에 숨겨 놓았다.36) 그녀는 남편이 다른 여자를 사랑하게 되었다고 생각했을 때 넷소스의 말을 생각해내고 그것을 다시 꺼내 헤라클레스의 옷에 넣었다.

■
'데메테르와 데모푼'
데메테르가 메타네이라의 아들 데모푼을 불사신으로 만들기 위해 신성한 불에 올려놓았다.

헤라클레스는 아무것도 모른 채 데이아네이라가 보낸 옷을 입고는 전신에 독이 스며들어 고통스러워하게 된다.

결국 그는 자진하여 장작더미에 올라가 필록테테스Philoktetes의 도움을 받아 불을 붙이고 스스로 화장하여 죽음에 이른다. 헤라클레스의 영혼과 신체가 죽음으로 분리되자 어머니 알크메네Alkmene로부터 받은 육체는 불태워지고 아버지 제우스로부터 받은 영혼은 올륌포스에 올라갔다고 전해지기도 한다. 또는 헤라클레스의 신체도 영혼과 함께 올륌포스로 승천했다고 전해진다.37) 헤라클레스가 가졌던 인간적인 요소는 불에 의해 완전히 정화되어 불멸하는 신이 된 것이다.

더욱이 불은 초기에는 인간의 '불멸성'과 관련하여 매우 중요한 요소로 생각되었다. 불로 육체를 정화시킬 수 있다는 생각은 그리스뿐만 아니

프란츠 마치, 〈아킬레우스의 승리〉, 1892년, 프레스코화, 그리스 코르푸 아킬레이온 궁전
트로이 성문 앞에서 아킬레우스가 헥토르의 시신을 끌고 다닌다.

라 근동 신화에도 종종 등장한다. 테티스가 자신의 아들 아킬레우스를 불멸하게 하기 위해 '신성한 불' 위에 올려놓았다가 아무것도 모르는 펠레우스가 소란을 떠는 바람에 실패하게 된 이야기도 있다.38) 또한 데메테르가 딸 페르세포네를 잃고 인간 세계를 방랑하다가 엘레우시스의 왕 켈레오스Keleos와 메타네이라Metaneira의 궁전에 유모로 머무르면서 그 아들 데모푼Demophoon을 불멸하게 하기 위해 신성한 불을 사용한 것도 찾아볼 수 있다.39) 이것은 이집트의 이시스 여신이 남편 오시리스의 시신이 든 상자를 찾으러 다니다가 뷔블리스의 궁전에 머물면서 어린 왕자를 불멸하게 하기 위해 불 위에 올려놓았다가 왕비의 방해로 실패하는 이야기와도 비슷하다. 이로부터 고대사회에서 불은 신성한 힘을 가진 존재로 생각되었다는 것을 알 수 있다.

제주와 제사 음식

우리가 성묘할 때 술을 무덤가에 뿌리는 것과 비슷한 풍습이 그리스에도 있다. 그리스 사회에는 산 자들이 죽은 자들을 애도하기 위해 무덤가에서 제주를 붓는 의식과 관련된 절차가 있었다. 죽은 사람의 무덤에 제물을 바치는 관습은 기원전 8세기 말에는 흔한 일이었다. 《일리아스》에서 아가멤논은 아킬레우스와 화해하기 위해 네스토르, 오뒷세우스, 아이아스 등을 불러 도움을 청한다. 그들이 모두 동의하자 축하의 의미로 먼저 제주를 바친 후에 술을 마시는 장면이 나온다.40) 제주를 바치는 순서는 첫 번째가 제우스와 올림포스 신들이고, 두 번째가 영웅들이며, 세 번째가 '끝내는 자'를 의미하는 제우스 텔레이오스Zeus Teleios이다. 혹은 첫 번째가 '선한 정령'을 의미하는 아가토스 다이몬Agathos Daimon이 되고, 두 번째는 똑같이 영웅들, 세 번째는 헤르메스가 된다.41) 땅에 붓는 대부분의 제주는 죽은 자들과 지하 세계의 신들에게 바쳐졌다.

그렇다면 그리스인들은 제주로 무엇을 사용했을까?《오뒷세이아》에서 제주와 관련된 이야기들을 찾아볼 수 있다. 오뒷세우스가 지하 세계에 내려가 제주를 붓는 장면을 살펴보면 먼저 꿀과 우유를, 다음으로 포도주를, 세 번째로 물을 붓고 흰 보릿가루를 뿌린다.42) 소포클레스의《콜로노스의 오이디푸스》에는 제주를 바치는 방식과 절차가 보다 상세하게 나와 있다. 첫째, 끊임없이 흐르는 샘에서 깨끗한 손으로 신성한 물을 길러 온다. 둘째, 새끼 양의 갓 깎은 양털로 물동이의 가장자리와 손잡이를 장식한다. 셋째, 술은 섞지 말고 물과 꿀을 섞어 물동이를 채운다. 넷째, 얼굴을 동쪽으로 향한 후에 제주를 세 번 붓되 마지막은 다 비운다. 다섯째, 올리브나무 잔가지를 아홉 개씩 세 번 두 손으로 제주를 부은 곳에 올려놓는다. 여섯째, 낮은 목소리로 기도한 후 뒤돌아보지 않고 나온다.43) 오이디푸스는 이러한 방식으로 제주를 붓고 기도를 하면 도와주겠다고 말한다.

그런데 죽은 자의 영혼을 불러오는 의식인 네퀴이아Nekyia에서 사용되는 제주나 죽은 자의 무덤에 바치는 제주는 도대체 어떠한 의미가 있으며, 어떻게 해석할 수 있을까? 여기서 제주의 주성분을 이루는 '물'을 주목할 필요가 있다. 영혼과 뼈는 엇비슷하게 건조하다. 그것들은 물기를 가장 필요로 한다. 죽은 자들에게 바치는 주요 제물들은 '붓는 것들choai'이다. 호메로스의 《오뒷세이아》에서는 꿀과 우유의 혼합 음료melikreto, 포도주oino, 물hydati 등이고,44) 에우리피데스의 《타우리케의 이피게네이아》에서는 우유, 포도주, 꿀이다.45) 물 혹은 물기는 인간을 살아 있게 하는 필수조건이다. 인간이 죽으면 물기가 점점 빠져나간다. 한창 젊을 때는 물기가 풍부하다가 늙어가면서 점차 건조해진다. 아리스토텔레스에 따르면 생명체는 본성적으로 습하고 따뜻하지만 나이가 들면 차갑고 건조해진다.46) 인간이 생명을 유지하는 데에는 적정한 양의 액체가 필요하다. 만약 이것이 완전히 소진되면 죽게 될 것이다. 마치 식물이 물기가 다 빠져나가면 마른 낙엽이 되는 것과 같다. 나아가 인간에게 물기가 점차 사라져 가면 의식이나 감각이 둔화된다. 특히 포도주는 인간 몸의 생명의 액체와 비슷하다.47) 죽은 자들을 기리는 제의에서 일종의 물을 사용하는 것은 죽은 자의 영혼을 생기 있게 해주기 위한 것이다.

죽은 자의 애도

그리스에서는 장례식에 참석하는 사람은 검은 색이나 회색, 때로는 흰색 상복을 입었다. 죽은 자를 애도하기 위해 집안의 여성들은 관례에 따라

곡을 하는데 때로는 곡을 하는 사람들을 사기도 하였다. 이러한 풍습은 우리의 장례식 모습과도 유사해 보인다.

트로이 왕 프리아모스가 그리스군 진영에서 무사히 헥토르의 시신을 돌려받아 왔을 때 트로이의 수많은 사람들이 애도하였다. 집 안에 헥토르의 시신을 눕히고 만가輓歌를 부를 사람들을 배치하고 선창을 하도록 하자 트로이의 여인들이 슬퍼하였다. 첫 번째로 헥토르의 아내 안드로마케가 곡을 선창하였고, 두 번째로 헥토르의 어머니 헤카베가 곡을 선창하였으며, 세 번째로 헥토르의 동생 파리스의 아내인 헬레네가 곡을 선창하였다. 이들이 각자 자신의 남편과 자식 그리고 시아주버니를 그리워하며 슬픔에 가득 차 곡을 하니 모든 트로이인들은 비탄에 빠졌다.48)

그리스인들은 어디서 어떻게 죽느냐에 따라 죽은 자를 매장하는 장소를 다르게 정했다. 가령 집에서 죽는다면 도시 안에 묻어 주지만 집에서 멀리 떨어진 전쟁터에서 죽으면 죽은 장소에 묻었다. 호메로스의 《일리아스》에도 전쟁터에서 죽은 많은 영웅들이 트로이에 매장되는 것을 볼 수 있다. 기원전 490년경에 마라톤전투에서 죽은 그리스인들은 그곳에서 화장되고 커다란 봉분에 매장된 것으로 추정된다.49)

죽은 자가 묻힌 무덤은 표지가 되는 돌로 표시했다. 이것은 아무 데에도 사용되지 않는 돌이었을 것이다. 무덤에 세워진 비석은 훨씬 전부터 있었지만 그리스의 암흑기가 지나고 기원전 8세기경에 나타난 비석에는 비문이 새겨져 있다. 가령 죽은 자의 이름이나 간단한 경구 등이 있기도 하였다.50) 기원전 6세기경에는 무덤 기념물로서 젊은이나 여인의 입상이 세워지기도 했다. 죽은 자들을 기리는 축제가 다가오면 비석들을 씻고, 기름 바르고, 끈으로 감았다. 때로는 무덤의 표지는 죽은 사람을 수호하는 신비한 존재로서 사자나 스핑크스가 무덤지기로서 발견되었다. 무덤의 표지인 세마sema는 죽은 자의 영원성을 보여준다. 그러므로 무덤을 돌보는 것은 후손들에게 주어진 의무였다.[51]

일반적으로 '장례 잔치'는 죽은 자를 기리기 위해 장례식 후나, 혹은 시신을 불태우기 전에 이루어진다. 가령 아킬레우스의 경우에는 헥토르를 죽인 후 파트로클로스의 장례식을 하기 위해 먼저 장례 음식을 대접한다. 파트로클로스의 장례 잔치는 아주 성대하게 이루어져 엄청난 양의 황소, 양, 염소, 돼지 등이 죽어 나갔고 잔으로 뜰 수 있을 정도로 많은 피가 흘러내렸다고 한다. 그 다음에야 그는 장례식을 치르고 시신을 불태웠다.[52] 그러나 트로이의 프리아모스 왕의 경우에는 헥토르의 시신을 돌려받아 장례식을 치르고 시신을 불태운 후에 장례 음식을 대접했다.[53] 이처럼 장례 잔치는 죽은 자의 영혼을 달래기 위한 것이기도 하다. 그래서 적군이든 아군이든 또는 은인이든 원수든 상관없이 장례 잔치를 베풀어야 하는 것이다. 오레스테스가 자신의 아버지 아가멤논을 죽인 어머니 클뤼타임네스트라와 아이기스토스를 살해하고도 장례 잔치를 벌인 것도 그들을 애도하기 위한 것이 아닌 원혼을 달래기 위한 것이었다.[54]

영웅 숭배 의식

호메로스 시대에는 죽은 자들과 산 자들의 세계를 단절된 것으로 보지만 죽은 자들의 무덤에서 제물을 바치는 관습은 당시에도 흔한 일이었다. 사실 죽은 자들과 산 자들의 세계가 완전히 분리되어 서로 영향을 주고받을 수가 없다면 죽은 자들에 대한 숭배는 불필요할 것이다. 그럼에도 불구하고 그리스 사회에서는 서로 모순되는 관습들이 공존해 있었다. 특히 죽은 영웅에 대한 숭배 의식이 점차 발전되었다. 영웅heros이란 용어의 어원은 불분명하지만, 결혼의 여신 헤라의 '젊고 신적인 배우자'라는 말에서 유래되었다는 주장도 있다.55) 헤시오도스는 인류의 다섯 종족에 대해 말하면서 영웅들을 '반신이라 불리는 신과 같은 영웅 종족'이라 말한다.56) 그리스신화에서는 특히 헤라클레스와 아스클레피오스가 인간으로 태어났다가 죽은 후에 신이 된 경우이다. 헤라클레스는 인간이지만 최초로 신으로 인식된 인물이다. 그리스의 시인 핀다로스는 그를 헤로스 테오스heros theos라 불렀다.57)

영웅 숭배에서 주요 제의는 동물 희생으로, 튀시아thysia라 불린다. 그것은 영웅의 무덤에 피를 쏟아붓는 것으로 시작한다. 피를 제주로 받는 많은 영웅들은 특히 전쟁과 연관이 있다.58) 누구보다도 탁월한 능력을 발휘했던 영웅들이 죽은 후에는 그에 대한 숭배 의식이 생겨나게 되었다. 영웅을 향한 정기적인 숭배에 대한 문헌 자료는 후대에 등장하나, 기원전 7세기 후반 아테네의 드라콘 법에 영웅들이 조상들의 관습에 따라 숭배를 받아야 한다고 규정하고 있는 걸로 미루어 일찍부터 영웅 숭배가 있었던 것으로 보인다.59) 대개는 한 부족의 조상이나 한 도시국가의 건설자 같은 사람들을 숭배하다가 후대에 고전기로 가면 점차 일반인으로까지 확대되어 간다. 나아가 영웅들의 잔해가 주술적인 힘을 가진다는 믿음까지도 생겨난다. 가령 스파르타인들이 테게아에서 발견하여 스파르타로 가져왔다고 주장하는 오레스테스의 뼈는 전쟁에서 승리를 가져온다고 신성시되었다.60)

영웅 숭배 제의는 그리스의 종교적 관행에 아주 크고 중요한 부분을 차지한다. 그것은 어떤 특정한 집단에 사회적 단일성과 통합성을 주는 방식으로써 작용할 수 있다. 수많은 남자 영웅들과 여자 영웅들은 신과 일반인들을 매개해 주는 결정적인 기능을 하였다.61) 고대 그리스에서 영웅

페터 가브리엘 비켄베르크,
〈오이디푸스와 안티고네〉,
1833년, 프랑스 루앙 미술관
테베를 떠나 방랑하는 오이디푸스를 안티고네가 안내한다.

들은 대부분 하나 이상의 신성한 무덤을 갖고 있었다.62) 여러 도시들이 서로 영웅의 무덤이 있다고 주장했다. 그래서인지 영웅신화를 보면 죽은 장소가 확실하지 않은 경우가 많다. 가령 오이디푸스는 테베를 떠나 방랑하다가 아무도 알지 못하는 곳에서 죽었다. 그래서 오이디푸스의 무덤 위치는 정확히 알려지지 않았다. 소포클레스는 《콜로노스의 오이디푸스》에서 오이디푸스가 아테네 근처에 묻혔다고 말하지만 정확한 위치를 밝히지 않는다. 그러나 오이디푸스는 죽기 전에 자신이 묻히는 도시를 수호할 것이라는 이야기를 남긴다. 오이디푸스의 마지막을 함께한 테세우스는 아버지의 무덤 위치를 묻는 안티고네에게 다음과 같이 대답한다.63)

"그분이 내게 금지령을 내렸소. 어떤 사람도 그 장소에 접근하거나, 그분이 누워 있는 신성한 무덤을 말하지 말라고 말이오. 또한 그분이 말하길 내가 그것을 잘 준수하면 내가 다스리는 나라가 언제까지나 해를 입지 않을 것이라고 했소."

대부분 유명한 영웅들은 여러 도시에서 숭배되었다. 영웅의 유골은 여러 곳에 따로 분리되어, 각기 다른 지역에서 숭배되었다.

4
죽은 자와 죽음의 세계

❦

죽음의 세계의 지도

인간은 죽으면 어떻게 되는가? 만약 영혼이 없다면 죽음 이후에는 아무것도 존재하지 않을 수 있다. 그러나 만약 영혼이 있다면 죽음 이후에 두 가지 경우가 가능하다. 먼저 영혼이 있지만 불멸하지 않는다면, 영혼은 신체와 함께 소멸할 것이다. 그러나 영혼이 있을 뿐만 아니라 불멸한다면, 영혼은 어딘가 존재할 수도 있을 것이다. 사실 영혼이 비물질적이라면 공간을 차지하지 않기 때문에 반드시 머무를 장소가 있어야만 하는 것은 아니다. 그러나 고대인들의 사후 세계에 대한 상상력은 바로 여기서 출발한다. 일단 죽음 후의 영혼은 산 자가 존재하는 이 세계에 더 이상 머무르지 않는다. 죽음 후의 영혼은 존재하는 방식이나 차원이 전혀 달라지기 때문이다. 그래서 죽은 자의 영혼이 머무를 곳이 따로 존재할 필요가 생긴 것이다.

그리스인들은 죽은 자들의 영혼이 어디로 간다고 생각했을까? 우리는 쉽게 지하 세계를 떠올릴 수 있다. 죽은 사람들은 땅속에 묻히기 때문이다. 그러나 이 같은 섣부른 추측은 불필요하게 더 많은 의문들을 만들 수도 있다. 땅에 묻는 매장 풍습 외에 화장을 하는 풍습도 있기 때문이다. 그리스의 경우에도 매장과 화장 풍습이 공존한다.

그리스 서사시로부터 죽음 이후의 세계를 지칭할 때 일반적으로 하데스Hades라는 이름을 쓴다. 그리스어로 하데스라는 이름은 '보이지 않는 곳' 또는 '알 수 없는 곳'을 의미한다. 사실 우리가 볼 수 있는 특정한 공간을 가리키는 말보다 보이지 않는 곳이란 말이 죽음 이후의 세계를 훨씬 잘 표현하며 더 적절하다고 할 수 있다. 우리는 인간이 죽으면 어디로 가는지 모른다. 단지 죽음 이후에 대해 추측하고 상상할 수 있을 뿐이지 논증을 할 수는 없다. 그것은 우리로서는 경험할 수 없는 세계에 속하기 때문이다. 그래서 그리스신화 속에서 하데스는 인간들뿐만 아니라 신들에게도 노출되어서는 안 되는 곳으로 묘사된다. 트로이전쟁 중에 그리스 동맹군 편을 들던 포세이돈이 대지와 산을 흔들어대자 트로이의 도시들과 그리스군의 함선들까지도 흔들렸다. 그러자 하데스가 깜짝 놀라 고함을 치며 지상으로 올라왔다. 신들조차도 싫어하는 하데스의 집이 인간들은 물론이고 신들에게까지 드러날까 두려웠기 때문이다.[64]

그러나 고대 그리스인들은 하데스로 가는 지도를 그려냈다. 인간의 상상력은 인식의 한계를 넘어서는 영역까지도 자유롭게 넘나들 수 있기 때문이다. 그리스인들은 하데스의 위치에 대해 어떠한 방식으로든 설명하고 있지만, 약간씩 다르게 묘사하고 있는 것을 알 수 있다. 대부분 그리스인들은 하데스가 지하에 있다고 묘사한다. 《일리아스》나 《오뒷세이아》에서는 '영혼이 땅 밑으로 사라진다'라거나 '하데스의 집으로 내려갔다'는 등의 표현을 함으로써 땅 '아래'에 있다고 암시한다.[65] 그러나 《오뒷세이아》의 다른 부분에서는 하데스의 위치를 새로운 방식으로 좀 더 구체적으

■
존 윌리엄 워터하우스, 〈키르케 인비디오사〉,
1892년, 185×179cm,
애들레이드 사우스 오스트레일리아 미술관
태양신 헬리오스의 딸인 키르케는 오뒷세우스 일행을 돼지로 변하게 만들었지만, 결국 오뒷세우스가 고향으로 돌아가는 데 중요한 단서를 제공한다.

로 설명한다.66) 하데스를 찾아가는 오뒷세우스가 걸어서 가는 것이 아니라 배를 타고 가는 것으로 묘사한다. 이 이전에는 아무도 배를 타고 하데스로 간 적은 없어 보이며, 오뒷세우스가 처음으로 항해하였다. 그렇다고 하데스가 전혀 다른 위치에 있다고 설명하는 것은 아니다. 하데스는 땅 밑에 있으나 '서쪽'의 땅 가장자리를 둘러싸고 있는 오케아노스Okeanos 강을 지나서 있다. 산 자들은 그림자의 나라 하데스에서 살아 돌아올 수 없

49

다. 그런데 왜 그리스인들을 비롯한 많은 사람들이 죽은 자들의 세계가 서쪽에 있다고 하였을까? 그것은 아마도 태양이 지는 곳이라 생각했기 때문일 것이다. 태양이 지면 자연히 어둠이 내리게 되고, 어둠의 세계는 바로 죽은 자의 세계로 상징되었기 때문이다.

죽을 운명을 가진 인간은 살아서는 결코 하데스에 도달할 수 없다. 오뒷세우스가 하데스를 방문할 수 있었던 것은 신적인 조력자인 키르케의 도움 덕분이었다. 키르케는 태양신 헬리오스Helios의 딸이다. 처음에 오뒷세우스 일행이 자신의 궁전을 찾아왔을 때 키르케는 마법으로 그들을 돼지로 변하게 만들었지만, 결국은 오뒷세우스가 고향으로 돌아갈 수 있도록 중요한 단서를 제공한다. 그녀는 오뒷세우스가 하데스에서 예언자 테이레시아스를 만나 고향으로 돌아가는 방법을 물을 수 있도록 도와주고 하데스의 위치를 자세히 알려준다.67)

"제우스의 후손인 라에르테스의 아들이여, 많은 계책을 가진 오뒷세우스여. 그대는 그대의 배를 인도해 줄 길잡이가 없다고 걱정하지 마세요. 그대는 돛대를 세우고 흰 돛을 펴놓고, 그냥 앉아 계셔요. 그러면 북풍의 입김이 그대의 배를 날라다 줄 거예요. 그러나 그대는 배로 오케아노스를 건너 야트막한 해안과 페르세포네의 숲, 키 큰 백양나무들과 과일이 떨어지는 버드나무들이 서 있는 곳에 닿거든 깊은 소용돌이가 치는 오케아노스 곁 강변에 배를 대세요. 그런 다음에 그대 자신은 곰팡내 나는 하데스의 집으로 가세요. 거기에서 퓌리플레게톤 강과 스튁스 강의 지류인 코퀴토스 강이 아케론 강으로 흘러들어가지요."

호메로스는 키르케를 통해 오케아노스를 지나 페르세포네의 숲이 있는 강변에 이르러 걸어가면 하데스가 나타난다고 말한다. 그는 《오뒷세이아》 마지막 권에서도 하데스의 위치를 다시 설명한다. 여기서 오뒷세우스는 고향에 돌아와 아내 페넬로페의 구혼자들을 모두 죽여 버리고, 헤르메스가 나타나 죽은 자들을 하데스로 데리고 간다. 죽은 자들의 영혼은 오케아노스 강과 레우카스 바위 옆을 지나고 헬리오스, 즉 태양신의 문들과 꿈들의 나라 옆을 지나서 수선화Asphodelos 핀 풀밭에 당도한다.68) 이곳이 바로 '지쳐버린 인간들의 환영들이 사는 곳'이라 불린다.

영혼의 안내자

죽은 자의 세계가 누구에게도 알려져 있지 않다면 영혼은 어떻게 하데스를 찾아갈 수 있을까? 호메로스의《일리아스》를 보면 죽은 후의 영혼이 하데스로 가는 데에 특별한 방도가 있는 것은 아니다. 죽은 자의 영혼은 신체로부터 빠져나온 즉시, 또는 매장 후에 하데스로 곧장 가는 것으로 나온다. 그러나《오뒷세이아》에는 영혼들을 하데스로 인도하는 존재가 나타난다.69) 오뒷세우스에 의해 살해된 페넬로페의 구혼자들은 예외적으로 아직 매장되기도 전에 헤르메스를 따라 지하 세계로 간다. 그런데 갑자기《일리아스》와 달리 '영혼의 안내자Psychopompos' 헤르메스가 등장하는 이유는 무엇일까?

기원전 6세기 후반의 도자기 그림에는 제우스의 아들 사르페돈의 시신을 거두는 죽음의 신 타나토스Thanatos, 잠의 신 휘프노스Hypnos와 함께 헤르메스가 '영혼의 안내자'로 등장한다. 영혼의 안내자로서 헤르메스는 살아서는 누구도 하데스로 갈 수 없다는 일반적인 명제에서 아무도 하데스로 가는 길을 알지 못한다는 추론으로 발전하는 가운데 나타난 것으로 보인다. 여기서 죽은 자들을 하데스로 인도하는 역할을 할 특정한 존재가

■
유포로니오스, '사르페돈의 죽음', 기원전 515년경, 크레이터에 적색상 그림
제우스의 아들 사르페돈의 시신을 거두는 죽음의 신 타나토스, 잠의 신 휘프노스와 함께 헤르메스가 '영혼의 안내자'로 등장한다. 죽은 자들의 영혼은 헤르메스의 안내를 받아 지하 세계로 가게 된다.

필요했던 것이다. 그리스신화에서 죽은 자들의 영혼은 죽은 곳이나 무덤 주위를 배회하다가 헤르메스의 안내를 받아 지하 세계로 가게 된다. 가령 《오뒷세이아》에는 헤르메스가 아름다운 황금 지팡이를 들고 죽은 자들의 영혼을 불러 모으는 장면이 나온다.[70]

"퀼레네의 헤르메스는 구혼자들의 영혼들을 밖으로 불러냈다. 그는 아름다운 황금 지팡이를 손에 들고 있었다. 바로 이것으로 자신이 원하는 사람들의 눈을 감기기도 하고, 자는 사람들을 다시 깨우기도 하는 것이다. 그는 이 지팡이로 영혼들을 깨워 데리고 가는데 그들은 찍찍거리며 따라갔다."

트로이전쟁에 참전한 후 20년 만에 고향으로 돌아온 오뒷세우스는 그 동안 페넬로페에게 구혼하면서 자신의 왕권과 재산을 넘보던 자들을 한 곳에 몰아넣고 참살한다. 이타케의 오뒷세우스의 궁전은 피바다가 되었고 시체들로 가득하였다. 이때 바로 헤르메스가 나타나 죽은 구혼자들의 영혼들을 황금 지팡이로 깨워 데리고 간다. 호메로스는 이처럼 지하 세계의 모습을 다양한 이미지들을 통해 어둡고 음침하게 묘사한다.

죽음의 강과 뱃사공

호메로스의 《일리아스》에는 오케아노스 건너 죽은 자들의 세계와 산 자들의 세계를 분명하게 구분해 주는 강이 나오는데 바로 스튁스Styx 강이다.71) 스튁스는 '신들에게 가장 위대하고 가장 두려운 맹세'를 하는 강이다.72) 헤시오도스는 《신들의 계보Theogonia》에서 '두려운' 스튁스 강이 오케아노스의 딸들 중 가장 나이 많은 딸이라고 한다.73) 《오뒷세이아》에는 이 강으로부터 퓌리플레게톤Pyriphlegeton 강, 코퀴토스Kokytos 강, 아케론Acheron 강이 갈라지는 것으로 나온다. 스튁스의 지류인 '불타는 강'을 의미하는 퓌리플레게톤과 '한탄의 강'을 의미하는 코퀴토스는 '비통의 강'을 의미하는 아케론으로 흘러들어 간다.74) 아케론은 아케루시아스Acherousias 호수라 불리기도 한다.75)

이후에 플라톤이 설명하는 지하 세계의 강에는 오케아노스, 아케론, 아케루시아스, 퓌리플레게톤, 스튁스, 코퀴토스 등의 이름이 모두 등장한다.76) 헤르메스는 죽은 자의 영혼을 여기까지 데려다주고 카론에게 넘겨준다. 카론은 두 세계의 경계를 넘나드는 인물이다. 죽음의 세계로 가는 영혼들을 태워주지만 아무도 되돌아오게 해주지 않는다. 우리 문화에도

53

요아힘 파티니르, 〈스틱스를 건너는 카론〉, 1512년경, 캔버스에 유채, 마드리드 프라도 미술관
헤르메스는 죽은 자의 영혼을 뱃사공 카론에게 넘겨준다. 스틱스 강을 건네주는 카론은 두 세계의 경계를 넘나드는 자로, 죽음의 세계로 가는 영혼들을 태워준다.

죽은 자를 매장할 때 저승 노자라고 하며 돈을 넣는 것과 같이, 그리스에도 죽은 자를 매장할 때 치아 사이에 작은 동전을 넣는 관습이 있다. 바로 카론에게 지불할 뱃삯이라고 이야기한다. 이것은 후대에 카론을 세속적인 뱃사공으로 생각하게 되면서 생겨난 풍습으로 보인다.77)

호메로스의 작품에는 카론이 등장하지 않는다. 더욱이 헤르메스도 《오뒷세이아》 24권 외에는 등장하지 않는다. 아마도 상고기까지는 카론이나 헤르메스와 같이 산 자와 죽은 자의 세계를 가로지르는 매개자 역할에 대해 구체적으로 생각하지 않았기 때문일 것이다. 카론이나 헤르메스는 기원전 5세기경에 하데스로 여행하는 부분이 자세하게 설명되면서 등장한다.78) 헤르메스는 처음에는 지상 세계에서 지하 세계로 영혼을 곧장 데려가는 역할을 하지만, 고전기에 들어서면서부터는 아케론 강까지만 영혼을 인도하고 뱃사공 카론이 등장하여 아케론 강을 건너게 해준다. 즉 헤르메스의 역할이 세부적으로 분할되어 부분적으로 카론이 담당하게 된 것이다.

그런데 이 세계와 저 세계를 나누는 것이 왜 하필 강이어야 할까? 이 우주 또는 세계가 강으로 둘러싸였다고 말하는 자는 단지 호메로스만이 아니다. 강은 생명력의 원천으로서 물이 끊임없이 흐르는 형상을 하고 있다. 그리하여 원초적인 강은 뱀의 형상으로 등장한다. 호메로스 작품에 나오는 오케아노스 강은 우주의 강이다. 그것은 이 세계를 원형으로 감싸 흐르며 영원한 생명력을 나타낸다. 따라서 그것을 건너가는 행위는 죽음을 뜻할 것이며, 그것 너머 있는 곳은 바로 죽음의 세계를 가리킬 것이다. 엄밀히 오케아노스의 '원' 안에는 살아 있는 것이 존재하지만 '원' 밖에는 존재하지 않는다.

죽음의 세계의 수문장

호메로스 시대에 그리스인들은 산 자들의 세계와 죽은 자들의 세계는 서로 오갈 수 없다고 생각하였다. 즉 살아 있는 채로 죽음의 세계로 들어갈 수 없고, 죽은 채로 삶의 세계에 되돌아올 수 없다. 그리스신화 속의 시쉬포스나 헤라클레스, 테세우스 같은 몇 가지 예외적인 경우를 제외하고 죽지 않고는 결코 한 세계에서 다른 세계로 건너갈 수 없다. 서로 다른 두 세계의 경계를 분명하게 하기 위해 등장하는 상징물들이 바로 지하 세계를 흐르는 '강'과 지하 세계의 문을 지키는 '개' 등이다. 강이나 문 및 개는 '분리'와 '경계'를 상징하는 것이다. 강은 두 세계를 분리시키고 독립적으로 만드는 경계이다. 이것은 산 자가 죽은 자의 세계로 가는 것과 죽은 자

■
'케르베로스, 헤라클레스, 청동단지에 숨는 유리스테우스', 기원전 530년경, 루브르박물관
하데스의 문을 지키는 개, 케르베로스는 들어가는 사람들에게는 우호적이지만, 나오려는 사람이 있으면 잡아먹는다.

가 산 자의 세계로 가는 것을 막아 준다. 또한 지하 세계의 개도 두 세계를 넘나들 수 없도록 지키는 존재로 등장한다. 하데스의 문을 지키는 개인 케르베로스Kerberos는 문으로 들어가는 사람들에게는 우호적이지만, 문에서 나오려는 사람들이 있으면 잡아먹어 버린다.79)

그러나 그리스신화는 산 자와 죽은 자의 세계를 지키는 무시무시한 케르베로스마저도 무력화시키는 영웅을 기리고 있다. 바로 그리스인들이 가장 사랑했던 영웅 헤라클레스다. 그는 에우뤼스테우스Eurysteus 왕에게서 열두 가지 모험의 마지막 임무로 케르베로스를 잡아오라는 명령을 받는다. 그렇지만 그것은 죽을 운명을 가진 인간으로서는 불가능한 임무다.

근본적으로 죽음을 극복할 수 있는 인간은 없기 때문이다. 물론 그리스신화에는 지하 세계를 방문한 인간들이 등장하기는 한다. 시쉬포스나 오르페우스가 지하 세계를 방문했다가 돌아오기는 하지만 결국 자신의 목적을 달성하지는 못한다. 코린토스의 왕 시쉬포스는 죽어서 지하 세계를 방문했기 때문에 헤라클레스처럼 살아서 갔던 것은 아니며, 지하 세계의 왕과 왕비를 성공적으로 속이고 잠시 돌아가기는 했지만 다시 하데스로 되돌아올 수밖에 없었다. 트라키아의 오르페우스도 죽은 아내 에우뤼디케Eurydike를 찾으러 지하 세계를 방문할 때 하데스와 페르세포네의 허락을 받았지만 지하 세계의 금기를 어겨 그녀의 영혼과 함께 되돌아갈 수 없게 되었다. 아테네의 영웅 테세우스Theseus와 페이리토오스Peiritoos는 아예 페르세포네를 납치하려는 불순한 동기를 가지고 지하 세계를 방문했기 때문에 망각의 의자에서 일어나지 못하게 되었다.

그러나 헤라클레스는 지하 세계의 신들을 자극하지 않기 위해서 엘레우시스 신비 의식을 통해 지하 세계로 내려갔다. 지하 세계의 문에 도달했을 때 테세우스와 페이리토오스를 발견하고 테세우스는 일으켜 세웠으나 갑자기 지진이 일어나 페이리토오스는 도와주지 못했다.80) 하데스는 헤라클레스가 무기를 사용하지 않고 갑옷과 사자 가죽만 갖춘 채 케르베로스를 잡을 수 있다면 데려가도록 허락한다. 헤라클레스는 케르베로스가 지키고 있는 아케론 강에 있는 하데스의 문으로 되돌아가서 개가 굴복할 때까지 숨통을 죄어서 가죽 끈에 묶어 데려간다.81) 그는 에우뤼스테우스에게 케르베로스를 보여준 뒤에 다시 하데스로 끌고 가서 제자리에 돌려놓았다. 이것은 헤라클레스와 같이 죽음을 극복한 영웅에게만 제한된 행위일 뿐이고 다른 영웅들이나 일반 사람에게는 결코 허용되지 않았다. 따라서 산 자의 세계와 죽은 자의 세계의 마지막 경계를 지키는 케르베로스는 여전히 공포의 대상이었다.

후대에 죽음의 문을 지키는 개에 대한 공포가 커지면서 죽은 자에게 꿀 케이크를 주는 관습이 생겨났다. 그것은 하데스를 무사히 통과하기 위해 케르베로스를 달래려는 목적에서 나왔다.82) 고대 그리스인들은 죽은 자의 세계를 산 자의 세계와 유비적으로 생각하여 길을 알지 못하면 안내자를, 강이 있으면 뱃사공을, 문이 있으면 문지기를 등장시키고 있다. 이것들은 모두 산 자에게 죽음의 세계를 보다 친숙하게 만들어 준다.

죽음의 세계의 왕

하데스는 죽은 자들의 영혼들이 머무르는 곳이다. 죽음은 어둠과 비슷하다. 그래서 그리스인들은 죽은 자들은 어둠 속에서 살아가는 존재라고 생각하였다. 햇빛이 한줄기도 들지 않는 어둠 속은 습하고 춥다. 헤시오도스는 죽은 자들이 검은 죽음에 잡혀 햇빛을 떠나 차가운 하데스의 집으로 갔다고 말한다.83) 하데스는 죽은 자들을 지배하는 신의 이름이기도 하다. 그는 제우스의 형제이기는 하지만 다른 올림포스 신들과 달리 어떠한 종교적 제의도 받지 않는다. 죽음의 세계를 구축하기 위해 하데스는 제우스의 동의를 얻어 페르세포네를 납치하게 된다.

뉘사Nysa의 들판에서 페르세포네가 다른 소녀들과 함께 아름다운 꽃에 감탄하고 있을 때, 갑자기 땅이 갈라지고 황금 마차를 탄 하데스가 올라와 페르세포네를 납치하였다. 데메테르는 사라진 딸을 찾기 위해 횃불을 들고 밤낮으로 돌아다니다가 헤카테와 헬리오스의 도움으로 상황을 파악하게 되었다. 그녀가 올림포스를 떠나 엘레우시스에서 슬픔에 잠겨 있자 대지는 아무것도 내놓지 않았고 인간들도 죽게 되었다. 제우스는 하데스에게 헤르메스를 보내어 페르세포네를 돌려보낼 것을 부탁하게 되고 하데스는 순순히 동의하였다. 그러나 페르세포네에게 지하 세계의 음식인 석류를 몇 알 먹여 결국 지하 세계로 돌아오게 만든다. 그래서 '씨앗'인 페르세포네는 1년의 3분의 1은 지하에서 하데스와 함께, 3분의 2는 지상에서 데메테르와 함께 있을 수 있게 되었다. 이것은 농경의 기원을 설명하는 신화로 지하 세계의 신화를 완성시킨다.

상고기 그리스신화에는 죽음의 세계를 지배하는 하데스와 페르세포네 사이에는 자식이 없다. 죽음은 아무런 결실을 낳지 않기 때문이다.[84] 그러나 그리스인들에게 페르세포네와 결혼한 하데스의 이미지는 점차 변화될 수밖에 없었다. 왜냐하면 페르세포네는 '씨앗'을 의미하고 데메테르는 '곡물'의 신이기 때문이다. 하데스는 그리스어로 플루톤Plouton이라는 별칭을 가지는데 '부'를 의미한다. 농경 생활을 하는 그리스인들은 하데스가 지하 세계에 보물을 감추고 있다고 여겼다. 겨울에는 땅이 얼어붙어 아무것도 생산하지 못하지만 다시 봄이 오면 씨앗에서 싹이 터서 곡물이 자라날 것이고 인간은 풍요로워질 것이기 때문이다.

하데스는 죽은 자들의 영혼을 모으기 위해 자신의 왕국 밖으로 나가지도 않고 그들을 죽이지도 않는다. 때로 우리는 '죽음'을 의미하는 타나토스 신의 이름을 듣기도 한다. 그렇지만 타나토스 역시 누군가의 생명을 빼앗거나 죽음을 가져다주는 자가 아니다. 하데스는 단지 죽은 자들이 머무는 세계를 지배하는 신이며, 타나토스는 단지 죽은 자들의 영혼을 데려가는 존재일 뿐이다. 즉 그들은 죽음을 일으키는 원인이 아니다. 단지 '운명moira'처럼 단순하게 죽음을 인격화한 존재일 뿐이다. 특히 타나토스는 호메로스 시대에는 그다지 특별한 형태로 등장하지 않는다.《일리아스》에서 죽음의 신은 잠의 신과 함께 나타난다. 제우스는 자신이 사랑하는 아

헨리 퓨슬리, 〈사르페돈의 죽음〉, 1803년, 91.4×71cm
죽음의 신 타나토스, 잠의 신 휘프노스가 함께 등장하면 누가 누군지 구분하기 어렵다. 그들은 거의 같은 모습이거나 죽음의 신이 약간 나이가 더 많게 그려지는 정도이다.

들 사르페돈의 죽음을 지켜보며 아폴론에게 다음과 같이 명령한다.85)

"사랑하는 포이보스여, 가서 날아다니는 무기들이 미치지 않는 곳으로 사르페돈을 끌어내어 검은 피를 닦아 주도록 하여라. 그런 후에 그를 멀리 데려가 흐르는 강물에 목욕시키고 신성한 기름을 바르고 불멸의 옷들을 입혀 주도록 하여라. 그리고 날랜 호송자들인 잠Hypnos과 죽음Thanatos에게 맡겨 이들 쌍둥이 형제가 그를 호송하도록 하여라. 그러면 그들이 그를 지체 없이 넓고 풍요로운 뤼키아 땅에 갖다 놓게 될 것이고, 그곳에서 형제들과 친척들이 무덤과 비석을 세워 장례를 치러 줄 것이다. 그것은 죽은 자들의 당연한 권리이기 때문이다."

죽음의 신 타나토스는 단지 인간이 죽음에 이르면 나타나는 존재로 죽음과 유사한 잠의 신 휘프노스의 쌍둥이 형제이다. 그들은 함께 나타나면 어느 쪽이 죽음의 신이고 어느 쪽이 잠의 신인지 분간하기 어렵다. 대부분 그들은 거의 똑같은 모습으로 그려지거나 죽음의 신이 약간 나이가 더 많게 그려질 뿐이다.

5
죽음 이후의 보상과 처벌

죽은 자들의 심판

원래 호메로스 시대의 죽은 자에 대한 처벌 개념은 특별한 종류의 사람들에게만 적용되는 것이었다. 호메로스의 작품에 나오는 하데스에 있는 죽은 자들의 영혼들은 어떤 특정한 처벌을 받고 있지는 않다. 그들은 그저 하데스를 떠돌고 있는 것처럼 보인다. 우리는 그들이 소수를 제외하고는 대부분 죽음 이후에 이승이 아닌 저승에 있다는 것만을 확인할 수 있다. 실제로 그들은 다른 방식으로 다른 차원에서 존재한다. 호메로스에서는 아직 죽음 이후의 세계에서의 보상과 처벌에 대한 개념이 분명하지 않다. 그럼에도 불구하고 호메로스의 세계 속에서도 보상과 처벌에 대한 일련의 암시들을 볼 수 있다. 호메로스는 거짓 맹세를 한 자가 죽으면 복수의 여신 에리뉘에스Erinyes가 지하 세계에서 벌을 준다고 말하였다.[86] 이것은 호메로스의 세계에서는 친숙하게 나타나지 않지만 이전부터 그리스인들에게 내려오는 전통과 관련이 있어 보인다. 호메로스에게는 영혼이 아직 인격적인 의미가 들어가지 않는 생명력 정도로 생각되었기 때문이다.

만약 영혼이 아무런 인격도 갖지 못하거나 인격적인 요소가 결여되어 있다면 처벌이나 보상은 의미가 없을 것이다.

그렇지만 호메로스의《오뒷세이아》에는 죽은 자들이 지하 세계에서 심판을 받는 것으로 나타난다. 오뒷세우스는 지하 세계에 내려갔을 때 제우스의 아들 미노스Minos가 황금 홀을 쥐고 앉아 죽은 자들에게 판결을 내리고 있다고 말한다.87) 플라톤은《변명Apologia》에서 하데스의 심판관으로 미노스를 비롯하여 라다만튀스Rhadamanthys, 아이아코스Aiakos, 트립톨레모스Triptolemos와 그 밖에 다른 이름 모를 영웅들을 일컫는다. 그러나《고르기아스》에서는 미노스, 라다만튀스, 아이아코스 단 세 명만이 언급된다.88) 미노스는 제우스가 황소로 변해 크레테로 납치한 에우로페로부터 낳은 자식들 중 한 명으로 라다만튀스의 형제이기도 하다. 아이아코스는 제우스가 아이기나Aigina 섬의 여신과 결합하여 낳은 자식이다. 제우스는 그를 위해 개미들로부터 생겨난 인간들인 뮈르미도네스족Myrmidones을 만들었다.89) 트립톨레모스는 데메테르 여신으로부터 농경기술을 전수받은 최초의 인물로 엘레우시스 신비 의식과 관련된 인물이다.

미노스와 라다만튀스를 제외한 아이아코스와 트립톨레모스는 플라톤 작품에서만 등장하지만 플라톤이 그들을 거론하는 이유는 분명치 않다. 아이스퀼로스와 같은 비극 작가는 죽은 자들을 심판하는 일을 하데스가 직접 하는 걸로 묘사하고 있다. 그는 지하 깊은 곳의 위대한 심판관인 하데스가 모든 것을 보고 마음에 새겨둔다고 말한다.90) 그리스 문화에서 죽음 이후의 심판이나 지상에서 한 행위들을 평가하는 심판관에 대한 믿음은 대중적이었다.

호메로스가 말하는 지하 세계의 영혼들은 지상에서와 별로 다르지 않게 살아가는 것처럼 보인다. 그러나 죽은 자들의 영혼이 모두 하데스에

■
주세페 리베라, 〈티튀오스〉, 1632년, 마드리드 프라도 미술관
제우스의 아내이자 아폴론과 아르테미스의 어머니 레토를 범하려 했다. 그 벌로 땅 위에 누운 채로 양옆에 앉은 독수리들에 의해 간을 쪼아 먹히는 고통을 받는다.

머무는 것은 아니다. 인간으로서 결코 용서받을 수 없는 죄를 저지른 인물들은 지하 세계의 가장 깊은 곳이라 불리는 타르타로스Tartaros에서 영원한 형벌을 받고 있다. 가령 레토Leto를 범하려 했던 티튀오스Tityos, 신들의 음식을 훔치고 신들에게 가사假死적인 음식을 먹이려 했던 탄탈로스Tantalos, 신들을 속이고 죽음을 회피하려 했던 시쉬포스 등이 있다.91) 그들은 인간이 가진 한계를 넘어서 오만을 부리다가 이 세계와 우주의 질서를 파괴시키려는 중대한 범죄를 저지른 인물들이다. 그래서 그리스인들이

■
티치아노 베첼리오, 〈시쉬포스〉, 1549년, 마드리드 프라도 미술관
신들을 속이고 죽음을 회피하려 한 벌로 거대한 바위를 두 손과 두 발로 버티며 산꼭대기로 끝도 없이 밀어 올려야 한다.

가장 고통스러우리라 여기는 벌을 받는 것이다. 더욱이 그것은 영원히 끝나지 않도록 저주를 받았다.

티튀오스는 땅 위에 누운 채로 양옆에 앉은 독수리들에 의해 간을 쪼아 먹히는 고통을 받고 있다. 그는 제우스의 아내이자 아폴론과 아르테미스의 어머니 레토를 범하려 했기 때문이다. 탄탈로스는 물이 턱밑까지 차올라 있다가도 목이 말라 마시려고만 하면 물러나 사라져 버려 두 발 주위에 검은 땅바닥이 드러날 지경이 된다. 또한 머리 위에는 과실이 주렁 주렁 달려 있지만 배고파서 먹으려고만 하면 위로 올라가 버려 탄탈로스는 극심한 배고픔과 갈증으로 고통을 받는다. 또한 시쉬포스는 거대한 바위를 두 손과 두 발로 버티며 산꼭대기로 밀어 올리려 하면 굴러떨어져서 다시 올리느라 땀을 비 오듯 흘린다. 그의 머리 위로는 먼지가 구름처럼 일었다.

죽은 자들의 처벌

그리스에서 죽은 자들의 처벌은 우리가 흔히 상상할 수 있는 아비규환과는 다른 방식으로 묘사되고 있다. 그리스인들은 죽음 이후의 처벌에 대해서 대부분의 경우 직접적으로 육체에 상해를 입히는 방식으로 이야기하지 않는다. 프로메테우스처럼 매일 독수리에게 간을 쪼아 먹히는 형벌을 받는 티튀오스의 경우는 예외적이다. 물론 로드가 언급했듯이, 기독교의 지옥에 대한 상상이 부분적으로 그리스로부터 나오지 않았다고 할 수는 없다.[92] 그리스 문화에서 후기로 갈수록 이러한 특징이 강화된다. 가령 아리스토파네스는 죽음 이후에 입문자들이 가는 곳을 두 종류로 나누어 설명한다.[93] 하나는 엘뤼시온과 비슷하게 더없이 행복한 삶을 영위할 수 있는 곳이며, 다른 하나는 지옥과 비슷하게 죄를 지은 사람들이 큰 진창과 오물 구덩이에서 바둥거리고 있는 곳이다.

그렇지만 그리스의 처벌 개념은 기독교보다는 더 형이상학적인 고통을 지향하고 있다. 근본적으로 그것은 육체에 대한 고통에서 출발하기는 하지만 보다 견디기 어려운 정신적 고통을 주는 데에 목적이 있다. 가령 시쉬포스는 자신에게 주어진 삶보다 더 많이 살기 위해 신을 기만하는 죄를 저질렀기 때문에 삶에 대한 회의를 불러일으키는 처벌을 받았다. 그것은 무거운 돌을 산꼭대기까지 어렵게 굴려 올리면 다시 아래로 떨어지는 일을 무수히 반복하는 벌이어서, 삶의 허무함과 부조리를 영원히 체험하게 된다. 또한 다나오스Danaos의 딸들도 구멍이 숭숭 난 채반으로 밑 빠진 독을 채워야 하는 벌을 받는다. 시쉬포스나 다나오스의 딸들이 받는 육체적인 고통의 경중은 그다지 중요하지 않다. 결코 끝낼 수 없는 일을 아무런 희망 없이 되풀이하면서 인간에게 가장 고통스러운 절망과 끊임없이 마주해야 하는 일이야말로 죽음보다도 더한 형벌이 되기 때문이다.

그러나 타르타로스에서 영원한 형벌을 받는 인물들을 보면서 우리는 한 가지 의문을 가질 수 있다. 분명히 죽은 자들이 육체가 없는데도 불구하고 육체적인 고통을 받고 있는 것으로 보이기 때문이다. 죽은 자의 영혼은 육체가 없다. 따라서 육체적인 고통을 당할 수는 없다. 호메로스가 생각했던 죽은 자의 영혼의 본성은 거의 의식이 없기 때문에 고통을 느낄 수가 없다. 이것은 나중에 영혼 개념에 인격적인 측면이 포함될 때 어느 정도 설명이 가능할 수 있다. 그렇다면 어떻게 죽음 이후의 세계에 대해 이러한 생각이 섞일 수가 있었는가? 아마도 이것은 일부 학자들이 말하듯이 민담과 종교가 혼돈된 것으로 보인다.94) 실제로 이야기 내에서도 논리적으로 전혀 이해할 수 없는 설명 방식을 제시한다. 이것은 죽음 이후의 처벌과 보상 개념이 체계적으로 사유되지 않던 시기에 등장한 것으로 보인다.

죽음 이후의 보상

이제까지 죽음 이후의 세계와 영혼의 운명에 대해 논의하였지만 아직 죽은 자의 영혼이 받게 될 보상에 대해서는 언급하지 않았다. 엄밀히 말해 호메로스의 세계에서는 죽은 자들 가운데 영원한 형벌을 받은 자는 있어도 영원한 보상을 받은 자는 없다. 하데스에서 영혼들은 서로 별다른 특징 없이 지낸다. 죽은 자들에게 특별히 좋은 조건과 장소가 제공되지는 않는다. 더욱이 그들은 대개 의식이 없기 때문에 다른 사람을 알아보지 못한다. 다만 호메로스는 예외적으로 지하 세계에 있는 테이레시아스만이 지적인 능력과 예언적 능력을 죽기 전과 같이 유지할 수 있다고 말한다.95) 매장되지 못해 아직 하데스로 들어가지 못한 엘페노르의 영혼 외에 다른 영혼들은 거의 의식이 없는 듯이 보인다.

오뒷세우스 자신은 알아보지만 죽은 자들의 영혼들은 오뒷세우스를 알아보지 못한다. 심지어 아들을 그리워하다 죽은 오뒷세우스의 어머니 안티클레이아도 아들을 알아보지 못한다. 이 영혼들은 나중에 오뒷세우스가 바친 동물들의 피를 마시고 겨우 의식을 되찾는다. 사실 이러한 상태로는 처벌을 받거나 보상을 받기란 불가능하다. 만약 처벌이나 보상을 받더라도 죽은 자의 영혼이 의식이 없는 상태라면 자신이 처벌을 받거나 보상을 받는다는 것을 깨닫지 못할 테니 말이다.

호메로스의 작품에서는 분명히 죽음 이후의 세계 혹은 하데스에서 행복한 삶을 영위하는 영혼은 없다. 결코 용서받을 수 없는 죄를 저지른 자는 타르타로스로 가서 영원한 형벌을 받는다. 그렇지만 이 세상에서 올바르고 선하게 살았던 영혼은 어디로 가는가? 호메로스에게서는 이러한 영혼이 지하 세계에서 머무를 만한 곳은 없다. 아직 인간의 삶과 죽음에 대해 윤리적 성찰이 충분히 발전되지 않은 까닭이다. 그렇지만 그리스의 신화적 세계관에도 기독교의 천국과 비슷한 영역이 엄연히 존재한다. 그곳은 흔히 엘뤼시온Elysion 또는 '축복받은 자들의 섬'이라 불린다. 그러나 그리스의 경우에는 근본적으로 다른 점이 있다. 그곳은 반드시 죽은 후에 가는 곳이 아니다. 즉 죽지 않고 살아 있는 채로 간다. 어떻게 고대 그리스인들은 이렇게 생각하였을까? 만약 죽지 않는다면 신과 같이 살아가는 것을 말한다. 사실 이 점에 대해서는 설명할 수 있는 문헌이나 자료가 거의 없다. 그렇지만 분명히 죽지 않는다고 말한다. 그러나 우리가 예상할 수 있는 것처럼 당연히 모든 사람들이 갈 수 있는 것은 아니며 소수의 영웅들에게만 허락되어 있다.

트로이전쟁이 끝난 후에 헬레네의 남편 메넬라오스는 오뒷세우스와 마찬가지로 고향으로 돌아오는 데 오랜 세월을 보내게 된다. 그렇지만 그는 오뒷세우스보다는 2년 정도 앞서서 약 8년 만에 스파르타에 돌아올 수 있었다. 오뒷세우스의 아들 텔레마코스Telemachos는 아버지의 소식을 알아보기 위해 스파르타로 메넬라오스를 찾아간다. 메넬라오스는 텔레마코스에게 오뒷세우스가 아직까지 살아 있다는 소식을 듣게 된다. 메넬라오스가 바다의 신 프로테우스로부터 들은 이야기 중에 엘뤼시온에 관한 내용이 등장한다.96)

"불멸하는 신들이 그대를 엘뤼시온 들판과 대지의 끝으로 데려다주실 것이요. 그곳은 금발의 라다만튀스가 있는 곳으로 사람들이 살기에 가장 편한 곳이지요. 그곳에는 눈도, 심한 폭풍도, 비도 없고 언제나 오케아노스가 요란한 서풍의 입김을 내보내어 사람들을 식혀 주지요."

엘뤼시온은 에우로페의 아들이자 미노스 왕의 형제인 라다만튀스가 지배하는 곳이다. 인간이 가장 편하게 살 수 있는 곳으로 일종의 유토피아와 같은 곳이 바로 엘뤼시온이다. 그러나 엘뤼시온에는 아무나 갈 수 있는 것은 아니며 아주 소수의 선택받은 사람들만이 갈 수 있다. 스파르타의 왕이자 아가멤논의 동생 메넬라오스는 지상의 끝에 있는 엘뤼시온에 갈 수 있었다. 그것은 메넬라오스 자신이 가장 훌륭한 영웅이라서가 아니라 제우스의 사위이자 헬레네의 남편이기 때문이다.97) 또한 테베의 건설자인 카드모스와 하르모니아도 죽어서 축복받은 자들의 섬에 갔다고 하며 메데이아도 엘뤼시온에서 아킬레우스와 결혼하였다고 하는 전승도 남아 있다.98) 무엇보다도 엘뤼시온에 가는 사람은 '죽지 않는다'는 것이다. 스파르타의 디오스쿠로이Dioskouroi인 카스토르와 폴뤼데우케스는 하루 걸러서 영원한 생명을 누리는 것으로 나온다.99)

헤시오도스는 인류의 다섯 종족 신화에서 영웅 종족이 축복받은 자들의 섬으로 간다고 말하였다.100) 흔히 엘뤼시온과 축복받는 자들의 섬은 유사한 것으로 생각되어 왔다. 그러나 엘뤼시온과 달리 축복받은 자들의 섬은 살아 있는 존재가 가는 곳이 아니다. 헤시오도스에 따르면 축복받은 자들의 섬에 갈 수 있는 사람들은 트로이전쟁과 테베 전쟁에서 죽은 영웅들이다. 그곳은 오케아노스 강 근처에 있으며, 1년에 세 번이나 과실을 맺는 땅으로 크로노스가 통치한다. 상고기에 이러한 경향은 나중에 죽음 이후의 더 나은 삶에 대한 희망의 모델로 제공되는 새로운 종말론적 요소로 발전되었다.

최근까지 엘뤼시온은 크레테 섬에서 유래되었다고 알려졌다. 라다만튀스라는 이름이 그리스 이전의 이름(-nth-)을 포함하고 있으며 크레테와 밀접한 연관이 있어 보인다.101) 그러나 엘뤼시온을 크레테와 연관시키는 근거가 선택적으로 사용된 증거에 의존하고 있을 뿐이라는 반박도 있다. 왜냐하면 라다만튀스는 호메로스 작품에서 죽은 자들의 땅과 연관된 유일한 크레테의 통치자가 아니기 때문이다. 그렇지만 창백하고 퍼덕거리는 그림자들을 가진 어둡고 음울한 하데스의 개념은 그리스인의 특성에서 나왔고, 죽은 자들이 바다 너머 먼 곳까지 여행을 하는 것은 뱃사람들의 공통적 믿음으로 미노아인들에게 자연스러운 개념이라고 주장되기도 한다.102) 그리하여 그것은 하데스에서의 죽음 이후의 그림자와 같은 삶에 대한 통상적인 그리스인의 믿음과는 매우 다르다고 한다.103) 그러나 이러한 주장은 두 가지 측면에서 반박될 수 있다.104) 우선 죽음 이후의 낙원 같은 엘뤼시온과 하데스에서의 그림자와 같은 삶은 모두 호메로스의 《오뒷세이아》 11권에 나온다. 따라서 죽음 이후의 삶에 대한 두 가지 모델은 모두 호메로스에 함께 등장한다. 이러한 사후세계에 대한 모델은 당시 그리스의 엘레우시스 신비 의식과 아테네의 도시국가 종교가 상호 밀접하게 연관되어 있다는 점을 염두에 둔다면 그리스인들에게 이상하거나 어울리지 않는다고 생각할 필요가 없다. 또한 소수의 영웅을 위한 낙원에 대한 믿음과 모든 사람은 죽어 하데스로 간다는 믿음이 상충되는 것처럼 보이지만 그것은 이미 초기 그리스부터 공존해 왔다. 따라서 굳이 다른 기원이 있다고 주장할 필요는 없는 것으로 보인다.

인간은 누구나 죽음을 기억한다. 다만 잊으려고 노력할 뿐이다. 죽음 앞에서 인간은 자신의 운명에 대해 생각한다. 따라서 인간의 욕망이 얼마나 허망한지를 깨닫게 하는 순간이기도 하지만, 때로는 반복적으로 다가오는 성찰을 회피하려는 순간이 되기도 한다. 인간이 죽음에 대해 두려워하는 이유는 바로 그 때문이다. 헛된 욕망이라는 실낱같은 끈이라도 붙잡고 싶은 집착 때문에 죽음을 망각하려는 시도가 헛바퀴를 돌린다. 그리스인들은 호메로스 이후에 우주와 자연 그리고 인간을 동일한 차원에 두고 설명하면서부터 필연적으로 '죽을 수밖에 없는 인간mortal'의 운명에 대해 점진적으로 관심을 기울였다. 그리하여 이미 그리스 서사시와 비극에서도 그리스인들은 인간의 운명과 죽음에 대해 깊이 있는 성찰을 보여준다.

인간은 죽음에 대해 생각하게 될 때 대개 극단적인 두 가지 태도를 취하게 된다. 한편은 죽음 이후에는 아무것도 존재하지 않는다는 것이며, 다른 편으로는 죽음 이후에 어떠한 방식으로든 계속 존재한다는 것이다. 인간은 죽음 앞에 가까이 갈수록 죽음이 모든 것의 끝이라고 생각하지 않으려는 성향을 드러낸다. 그리스인들이 죽음과 인간의 운명에 대해 생각할 때도 유사한 형태의 사유 구조가 나타난다. 그리스 초기의 호메로스의 작품에 나타나는 죽음 이후의 세계관과 영혼 개념은 전자의 경향이 전면에 드러나지만 점차 그리스 중기로 가면서 후자의 경향이 강해진다. 그러나 이러한 죽음에 대한 두 가지 견해들은 그리스철학에 이르기까지 상호 긴장 관계를 유지하고 있다.

초기 그리스 서사시 시대의 영혼 개념에는 아직 인격적인 측면이 결여되어 있기 때문에 죽음에 대한 견해도 분열되어 나타난다. 그렇지만 이미 이러한 영혼 개념과 상관없이 인간적인 측면에서 죽음에 대해 접근하려는 시도들이 죽음의 세계를 삶의 세계와 완전히 분리시키려고 하는 호메로스의 작품 내에서도 종종 발견된다. 그래서 죽음과 관련된 장례 의식이나 절차와 음식 및 법 등과 관련된 제반 사항들로부터 서로 상이한 종류의 죽음관이 혼재되어 있는 것을 볼 수 있다. 그래서 호메로스 훨씬 이전부터 내려온 죽음과 영혼에 대한 그리스인들의 믿음은 중층적 구조를 드러내고 있는 것이다. 더욱이 영혼의 개념이 통합적인 개념으로 발전하면서 점차 죽음 이후의 보상과 처벌에 대한 개념도 보다 구체적이고 세밀하게 가다듬어졌다. 이것은 오르페우스 종교와 피타고라스학파 및 플라톤에 이르게 되면 보다 심층적으로 설명된다. 그리스인들이 죽음과 영혼의 제의 및 죽음의 세계에 대해 설명하고 있는 부분은 그리스인들의 형이상학적이고 윤리학적인 사유의 중요한 단초를 제공하고 있다.

1) Homeros, *Odysseia*, 3. 236-238.
2) Sophocles, *Oedipus epi Kolonoi*, 1211-1223.
3) Hesiodos, *Ergai kai Hemerai*, 90ff.
4) Aeschylos, *Prometheus desmotes*, 252.
5) Homeros, *Ilias*, 23. 65-92.
6) Sophocles, *Antigone*, 192-206.
7) ibid., 21-38.
8) ibid., 453-459.
9) 장영란,《신화 속의 여성, 여성 속의 신화》, 문예출판사, 2001, 279-287면.
10) Homeros, *Ilias*, 23. 69-76.
11) ibid., 16. 638ff.
12) ibid., 17. 106ff.
13) ibid., 23. 163ff.
14) Rohde, E., *Psyche: The Cult of Souls and Belief in Immortality among the Greeks*, trans. W. B. Hillis 8th ed. New York, Harper Torchbooks, 1966, p.13. n.14.
15) Homeros, *Ilias*, 23. 111-256.
16) Walter Burkert, *Homo Necans*, trs. Peter Bing, University of California Press, 1983, p.49-50.
17) Homeros, *Odysseia*, 11. 23-37.
18) ibid., 11. 84-89.
19) ibid., 11. 152ff.
20) 죽은 자들의 입에 지하 세계의 스틱스 강을 건네주는 뱃사공에게 줄 한 오볼로스를 놓는다고 한다. 나중에 매장할 때는 죽은 자가 사용하는 물건들을 함께 넣는 걸로 나온다. 아리스토파네스는《개구리》에서 뱃사공에게 두 오볼로스를 준다고 말하고 있다. cf. Aristophanes, *Batrachoi*, 140.
21) Homeros, *Ilias*, 23. 250-254.
22) Homeros, *Odysseia*, 11. 74.
23) Homeros, *Ilias*, 6. 418.
24) Rohde, ibid., p.17.
25) Mircia Eiliade, *Histoire des Croyances et des Idees Religieuses*,《세계종교사상사》1권, 이용주 옮김, 이학사, 2005, 30면.
26) 같은 책, 31면.
27) 같은 책, 33면.
28) Homeros, *Ilias*, 26. 361.
29) Homeros, *Odysseia*, 10. 552-560.
30) ibid., 11. 71-75.
31) Homeros, *Ilias*, 7. 409-410.
32) cf. Rohde, ibid., p.20-21.
33) Onians, R.B., *The Origins of European Thought*, Cambridge University Press, 1954, p.261-262.

34) ibid., p.256.
35) cf. Nilsson, *The Minoan-Mycenaean Religion and Its Survival in Greek Religion*, Lund, 1950, p.524. 그러나 닐슨은 불이 장례식이나 죽은 자의 제의에 도입된 이유는 희생물을 태우기 위해서이든지 또는 정화를 하기 위해서라고 주장한다.
36) Sophocles, *Trachiniai*, 555ff.
37) Kerenyi, Karl, *The Heroes of The Greeks*, Thames and Hudson, 1959, p.213.
38) ibid., p.318.
39) cf. Homeros, *The Homeric Hymns to Demeter*.
40) Homeros, *Ilias*, 9. 177.
41) Walter Burkert, ibid., p.70-71.
42) Homeros, *Odysseia*, 10. 518-520.
43) Sophocles, *Oidipous epi Kolonoi*, 469-489.
44) Homeros, *Odysseia*, 11. 26-28.
45) Euripides, *Ipigeneia he en Taurois*, 159-165.
46) Aristotle, *peri makrobiotetos kai brachybiotetos*, 466a 19ff.
47) Onians, ibid., p.216.
48) Homeros, *Ilias*, 723-776.
49) Felton, D., "The Dead", *A Companion to Greek Religion*, Blackwell Publishing, 2007, p.88.
50) Walter Burkert, ibid., p.193.
51) ibid., p.194.
52) Homeros, *Ilias*, 23. 29ff.
53) ibid., 24. 802ff.
54) Homeros, *Odysseia*, 3. 309-310.
55) Gunnel Ekroth, "Heroes and Hero-Cults", from *A Companion to Greek Religion*, Blackwell Publishing, 2007, p.101.
56) Hesiodos, *Ergai kai Hemerai*, 157-168.
57) Pindaros, *Nemean* 3. 22.
58) Gunnel Ekroth, ibid., p.107.
59) Porphyry, *De Abstinentia*, 4. 22.
60) Herodotos, *Historiai*, Ⅰ. 67-68.
61) Richardson, N.J., "Early Greek Views about Life after Death", from *Greek Religion and Society*, ed. by P.E. Easterling & J.V. Muir, Cambridge University Press, 1985.
62) Lord Raglan, "Hero", from *In Quest of The Hero*, Princeton University Press, 1990, p.138.
63) Sophocles, *Oidipous epi Kolonoi*, 1760-1765.
64) Homeros, *Ilias*, 20. 57-65.
65) cf. Homeros, *Ilias*, 20. 61ff; 7. 330; 14. 457; *Odysseia*, 10. 560.
66) Homeros, *Odysseia*, 10. 501ff.
67) ibid., 10. 504-514.
68) ibid., 24, 11-14.
69) ibid., 24. 1ff.

70) ibid., 24. 1-5.
71) Homeros, *Ilias*, 8. 369.
72) ibid., 15. 6-8.
73) Hesiodos, *Theogonia*, 776.
74) Homeros, *Odysseia*, 513-515.
75) cf. Euripides, *Alkestis*, 252-253, 443.
76) Platon, *Phaidon*, 112e-113a.
77) cf. Aristophanes, *Ranae*, 141-142.
78) Christiane Sourvinou-Inwood, *'Reading' Greek Death*, Clarendon Press, 1995, p.304.
79) Hesiodos, *Theogonia*, 767-773.
80) Apollodoros, ibid., 2. 5. 12.
81) Kerenyi, ibid., p.81.
82) Rohde, ibid., p.244.
83) Hesiodos, *Erga Kai Hemerai*, 153.
84) Christiane Sourvinou-Inwood, ibid., p.36.
85) Homeros, *Ilias*, 16. 671ff.
86) ibid., 3. 276-280, 19. 259-260.
87) Homeros, *Odysseia*, 11. 568-571.
88) Platon, *Apologia*, 41a; *Gorgias*, 523e ff.
89) Kerenyi, *The Gods of the Greeks*, p.210.
90) Aeschylos, *Eumenides*, 272-5.
91) Homeros, *Odysseia*, 11.567-600.
92) Rohde, ibid., p.242.
93) Aristophanes, *Batrachoi*, 146ff.
94) Emily Vermule, ibid., p.30.
95) Homeros, *Odysseia*, 11. 90.
96) ibid., 4. 563-568.
97) ibid., 4. 568-569.
98) Kerenyi, ibid, p.903-904.
99) Homeros, *Odysseia*, 11. 301-304.
100) Hesiodos, *Erga Kai Hemerai*, 157ff.
101) West, S., *A Commentary on Homer's Odyssey*, volume i , books i -viii, 1988, p.227.
102) Nilsson, M.P., *The Minoan-Mycenaean Religion and its Survival in Greek Religion*, 1950, p.620.
103) West, ibid., p.227.
104) Christiane Sourvinou-Inwood, ibid., p.38.

chapter 2
죽음과 여성, 그리고 에로스

1
죽음과 운명의 법칙

―――――♾―――――

인간의 운명으로서의 죽음

죽음이란 무엇인가? 모든 것의 끝인가? 아니면 시작인가? 죽음 이후에는 아무것도 존재하지 않는 것일까, 아니면 또 다른 세계가 우리를 기다리고 있을까? 고대 그리스인들은 죽음에 대해 무엇을 생각하였을까? 사실 죽음에 대해 우리는 아무것도 증명할 수 없다. 죽음을 경험할 수 없기 때문이다. 아니, 죽음을 경험할 수 있을지는 모르지만 죽음을 경험하는 순간 죽음에 대해 아무것도 말할 수 없게 된다. 죽음은 인간으로부터 모든 것을 앗아가기 때문이다. 인간은 근본적으로 죽음을 피할 수 없다. 단지 다른 의미에서 죽음을 극복할 수 있을 뿐이다. 그리스인들은 죽음이란 인간에게 '운명'과 마찬가지라고 생각한다. 그리스어로 운명은 모이라moira로 '몫'을 의미한다.[1] 모든 인간은 서로 다른 운명을 가지고 태어나지만, 하나의 동일한 운명을 가지고 있다. 그것은 시간은 다르지만 누구에게나 죽음이 닥친다는 사실이다. 아테나 여신은 오뒷세우스의 아들 텔레마코스에게 죽음은 모든 인간의 운명이라고 말한다.[2]

"죽음이란 모든 사람들에게 공통적인 것이오. 기나긴 비탄을 가져오는 죽음의 운명이 인간을 파멸시키면 신들조차도 자신들이 사랑하던 인간을 지킬 수가 없소."

신들도 인간의 죽음 앞에서 무력하다. 인간에게 죽음은 필연적인 것이기 때문에 신들도 어찌할 수 없는 것이다. 신들조차 운명을 거부할 수는 없다. 운명은 인간만 지배하는 것이 아니라 신들도 지배하기 때문이다. 사실 신들이 운명을 만든 것이 아니며 신들도 운명에 저항할 수 없다.3) 초기에 운명 개념은 필연적인 자연 또는 우주의 법칙과 같은 것으로 생각되었기 때문이다. 따라서 아무리 신이라 할지라도 정해진 운명에서 벗어날 수는 없다. 비록 신들이 사랑하는 인간을 구원할 수 있는 능력이 있을지라도 운명을 거스르는 행동은 할 수 없다. 프로메테우스는 오케아니데스Okeanides에게 모이라이Moirai와 에리뉘에스Erinyes가 필연의 키를 잡고 있으며 "제우스도 정해진 운명에서 벗어날 수 없다."고 말한다.4)

제우스는 사랑하는 아들 사르페돈이 아킬레우스를 대신하여 출병한 파트로클로스에 의해 죽게 되었을 때, 비통해 하다가 아예 파트로클로스를 죽여 버릴까하는 생각을 한다.5)

"아아 슬프도다! 내가 가장 사랑하는 인간인 사르페돈을 운명이 메노이티오스의 아들 파트로클로스 손으로 제압하다니! 나는 아무리 생각해 보아도 양단간에 마음을 정할 수가 없소. 눈물겨운 전쟁터에서 사르페돈을 산 채로 낚아채어 기름진 뤼키아 땅에다 내려놓아야 할지, 아니면 지금 파트로클로스의 손으로 그를 죽여야 할지 말이오."

그러나 헤라는 단호하게 제우스의 말을 일축해 버린다. 제우스가 하려는 행위는 이미 정해진 운명을 거스르는 행동으로 올바르지 않다는 것을 경고한다.6)

"가장 두려운 크로노스의 아들이여, 무슨 말씀을 하시는 거예요? 이미 오래전에 운명이 정해져 죽게 마련인 한낱 인간을 가증스런 죽음에서 다시 구하겠다는 것인가요? 마음대로 하세요. 하지만 우리 다른 신들은 아무도 그대를 칭찬하지 않을 거예요."

헤라는 제우스가 사르페돈을 살려서 고향으로 돌려보낸다면 다른 신들도 자신의 아들들을 격렬한 전쟁터에서 살려서 돌려보내려 할 것이라고 말한다. 사실 제우스와 헤라의 대화를 살펴보면 제우스는 분명히 운명을 변화시켜 파트로클로스를 죽이고 사르페돈을 죽음에서 구원할 수 있는 능력을 가지고 있다. 그러나 그는 스스로 그러한 행위가 올바르지 않다고 생각했기에 사르페돈의 죽음을 인정하고 죽음의 신과 잠의 신을 보내어 시신을 고향인 뤼키아로 돌려보내라는 헤라의 충고를 받아들인다. 그리스 신들은 운명에 대해 무력하다기보다는 운명이라는 보편적 법칙을 자유의지에 의해 지키려는 윤리적인 태도를 보여준다.

자연적 법칙으로서의 죽음

호메로스의 신들은 인간의 죽음에 대해 무능력한 것이 아니다. 제우스와 헤라의 이야기를 통해 우리는 신들이 인간의 죽음을 막을 능력은 있지만, 우주의 자연법칙과 질서를 깨지 않으려 한다는 의도를 파악할 수 있다. 그리스인들에게 운명의 개념은 종종 죽음과 동일한 의미로 사용된다. 신들도 인간의 죽음이 언제 닥칠지 가늠할 뿐이다. 제우스는 아킬레우스와 헥토르가 결전을 벌일 때 황금 저울을 잡고 누구에게 죽음이 먼저 닥칠지를 예측했다.7) 아킬레우스가 아가멤논에게 분노하여 전쟁에 더 이상 참전하지 않자, 그의 어머니 테티스는 제우스를 찾아갔다. 그녀는 요절할 운명을 타고난 아킬레우스의 목숨을 구해달라고 한 것이 아니다. 그는 어차피 죽을 수밖에 없는 존재였기 때문이다. 테티스는 단지 아가멤논에게 모욕을 받은 아킬레우스가 명예를 회복할 수 있도록 도와달라고 간청했다.8) 그래서 제우스는 트로이군에게 잠시 승리를 가져다준다. 물론 제우스가 일방적으로 트로이군 편을 든 것은 아니다. 그는 다른 신들에게 트로이 편이든 또는 그리스 편이든 어느 쪽도 편들지 말고 인간들의 전쟁에 더 이상 개입하지 못하게 했다. 이처럼 초기 그리스신화에는 신들이 마음대로 생명을 빼앗고 죽일 수 없었다. 신들도 우주 자연의 질서와 법칙에 따르기 때문이다.

　죽음은 인간에게 이중적으로 다가온다. 우선 인간은 결코 죽음을 피할 수 없다는 점에서 인간에게 죽음은 자연스러운 것이다. 이러한 측면에서 죽음은 결코 나쁘거나 악한 것이 아니다. 죽음 자체가 인간에게 고통을 주거나 인간을 파멸시키는 것이 아니기 때문이다. 그렇다면 도대체 인간이 죽음을 두려워하는 이유는 무엇인가? 그것은 '죽음을 일으키는 원인'과 '죽음이 가져오는 결과' 때문이라 할 수 있다. 죽음을 일으키는 것은 인간에게 고통과 괴로움을 준다. 그것은 질병이 될 수도 있고 노령이 될 수도 있다. 이것이 결국 인간을 죽음에 이르게 한다. 또한 죽음이 가져오는 결과는 인간으로 하여금 죽음을 두려워하고 나쁜 것으로 생각하게 만든다. 죽음은 때로는 인간에게 모든 것의 파괴이자 종말이다. 인간의 욕망을 더 이상 만족시킬 수 없게 된다. 따라서 죽음이 인간에게 나쁜 것 혹은 악한 것으로 비추어지게 되는 것이다.

죽음의 신과 날개의 상징

그리스의 '죽음'의 신은 타나토스이다. 그리스에서 죽음을 어떻게 생각했는가에 대해서는 죽음의 신의 본성을 통해 살펴볼 수 있다. 죽음의 신은 잠의 신과 쌍둥이 형제이다. 그리스인들은 죽음과 잠이 근본적으로 동일한 본성을 가졌다고 생각했다. 죽음은 영원한 잠이 아닌가! 그렇다면 죽음과 잠은 무엇으로부터 생겨났는가? 그리스신화에 의하면 이것은 죽음과 잠의 부모가 누구인가를 묻는 것과 동일하다. 그리스인들은 죽음의 신과 잠의 신의 어머니를 밤의 여신 뉙스Nyx라고 한다. 죽음과 잠은 어두운 밤과 같다. 아무것도 알 수 없으며 할 수도 없기 때문이다. 밤은 이성적이고 논리적인 사유 활동이 정지되는 시간이며 자율적인 신체 활동이 정지되는 시간이다.

오르페우스교의 전승에 따르면 밤의 여신은 모든 것의 원천이다. 따라서 '밤'은 여성성으로 표현되며 신들과 인간들의 어머니로 인식된다.[9] 그러나 밤의 여신의 자식들인 '죽음'과 '잠'은 남성성으로 표현된다. 도자기화에 나타나는 죽음의 신의 전형적인 모습은 투구와 갑옷으로 무장한 전사의 모습이다. 이것은 특히 트로이전쟁과 관련해 묘사되었기 때문일 것이다. 우리는 전쟁터에서 잔인하고 냉혹한 수많은 죽음의 참상을 찾아볼 수 있다.

죽음의 신과 잠의 신의 주요 특징은 날개를 가지고 있다는 것이다. 그리스신화에서 날개는 '영혼'과 밀접한 관련이 있다.[10] 생명을 주기도 하

■
존 윌리엄 워터하우스, 〈타나토스와 휘프노스〉, 1874년, 69.85×90.81cm, 개인 소장
죽음의 신 타나토스와 잠의 신 휘프노스는 쌍둥이 형제이다. 그리스인들은 죽음과 잠이 근본적으로 동일한 본성을 지녔다고 생각했다.

고 빼앗기도 하는 보레아스Boreas와 제퓌로스Zephyros, 하르퓌이아Harpyia 같은 바람의 신들이나 죽은 자의 영혼과 관련된 헤르메스와 타나토스, 휘프노스 같은 신들도 날개를 가지고 있다.

인간이 죽을 때 등장하는 신들은 바로 헤르메스와 타나토스, 휘프노스 등이다. 죽음의 신인 타나토스의 역할은 인간을 죽음에 이르도록 만드는 것이 아니다. 그는 단지 죽은 자를, 아니 죽은 자의 영혼을 데려가는 일을 할 뿐이다. 그렇지만 사실 죽은 자의 영혼을 지하 세계로 안내하는 역할은 헤르메스가 한다. 헤르메스는 '영혼을 인도하는 자'를 의미하는 프쉬코

폼포스이기 때문이다. 호메로스의 작품에서 죽음의 신과 잠의 신은 결코 부정적으로 나타나지 않는다. 죽음의 신과 잠의 신은 그리스어의 보통명사 타나토스thanatos와 휘프노스hypnos를 단순히 인격화한 것에 불과하다. 그것은 '죽음 자체' 혹은 '잠 자체'를 가리키는 것이다. 따라서 죽음에 대해 인간이 가지는 두려움이나 공포의 감정으로 인해 생기는 부정적 이미지는 별로 나타나지 않는다.

그러나 그리스비극의 시대로 넘어가면 죽음의 신은 아주 분명하게 형상화되기 시작한다. 호메로스의 시대보다 죽음의 신은 훨씬 끔찍스러운 형상으로 그려지며 부정적인 특징을 보여준다. 에우리피데스는 남편 아드메토스를 대신해 죽은 알케스티스의 영혼을 구하려는 헤라클레스를 통해 다음과 같이 죽음의 신을 묘사한다.11)

"나는 가서 죽은 자들의 주인인 검은 옷의 죽음을 숨어서 기다리려 한다. 아마도 무덤 옆에서 제물의 피를 마시고 있는 그와 마주치게 되겠지."

여기서 죽음의 신은 인간의 의지에 의해 죽은 자의 영혼을 놓치기도 하는 존재로 나타난다. 그는 죽음을 상징하는 검은 옷을 걸치고 있으며 끔찍하게도 제물의 피를 마시는 것으로 묘사된다. 그렇지만 그리스비극에도 죽음의 신 자신이 인간의 생명을 빼앗아 가는 것으로 나타나지는 않는다. 단지 죽음을 인격화하여 부정적으로 표현하고 있을 뿐이다.

2
죽음과 괴물의 여성적 이미지

죽음의 공포와 괴물 이미지

근본적으로 인간이 죽음에 대해 부정적으로 생각하는 이유는 죽음 자체보다는 죽음을 일으키는 원인이나 죽음이 가져오는 결과와 관련이 있다. 모든 인간은 죽을 수밖에 없다. 만약 죽지 않는다면 '인간mortals'이라 할 수 없을 것이다. 죽음이란 인간에게 필연적이라서 죽음 자체에 대해 우리는 좋다거나 혹은 나쁘다고 말하기 어렵다. 그것은 가치중립적이기 때문이다. 그렇지만 죽음의 원인과 결과에 대해서는 인간의 가치판단이 개입될 수 있다. 가령 질병 혹은 노화에 대해서 대부분은 부정적인 태도를 취하게 된다. 그리고 그리스인들은 죽음의 원인과 결과에 대해 주로 여성적 이미지와 괴물의 이미지를 혼합하여 사용하고 있다.

죽음은 일차적으로 공포로 다가온다. 인간에게 공포를 일으키는 구체적인 이미지는 괴물의 형상이다. 괴물이란 무엇인가? 괴물은 흔히 일상적이고 통상적인 것에서 벗어나 있다.[12] 우선 괴물은 주로 '감소'나 '증가'의 방식으로 비정상적인 이미지를 표현한다. 가령 가이아는 우라노스

오딜롱 르동, 〈퀴클로페스〉, 1914년, 64×51cm, 네덜란드 오테를로 크륄러 뮐러 미술관
괴물이 눈을 하나만 가진 것은 능력이 감소하는 것이 아니라 특정한 부분으로 수렴하고 집중하여 능력을 증대시키려는 의도이다.

프랑수아 자비에 파브르, 〈오이디푸스와 스핑크스〉, 1806-08년, 몽펠리에 파브르 미술관
스핑크스는 사자의 몸과 새의 날개, 여성의 얼굴이 혼합된 비현실적인 모습이다. 동물들의 특정 부분으로 초월적인 힘을 나타내려는 것으로 보인다.

와 결합하여 낳은 티탄족 신들 외에 퀴클로페스Kyklopes와 헤카톤케이레스Hechatoncheires를 낳았다. 퀴클로페스는 눈이 하나인 존재이며 헤카톤케이레스는 손이 백 개인 존재다. 다음으로 괴물은 여러 가지 동물들이 '혼합'된 형태라는 비현실적인 이미지를 표현한다. 가령 스핑크스Sphinx처럼 사자의 몸과 새의 날개와 여성의 얼굴을 가졌다든지 혹은 세이레네스Seirenes처럼 여성의 얼굴에 새의 날개와 몸을 가진 형태로 나타난다.

그런데 왜 괴물들은 어떤 특정한 신체의 부분을 감소나 증가한 방식, 또는 인간과 다른 동물의 신체의 특정 부분을 결합한 방식으로 나타나는가? 그것은 한편으로 어떤 동물의 특정 부분을 감소시키거나 증대시켜서 탁월한 능력을 강조하려는 것이다. 여기서 감소나 증가는 모두 능력의 증대를 의미한다. 가령 퀴클로페스와 같이 눈을 하나만 갖는 것은 그만큼 능력이 감소되는 것이 아니라 특정한 부분으로 능력이 수렴되고 집중되어 오히려 능력을 증대시키려는 의도이다. 마찬가지로 아르고스와 같이 눈을 백 개로 만드는 것도 능력을 수평적으로 확대시키려는 목적을 갖고 있다. 다른 한편으로 인간의 일상적인 경험 세계 속에서 탁월한 능력을 발휘한다고 생각하는 동물들의 특정 부분을 혼합시켜 어떤 '초월적인 힘'을 표상하려는 것으로 보인다.

괴물의 비동일성과 잡종성의 원리

처음부터 괴물이 부정적 이미지를 가졌던 것은 아니라는 사실에 주목할 필요가 있다. 신화의 역사를 살펴볼 때 초기에 신은 인간보다 훨씬 강력하다고 생각되던 신성한 동물로 표상되어 토테미즘이나 샤머니즘으로 발전하였다. 점차 인간의 의식이 발달하면서 인간과 동물의 신체를 결합한 존재로 표상되어 신수동형론神獸同形論이 발전되다가, 다시 완전히 인간의 형상으로 표상되어 신인동형론神人同形論이 발전되었다. 신수동형론은 주로 인간의 얼굴에 동물의 신체 또는 동물의 얼굴에 인간의 신체를 결합한 형태로 다양한 신화 속에서 찾아볼 수 있다. 특히 이집트에는 인간의 형상과 동물의 형상을 결합시켜 신의 모습으로 형상화한 흔적이 아직도 많이 남아 있다. 가령 독수리의 머리를 가진 호루스Horus나 자칼의 머리를 가진 아누비스Anubis, 또 황소의 머리를 가진 하토르Hathor 등과 같은 이집트의 신들을 예로 들 수 있다. 이는 부정적이기보다는 오히려 극단적인 신성함을 추구한다. 원시시대의 강력한 동물의 힘은 인간에게 경외와 숭배의 대상이었다. 따라서 동물과 인간을 결합시켜 초월적인 힘을 표현하려던 경향은 인간에게는 자연스러운 욕구였을 것이다.

인간도 아니고 동물도 아닌 비동일성non-identity과 인간과 동물을 혼합

■
'키마이라', 기원전 350-340년, 루브르 박물관
하나의 몸에 사자와 염소, 뱀의 머리가 달린 괴물. 벨레로폰이 페가수스의 도움을 받아 죽인다.

'미노타우로스', 기원전 515년, 33.6cm
인간의 몸에 황소의 머리와 꼬리를 지닌 괴물. 난폭한 야성으로 거대한 미로 궁전 안에 감금된다. 미로 한가운데로 들어간 테세우스에 의해 죽임을 당한다.

한 잡종성hybridity이 바로 괴물을 형성하는 기본적인 원칙이다. 이러한 원칙들이 인간의 의식 속에 비일상적이고 비정상적인 이질감을 자아내면서 '괴물성monstrosity'을 형성하는 것이다. 사실 잡종성과 괴물성 자체가 부정적 이미지를 만들어내는 것은 아니다. 그것은 단지 '나'와 '너'가 서로 다르고 동일하지 않다는 것만 확인하게 할 뿐이다. 사실 '나'와 '너'가 서로 다르다는 것은 한편으로는 아주 당연한 것으로 생각되지만 다른 편으로는 두려움을 불러일으키기도 한다. 그리하여 초월적인 '타자'에 대한 두려움은 때로는 '성스러움'으로 드러나지만 또 때로는 '공포감'으로 발전한 것으로 보인다.

그리스의 경우에도 처음에는 괴물들에게 신성한 이미지가 훨씬 강하게 나타났다. 그러나 점차 괴물들은 열등한 존재로 폄하되면서 죽어야 할 운명을 가진 존재로 변모되었다. 괴물들은 죽음과 관련하여 파괴적인 능력을 가진 존재로 인간에게 치명적인 역할을 하였다. 결국 그들은 영웅들에게 죽을 운명을 가진 존재들이 되고 말았다. 영웅신화에서 괴물 살해는 필수적이다. 예를 들어 벨레로폰이 키마이라Chimaira를 죽이고, 페르세우스가 메두사Medusa를 죽이며, 테세우스가 미노타우로스Minotauros를 죽인다. 우리는 괴물을 살해하지 않는 영웅을 상상할 수 없다. 괴물은 이 세계의 악의 근원이고 비합리적인 측면이며 인간의 무의식과 욕망을 상징한다고 설명된다.13) 적어도 영웅이 되고자 하는 자들은, 외형적으로 그리고 실질적으로 인간의 한계를 넘어서는 능력을 가진 '괴물'을 만나 싸워 이겨야 진정한 영웅이 될 수 있는 것이다.

괴물의 이질성과 여성적 이미지

그리스신화에 등장하는 괴물들의 주요 특징은 초기 신화를 제외하고는 대부분 여성의 얼굴을 가지고 있다는 것이다. 괴물이란 존재는 인간중심적인 관점에서 본다면 인간과 동일하지 않은 존재이다. 그렇지만 그리스인들에게 가장 두려운 이미지는 인간과 무언가 비슷하면서도 전혀 비슷하지 않은 존재였던 것 같다. 그리스의 많은 괴물들은 강력한 힘을 가진 다양한 동물의 신체 부분을 결합하여 만들어진다. 때로는 인간의 신체 부분이 결합되는데, 주로 얼굴이다. 예를 들면 스핑크스, 세이레네스, 하르퓌이아이, 에키드나 등이다. 그런데 여기서 괴물들의 얼굴이 대부분 여성이라는 점이 특이하다. 물론 여성의 얼굴이 아닌 예외적인 괴물들도 있다. 헤카톤케이레스나 퀴클로페스 등은 성적 이미지가 분명하지 않으며, 켄타우로스도 정확하게 표현되지는 않지만 주로 남성적 이미지이다. 사실 헤카톤케이레스나 퀴클로페스는 증가나 감소의 원리에 의해 특정 부분의 능력을 극대화시키는 데 중점을 두었기 때문에 성정체성이 분명하지 않다. 하지만 물리적 또는 신체적 힘과 관련되어 남성적 이미지가 강하게 드러난다. 켄타우로스도 잡종성의 원리에 의해 만들어졌지만 말의 상징은 남성적 이미지와 강하게 연관된다.

그러나 초기 신들의 이야기에 등장하는 남성적 괴물들을 제외하고 대부분의 영웅신화에 등장하는 괴물들은 여성의 얼굴을 지니고 있다. 왜 영웅신화에 등장하는 괴물들은 여성적 이미지로 등장하는가? 그리스신화의 다양한 괴물들의 이미지를 분석해 보면 매우 흥미로운 사실을 발견할 수 있다. 우리는 무엇보다도 그리스 영웅신화의 주체가 남성이라는 사실을 주목해야 한다. 남성 영웅은 일차적으로 '타자'로서 괴물을 바라본다. 괴물은 낯설고 이질적인 존재로 '타자'의 전형적인 특징들을 가지고 있다. 현실적으로 남성과 대립적인 존재론적 지위를 가진 자는 여성이다. 그러나 모든 여성이 남성과 적대적이지는 않다. 따라서 남성 주체의 입장에서 한편으로 남성에게 희생적이고 헌신적인 여성 존재는 자비로운 어머니의 이미지로 나타나고, 다른 편으로 남성에 대해 지배적이고 독립적인 여성 존재는 무서운 어머니의 이미지로 나타난다. 자비로운 어머니의 특징은 주로 성모나 성처녀 또는 천사의 이미지로 그려지며 무서운 어머니의 특징은 팜므 파탈, 마녀, 악녀 등의 이미지로 그려진다. 영웅신화의 주체로서 남성이 자신이 지배하고 극복해야 할 존재인 괴물에게 여성의 얼굴을 부여했으리라는 것은 예측 가능하다.

영웅의 수호 여신과 괴물 퇴치

원시시대 최초의 위대한 어머니 여신은 이 세계의 변화하는 측면과 변화하지 않는 측면을 초월적이며 내재적인 방식으로 구현하고 있는 존재였다. 모든 생명력의 무한하고 영원한 원천으로서 어머니 여신은 신성함의 극치였다.14) 그런데 이러한 여신은 청동기시대 후반과 철기시대에 들어서 심각한 변형을 겪게 되고 여성성은 부정적 이미지를 확고하게 구축하였으며 결국 기독교신화에서는 완전히 사라져 버린다. 이와 같은 여성적 이미지의 탈신성화脫神聖化는 가부장제 사회와 가치관의 확립에 의해 가속화되었다고 할 수 있다. 위대한 어머니 여신은 '삶'의 원리와 '죽음'의 원리를 모두 함축하고 있었다. 모든 것은 태어나고 죽는다. 이 세계에 존재하는 것이 생성하고 소멸하는 변화의 과정을 겪는 것은 자연의 이치다. 여기서 삶과 죽음은 반대 개념이 아니었다. 삶의 끝은 죽음이지만 죽음은 마지막이 아니다. 죽음 이후에 재탄생이 있기 때문이다.

위대한 어머니 신화가 제시하는 순환론적 세계관은 삶과 죽음, 그리고 재탄생의 과정이 끊임없이 연속된다. 따라서 죽음은 여전히 두려움으로 다가올 수 있지만 부정적인 이미지를 형성하지는 않았다. 왜냐하면 삶과 마찬가지로 죽음도 하나의 통과의례였기 때문이다. 초기에는 위대한 어머니 여신이 가진 생명을 주는 능력과 빼앗는 능력이 통합되어 있다가 점차 전자는 여신의 자비로운 측면으로, 후자는 여신의 무서운 측면으로 분명하게 구분되었다.

그리스의 영웅신화에서 위대한 어머니 여신의 두 가지 측면은 독립되어 나타난다. 위대한 여신의 무서운 측면은 부정적으로 변모되어 부분적으로 여성 괴물로 표상되었고, 자비로운 측면은 단순히 영웅들을 보호해 주는 수호 여신으로 표상되었다. 대부분의 괴물들은 영웅들에 의해 격퇴

되거나 살해된다. 괴물들은 한편으로는 인간의 내부 세계의 무의식이나 욕망을 상징하기도 하지만, 다른 편으로는 인간의 외부 세계의 비합리적이고 비이성적인 측면을 상징하기도 한다. 그리하여 이 모든 것들은 인간의 탁월한 능력을 구현하고 있는 영웅들이 극복해야만 하는 대상으로 나타나는 것이다. 그렇지만 영웅이 항상 괴물만 만나는 것은 아니다.

영웅신화에는 언제나 영웅을 도와주는 여신이 있다. 영웅들의 후원자로서 여신은 위대한 어머니 여신의 자비로운 측면을 형상화한 것이다. 특히 그리스신화에서는 아테나Athena 여신이 영웅들의 후원자로 가장 많이 등장한다. 그녀는 초기 그리스의 영웅인 카드모스Kadmos, 벨레로폰Bellerophon, 페르세우스, 헤라클레스 등과, 트로이전쟁의 영웅인 디오메데스Diomedes, 아킬레우스, 오뒷세우스 등을 후원했다. 아테나 여신은 테베를 건설한 카드모스에게 아레이아Areia 샘을 지키는 용을 죽이고 이빨을 뿌리도록 충고했다.15) 벨레로폰 또는 벨레로폰테스에게도 황금 굴레를 주어 페가소스를 잡을 수 있게 해주었다. 또한 페르세우스에게는 메두사의 머리를 보지 않고도 잘라낼 수 있도록 방패를 주었다. 페르세우스는 메두사의 머리를 아테나 여신에게 바쳤으며 그녀는 그 이후로 항상 자신의 가슴에 메두사의 머리를 달고 다녔다.16) 헤라클레스의 경우에는 많은 일화가 있는데 아테나가 헤라를 설득하여 또는 헤라가 잠들어 있는 동안 어린 헤라클레스를 데려와 젖을 먹을 수 있게 해 불멸하게 만들었다고 전해진다. 아테나는 헤라클레스가 지상에서 모험을 하는 동안에도 많은 도움을 주었으며 죽은 이후에도 제우스에게 인도하는 역할을 하였다.17)

더욱이 트로이전쟁에 등장하는 디오메데스는 아킬레우스 다음으로 가장 강력한 전사로 아테나 여신의 도움으로 잠시 신들을 눈으로 볼 수 있게 되어 아들인 아이네이아스를 구하려는 아프로디테에게 상처를 입혔

귀도 레니, 〈오뒷세우스에게 복수하는 폴뤼페모스〉, 1639-1640년, 로마 카피톨리니 박물관
포세이돈의 아들로 오뒷세우스에 의해 눈이 멀었다. 이에 포세이돈은 분노하여 오뒷세우스를 10년 동안 바다에서 헤매게 한다.

다.18) 심지어 전쟁의 신 아레스에게도 상처를 입혀 엄청난 고통을 안겼다.19) 특히 오뒷세우스의 경우 아테나 여신은 그가 고난을 겪을 때마다 나타나 격려와 조언을 아끼지 않았다. 아테나 여신은 《오뒷세이아》의 첫 부분에서 고향으로 돌아가지 못하고 방황하는 오뒷세우스를 위해 제우스에게 불만을 토로하고 있다.20) 오뒷세우스는 고향으로 돌아가던 중에 포세이돈의 아들 폴뤼페모스Polyphemos의 눈을 멀게 하여 포세이돈의 분노를 사 10년 동안 바다를 헤맨다. 특히 칼립소가 오뒷세우스를 8년이나 자신의 섬에 붙들어 놓고 고향으로 돌아가지 못하게 하자 아테나 여신은 제우스에게 간청하여 헤르메스를 보내 그를 풀어 주도록 만든다.21) 그리고 칼립소의 섬에서 겨우 탈출하여 모든 것을 잃어버린 나우시카Nausicca를 마침 강에 빨래를 하러 나가게 했다. 결국 오뒷세이스는 나우시카의 아버지 알케이오스 왕의 도움으로 배를 타고 고국으로 돌아갈 수 있게 된다.22)

여성 괴물과 팜므 파탈

그리스 영웅신화에서 여성성의 이미지는 양극화되어 여신과 괴물이라는 모순적이고 대립적인 모습으로 형상화된다. '여신'은 남성의 수호자로서 대부분 영웅들이 위험이나 난관에 처하였을 때 어머니와 같이 보호해 주고 돌보아 주는 역할을 한다. 대개 여성이 아주 긍정적인 이미지로 묘사되는 경우가 바로 어머니와 같은 역할을 할 때이다. '괴물'은 남성의 적대자로서 영웅들을 위험에 빠트려 죽음으로 몰아가는 위협적인 역할을 하거나 또는 영웅들이 모험을 완수하기 위해 반드시 통과해야 할 관문과 같은 역할을 한다. 가령 페르세우스에게 아테나 여신은 영웅의 수호자로 등장하나 그라이아이Graiai나 고르고네스Gorgones는 영웅의 적대자로 등장한다. 페르세우스에게 고르곤 메두사는 반드시 물리쳐야만 영웅의 자격을 획득할 수 있는 관문이다. 여기서도 영웅의 적대자로서 괴물들의 이미지가 주로 여성으로 나타나는 이유는 남성적인 영웅들에게 여성이 남성을 위험한 상황에 빠트리는 악의 원천으로 생각되었기 때문일 것이다.

대부분의 경우 여성이 어머니나 딸로서가 아니라 여성 그 자체로 타자화他者化되어 나타날 때 남성에게 위협적인 존재로 파악된다. 여성은 초월적인 존재로서 남성에게 두려움과 공포의 대상이 되는 경우 괴물의 이미지로 나타나며, 인간적인 존재로서 남성에게 격정과 욕망의 원인이 되는 경우 팜므 파탈의 이미지로 나타난다. 특히 서구에서는 죽음 혹은 파멸로 이끄는 강력한 힘을 가진 여성을 팜므 파탈femme fatal이라 부른다. 그렇지만 현대에는 훨씬 포괄적인 의미로 해석하여 팜므 파탈을 남성으로 하여금 주체적인 판단이나 행동을 할 수 없게 만드는 강력한 힘을 발휘하여 파멸로 이끄는 존재라고 해석한다.23) 그러나 이러한 방식으로 포괄적으로 해석한다면 불특정 다수의 여성들이 팜므 파탈이라 말할 수 있을 것이다. 최소한 팜므 파탈에 대한 명확한 기준을 제시할 필요가 있다.

우선 팜므 파탈에 대한 논의를 하면서 여성 전체를 '일반화'시키는 것에 대해 주의해야 한다. 말하자면 기독교의 이브나 그리스신화의 판도라와 같이 여성 전체를 원형적으로 표현하는 인물들을 팜므 파탈의 전형으로 삼는 것은 옳지 않다.24) 이것은 가부장제하에서 남성 사가들이 문화적으로 여성에 대해 가진 편견들을 일반화한 것일 뿐이다. 인간의 실존적 상황과 관련하여 불행의 원인을 분석하면서 남성의 적으로서 여성에게 책임을 전가하여 생긴 결과이다. 만약 가모장제나 여성 중심 사회에서 신화가 기술되었다면 이런 방식의 논리와 상징은 허용되지 않았을 것이다.

다음으로 팜므 파탈은 인간 여성에 대한 표현이기 때문에 신적인 존재에 대한 적용을 피할 필요가 있다. 그리스신화에서 등장하는 스핑크스나 세이레네스, 스퀼레 등도 팜므 파탈에 포함시키는 경우가 있는데 당연히 제외시켜야 한다. 이러한 존재들은 비록 괴물이나 요괴로 불리기는 하지만 저항하기 힘든 자연의 힘을 신격화하는 과정에서 여성적 이미지가 부가된 경우이다. 이미 신적인 힘을 가진 존재를 괴물로 형상화시키면서 부정적인 기능과 역할을 하도록 설정했기 때문에 괴물이 영웅을 위협하고 파멸로 이끌지 않는 것이 더 이상하다. 어떤 존재가 자유의지를 가지고 타자를 파멸로 이끄는 경우에 팜므 파탈이라 할 수 있다. 그렇지만 그리스신화 속의 괴물들은 이미 악의 역할을 담당하기로 정해진 존재일 뿐만 아니라 신적 이미지가 본질적이고 여성적 이미지는 부수적일 뿐이기 때문에 팜므 파탈이라 할 수는 없다.

마지막으로 팜므 파탈로 단정하기 전에 행위의 '의도'를 검토해 보아야 한다. 여성 스스로가 특정 남성에 대해 아무런 의도를 가지지 않은 행동을 하거나 어떠한 자발적인 행동을 하지 않았을 때 이를 팜므 파탈이라고 하기는 어렵다. 왜냐하면 여성의 의지와 상관없이 남성이 자기 자신의 욕망에 의해 파멸에 이르는 경우도 있기 때문이다. 트로이전쟁의 원인인 헬레네의 경우 그녀의 아름다움 때문에 열다섯 살 정도에 테세우스에게 납치당한 적이 있다.25) 나중에 그녀는 자신의 아름다움 때문에 그리스 전역에서 모여든 구혼자들 중 가장 강력한 국가 뮈케네의 왕 아가멤논의 동생 메넬라오스와 결혼하게 된다. 이후에 파리스와 사랑에 빠져 도망을 쳤든 또는 파리스에게 납치가 되었든 간에 역시 그녀의 아름다움이 원인이 되었다. 어떤 측면에서 헬레네는 그녀 자신의 의지와 상관없이 그녀의 아름다움에 대한 남성들의 욕망에 의해 굴곡지고 불행한 삶을 살게 된 것이라 말할 수 있다.

나아가 만약 어떤 의도적인 행동을 했을지라도 그것이 선한 의도인지 또는 악한 의도인지에 따라 구별해야 한다. 좋은 의도로 한 행동이 우연히 특정 남성을 파멸로 이르게 한 경우와 악한 의도로 한 행동이 결과적으로 특정 남성을 파멸로 이르게 한 경우를 구별할 필요가 있다. 더욱이 상대방의 악의적인 행동이 원인이 되었거나 '정당한 보복'으로 의도적인 행동을 한 경우는 일방적으로 팜므 파탈이라고 부르기 어렵다. 예를 들어 트로이전쟁에서 그리스 총사령관이었던 아가멤논의 아내 클뤼타임네스트라나 아르고호의 영웅 이아손의 아내 메데이아는 전형적인 팜므 파탈

■
피에르 나르시스 게랭, 〈잠자는 아가멤논을 죽이기 전 망설이는 클뤼타임네스트라〉, 1817년, 루브르 박물관
클뤼타임네스트라는 트로이 전쟁에서 승리하고 돌아온 남편 아가멤논을 살해한다. 그녀의 입장에서 본다면 아가멤논은 그녀를 파멸로 몰아간 인물이다.

로 이야기된다. 하지만 그리스비극은 대부분 극악한 행동을 저지르는 사람일지라도 그렇게 행동할 수밖에 없는 원인이나 이유가 있는 경우가 대부분이다.

클뤼타임네스트라는 트로이전쟁에서 승리하고 돌아온 남편 아가멤논을 살해한 인물이다. 그렇지만 거기에는 충분한 이유가 있었다. 아가멤논은 정상적으로 결혼하여 별다른 문제없이 살아가던 클뤼타임네스트라의 남편과 자식을 살해하고 강제로 그녀를 아내로 삼은 인물이다. 더욱이 클뤼타임네스트라와 결혼 후에 처음으로 얻은 딸 이피게네이아를 트로이로 출발하기 전에 희생 제물로 바친 아버지였다. 만약 클뤼타임네스트라의 입장에서 본다면 오히려 아가멤논이 그녀를 파멸로 몰아간 옴므 파탈 homme fatale이라 할 수 있다. 그녀에게 아가멤논은 용서할 수 없는 존재였으며 그에게 다른 원한을 가진 아이기스토스와 결탁하여 10년을 넘게 기다린 끝에 살해했다. 만약 아가멤논의 입장에서 아이기스토스를 본다면 전쟁에서 승리하고 돌아온 한 나라의 왕을 정부情婦와 결탁하여 단칼에 죽음으로 몰아간 극악무도한 존재라 할 수 있다.

메데이아의 경우도 마찬가지이다. 우리에게 일반적으로 알려진 메데이아는 이방의 여인으로 자식을 살해한 끔찍한 인물이다. 그렇지만 메데이아의 입장에서 본다면 남편인 이아손은 돌이킬 수 없는 배신을 하고도 수치심이 없는 파렴치한이다. 그는 콜키스를 수호하는 황금 양피를 얻기 위해 자신을 사랑하게 된 이국의 공주 메데이아가 조국을 배신하게 만들었다. 메데이아는 결혼 약속을 굳게 믿고 이아손이 불을 뿜는 청동 소들을 물리치게 해주고 황금 양피를 지키는 용을 잠들게 해주었다.26) 이아손의 고국에 와서도 약초를 이용하여 나이 든 그의 아버지를 회춘하게 만들어 주었고 원한을 대신 갚아 주기까지 했다.27) 더욱이 그와 결혼하여 두 아들까지도 낳아 주었는데 이아손은 메데이아에게 일언반구도 없이 코린토스의 공주와 결혼하려 했다. 그것은 메데이아가 이방 여인이라는 약점을 이용하여 정식으로 코린토스의 공주와 결혼하고 메데이아와 자식들을 추방하는 데 암묵적으로 동의하는 파렴치한 행동이었다. 메데이아의 입장에서 이아손은 그녀의 인생을 파멸로 몰아간 인물이다. 메데이아는 자신의 삶 전체를 짓밟은 이아손에게 철저히 복수한다.[28] 그럼에도 불구하고 이아손이 모든 것을 잃고 외롭게 죽게 된 결과만 보고 메데이아를 팜므 파탈로 규정하는 것이다.

결론적으로 보다 엄밀하게 팜므 파탈의 개념을 사용하기 위해서는 다음과 같은 조건들을 검토해 볼 필요가 있다. 우선 최소한 신화적으로 여성 전체의 원형적 이미지로 일반화시킨 존재를 포함시키면 안 된다. 다음으로 인간적 존재가 아닌 신적 존재에 대해 단지 여성적 이미지를 차용했다는 이유로 포함시키면 안 된다. 마지막으로 궁극적으로 악한 의도를 가지지 않은 경우는 포함시키면 안 된다.

3
죽음과 아름다운 악

헤시오도스의 인류 종족 신화

과연 여성을 죽음과 파멸에 이르게 하는 절대적인 원인이라 말할 수 있는가? 많은 신화와 종교에서 여성과 악의 기원 문제는 상호 연관되어 있다. 그리스신화에서도 여성은 흔히 악으로 그려진다. 이미 호메로스부터 여성과 여성적인 것에 대해 가치를 폄하하는 시도는 있었지만 특히 헤시오도스에 이르러 본격적으로 구체화되어 나타난다. 헤시오도스는 최초의 여성인 판도라 창조에 관한 이야기를 두 번이나 반복하여 말하면서 인류에게 악이 들어오게 된 경위를 설명한다. 또한 헤시오도스의 인류의 다섯 종족 이야기에는 인간에게 있어 죽음이란 무엇인가에 대한 설명이 포함되어 있다. 《일과 나날들 Erga kai Hemerai》에서 헤시오도스는 인류의 다섯 종족 신화를 말하면서 황금 종족, 은 종족, 청동 종족, 영웅 종족, 철 종족으로 구분한다.

첫째, 황금 종족은 크로노스 신이 하늘에서 통치하던 때에 살았다.29) 헤시오도스는 황금 종족 시대를 통해 유토피아의 전형적인 모습을 그려

■
루카스 크라나흐, 〈황금의 시대〉, 1530년, 75×105cm, 노르웨이 오슬로 국립미술관
헤시오도스는 황금 종족 시대를 통해 유토피아의 전형적인 모습을 그려냈다. 황금 종족은 노동을 하지 않아도 되고 늙지 않아 젊음을 누리며 온갖 재앙에서 벗어나 즐겁게 살았다.

냈다. 고대 신화와 종교를 살펴보면 인간이 삶에서 가장 고통스러워하는 것 또는 가장 회피하고 싶은 것이 무엇인지를 알 수 있다. 고대인들은 왜 인간이 그것을 하지 않으면 살 수 없는지를 어떤 방식으로든 설명을 할 필요가 있었다. 그것은 바로 노동이다.

인류는 끊임없이 노동에서 벗어나고 싶어 했기 때문에 많은 노력을 해 왔다. 그것은 억압과 소외를 통해 문명의 발전을 가져오기도 했다. 고대와 중세는 노예제도나 농노제도와 같은 사회적 제도를 통해 특정 계층의 노동력을 착취하는 방식을 취했다. 그러나 근대에 이르러 시민사회가 형성되고 점차 민주주의가 발전하면서 인권 문제가 제기되어 인간의 노동을 기계의 노동으로 대체하려는 노력을 하게 되었다. 모든 과학기술의 발명과 발견은 인간의 이러한 욕망에서 비롯되었다. 특히 현대사회의 유전공학이나 첨단 과학을 통해 지속적으로 노동에서 벗어나려는 노력을 해 왔다. 그러나 황금 종족은 노동을 굳이 하지 않아도 되는 시대를 살았던 종족으로 이야기된다. 대지가 그들에게 먹을 것을 아낌없이 듬뿍 주었기 때문이다. 더욱이 그들은 늙지 않아 젊음을 누리며 온갖 재앙에서 벗어나 즐겁게 살았다. 그들은 '신들처럼' 살다가 죽었다. 그들이 죽은 원인은 잠에게 정복되었기 때문이다. 황금 종족은 죽은 뒤에는 지상에 거주하는 좋은 정령들daimones이 되었다.

둘째, 은 종족은 황금 종족보다는 열등한 존재들이었다. 헤시오도스는 은 종족이 100년간이나 어린 시절을 보내고 잠시 성년이 되었다가 죽는다고 말한다. 어린아이처럼 어머니에게 보살핌을 받아야 하며 자기 자신을 통제하지 못하는 존재다. 은 종족은 어리석어서 서로에게 죄를 짓지 않을 힘이 없었고, 신들을 섬기려고도 하지 않았고, 신들에게 희생제의를 바치려 하지 않았다. 그들은 '미쳐 날뛰는 오만hybrin atasthalon' 때문에 타락하였다.30) 그리하여 제우스는 분노하였고 은 종족을 모두 죽여 버린다. 그렇지만 은 종족은 황금 종족과 비슷한 혜택을 받아 정령들이 된다. 다만 황금 종족이 지상의 정령들이 되었다면 은 종족은 지하의 정령들이 되었다는 차이만 있다.

셋째, 청동 종족은 황금 종족이나 은 종족과는 전혀 닮지 않았다. 그들은 물푸레나무에서 태어나 전쟁과 오만한 일들만 생각하였다.31) 청동 종족의 오만은 전쟁과 관련되므로 은 종족의 오만과는 다르다. 트로이전쟁이 끝나고 그리스 암흑기를 거쳐 그리스 상고기에 이르렀을 때도 호메로스는 여전히 전쟁을 노래했고 헤시오도스도 전쟁의 기억에서 완전히 벗어날 수 없었을 것이다. 청동 종족은 전쟁 이외에는 아무 일도 하지 않았다. 그들은 은 종족과 같이 제우스에 의해 전멸하지는 않았다. 그렇지만 그들은 전쟁 중에 서로 싸우다가 죽었다. 그들은 죽어서 아무런 명예도 얻지 못했다. 청동 종족은 죽은 후 황금 종족이나 은 종족처럼 정령들이 되지 못했으며 하데스의 곰팡내 나는 궁전으로 내려갔다.

넷째, 영웅 종족은 청동 종족과 대응된다. 그들도 청동 종족과 마찬가지로 전쟁을 하고 전쟁터에서 죽는다. 그러나 영웅 종족은 청동 종족보다 더 정의롭고 용감하다.32) 그들은 반신반인hemitheoi이라 불렸다. 그들은 절제sophrosyne가 있으며 신성한 모든 것을 존중할 줄 알았다. 정의로운 전사들의 전형인 영웅들이 죽으면 제우스의 호의로 축복받은 자들의 섬으로 가서 영원히 신들과 비슷한 삶을 살게 된다.

다섯째, 철 종족은 이전의 종족들과는 다른 종류의 삶을 살게 된다. 그들은 밤이나 낮이나 노고와 곤궁에서 벗어나지 못하고 고통을 받을 것이며 신들이 그들에게 괴로운 근심거리를 줄 것이다.33) 헤시오도스는 철 종족 가운데 백발 섞인 아이들이 태어나게 되면 인류가 멸망하게 될 것이라는 암울한 예언을 하였다.34)

"아버지는 자식들에게 낯설고 자식들은 아버지에게 낯설 것이고, 손님은 주인에게 친구는 친구에게 반갑지 않을 것이며, 형제도 더 이상 이전처럼 반갑지 않을 것이오. 머지않아 그들은 부모 존경하기를 그만두고 심한 말로 꾸짖고 나무랄 것이오. 주먹이 정의이고 서로가 서로의 도시를 약탈할 것이오. 맹세를 지키는 사람이나 의롭고 선량한 사람에게는 아무도 감사하지 않을 것이오. 오히려 그들은 악생이나 범죄를 저지른 자를 존경하게 될 것이오. 정의는 주먹에 있고 수치심은 사라질 것이오."

헤시오도스는 오직 힘과 폭력, 그리고 무질서와 부정의가 지배하는 시대가 오면 흰옷을 입은 아이도스Aidos 여신과 네메시스Nemesis 여신이 지상을 떠나 신들의 세계로 되돌아갈 것이며 인류가 보호받지 못한 채 멸망하리라고 말한다.

인간의 오만과 파멸

헤시오도스의 다섯 종족 신화는 인류에게 죽음이란 일종의 처벌로써 주어진 것이 아니라는 사실을 보여준다. 죽음은 인류에게 자연적인 것이다. 철 종족뿐만 아니라 황금 종족, 은 종족, 청동 종족은 물론이고 영웅 종족도 죽음을 거쳐야 한다. 단지 그들에게 죽음의 원인과 양상 및 결과가 다르게 나타날 뿐이다. 황금 종족에게는 잠이 원인이 되었고 은 종족에게는 종교적인 오만이 원인이 되었으며 청동 종족에게는 군사적 오만 혹은 만용이 문제가 되었다.35) 결과적으로 그들은 죽음의 원인에 따라 죽어서 각기 다른 종류의 삶을 사는 걸로 나타난다. 근본적으로 죽음은 인류가 '신과 같이' 살았던 시대부터 있었고 여성의 탄생과 별다른 관계가 없는 것으로 나타난다.

더욱이 다섯 종족 신화가 비록 황금 종족, 은 종족, 청동 종족, 영웅 종족, 철 종족의 단계로 변천하며 순환하지만 이러한 과정은 인류의 타락이 점차 양적으로 증가한다는 사실을 보여주는 것은 아니다. 황금 종족과 은 종족, 청동 종족과 영웅 종족 및 철 종족의 타락은 질적 차이를 훨씬 강조하고 있다. 여기서 인류의 타락과 재앙은 특정한 성적 차이가 없이 인간 자신이 본성적으로 가진 오만hybris에서 비롯되었다. 그리스신화는 '오만'에 대해 무수히 경고하고 있다. 대부분의 영웅신화와 인간과 관련된 이야기들이 인간의 한계를 모르고 오만을 범하다 파멸하는 이야기들이다. 따라서 인류를 파멸시키는 궁극적인 원인은 바로 인간 자신의 오만이다. 판도라의 이야기는 부차적으로 악의 기원을 설명하기 위해 도입된 것일 뿐이다.

그렇다면 헤시오도스가 인류 종족 신화의 마지막 단계에 나오는 가장 타락한 인류인 철 종족의 시대에 네메시스 여신과 아이도스 여신이 지상을 떠날 것이라고 말한 것은 무엇을 의미하는가? 네메시스 여신과 아이도스 여신은 인간이 하나의 국가를 이루고 살 수 있는 덕 혹은 가치를 인격화한 것이다. 네메시스는 '복수'의 여신으로 각자의 몫을 나눠 주는 것과 관련되며 자연히 정의 개념과 유사하게 사용되었다. 아이도스는 '수치'의 여신으로 전사 문화를 배경으로 하는 영웅신화에서 명예와 밀접하게 연관되었으며 윤리학적 측면에서는 정의와 직접적인 관련이 있다. 인류가 가장 타락하게 될 때 네메시스와 아이도스가 지상을 떠난다는 것은 인간 사회에 정의와 수치심이 사라진 상태를 표현하기 위한 것이다.

정치적 덕: 정의와 수치

그리스에서 '정의'와 '수치'는 '정치적 동물'로서 인간이 반드시 갖추어야 덕목이라 할 수 있다. 플라톤은 《프로타고라스》에서 프로메테우스 신화를 정치적으로 재구성하여 다음과 같이 설명하고 있다.36) 옛날 옛적에 신들만 있고 인간을 비롯한 다른 종족들이 존재하지 않았다. 신들은 흙과 불 및 그것들의 혼합물들을 함께 섞어 피조물들을 만들어 빛 가운데로 보내기 전에 프로메테우스와 에피메테우스에게 그들 각자에게 적합한 능력을 나눠 주라고 요청했다. 에피메테우스는 먼저 자신이 나눠 주고 난 후 프로메테우스가 검사를 해보라고 제안했다. 나중에 프로메테우스가 왔을 때 다른 동물들은 모두 적절한 것들을 갖고 있는데 인간만이 아무 능력도 갖지 못한 채로 있었다. 그래서 그는 헤파이스토스와 아테나에게서 기술적 지혜entechnon sophian와 불을 훔쳐서 인간들에게 선물로 주었다.

인간들은 처음에 흩어져 살았기 때문에 국가가 없었다. 그들의 기술로 생명을 부지하는 데는 충분했지만 짐승을 막아내기에는 역부족이었다. 왜냐하면 전쟁의 기술을 포함하는 국가를 구성하는 기술을 아직 갖지 못했기 때문이다. 처음에 그들은 자신들의 안전을 도모하기 위해 국가를 형성하여 모여 살았다. 그러나 아직 국가를 구성하는 기술이 부족했기 때문에 상호 간의 피해를 입히게 되었다. 그래서 그들은 다시 흩어져 살게 되면서 파멸하기 시작했다. 결국 제우스는 인간들이 살아남을 수 있도록 두 가지 덕목을 주었다.37)

"제우스는 우리 종족 전체가 멸종하지 않을까 걱정이 되어 헤르메스를 보내서 인간에게 정의diken와 수치aido를 가져다주게 했습니다. 국가의 질서kosmoi와 우정philias의 결속이 그들을 함께 모을 수 있도록 말이지요. 헤르메스는 제우스에게 어떤 방식으로 인간에게 정의와 수치를 줄 것인지를 묻습니다. '기술들이 분배된 방식대로 이들도 분배할까요? 기술들은 이런 방식으로 분배되었습니다. 많은 일반인에게 의술을 가진 한 사람으로 충분하고 다른 전문 기술자들도 그렇습니다. 정의와 수치도 그런 방식으로 인간에게 줄까요. 아니면 모두에게 분배할까요?' 제우스가 대답했소. '모두에게 분배해서 모두가 나누어 갖게 하시오. 다른 기술들처럼 소수만이 이들을 나누어 가지면 국가가 생길 수 없을 것이오. 정의와 수치를 나누어 가질 수 없는 사람들은 국가의 질병으로 간주하여 사형을 시키는 법을 내 이름으로 세우시오.'"

인류가 전멸하는 것을 두려워한 나머지 제우스는 헤르메스를 보내어 인류에게 정의dike와 수치심aidos을 주어 국가의 질서를 유지하고 사랑으로 서로 연대하게 했다.

인류가 생존하기 위해 필요한 정치적인 덕에 대해서 헤시오도스와 플라톤의 주장은 일치한다. 그리스 서사시에서 헤시오도스가 인류에게 네메시스와 아이도스가 떠나면 완전히 파멸한다고 주장하는 것이나, 그리스철학에서 플라톤이 프로메테우스 신화를 재구성하여 인류의 파멸을 막기 위해 제우스가 인류에게 '정의'와 '수치심'을 골고루 나눠 주었다는 것은 동일한 맥락에서 이해될 수 있다. 그렇다면 그리스인들은 인류가 멸망하게 된다면 그것은 바로 인간의 내면에 있는 윤리적이며 정치적인 결함 때문이라 추정한 것으로 보인다. 헤시오도스는 《일과 나날》의 인류 종족 신화에서 궁극적으로 인간이 타락하고 파멸하게 되는 원인을 독립적으로 제시하고 있다. 그것은 인간이 점차 오만해지고 정의가 사라졌기 때문이다. 인류 종족 신화는 이미 악의 기원에 대해 종합적인 설명 체계를 갖고 있다.

판도라의 탄생과 악의 기원

헤시오도스는 또 다른 악의 기원에 대한 설명 체계로 판도라의 탄생 이야기를 즐겨 말했다. 인류에게 재앙과 파멸을 가져오는 것으로 설정된 판도라의 이야기는 《신통기》와 《일과 나날》에서 각기 서로 비슷한 방식으로 설명된다. 우선 《일과 나날》을 보면 신들과 인간들의 아버지 제우스는 헤파이스토스에게 '흙'과 '물'을 섞고 인간의 목소리와 힘을 넣어서 불멸하는 여신들의 얼굴과 비슷한 사랑스러운 처녀를 만들라고 명령하였다. 아테나에게는 바느질과 천 짜는 일을 가르쳐라 하였고 황금의 아프로디테에게는 머리에 우아함charin과 잔혹한 갈망pothos 그리고 사지를 풀리게 하는 열망을 주라 하였다. 또한 헤르메스에게는 수치심 없는 마음과 속이는 성향을 주라고 하였다. 제우스의 뜻에 따라 헤파이스토스는 수줍어하는 처녀를 만들어 냈고 아테나는 옷과 허리띠로 장식했다. 자비의 여신 카리테스Charites와 설득의 여신 페이토Peitho는 황금 목걸이를 걸어 주었고, 계절의 여신 호라이Horai는 봄꽃으로 화관을 만들어 주었다. 헤르메스는 거짓말과 아첨과 속이는 성향과 목소리를 주면서 판도라라고 불렀다.38)

다음으로 《신통기》를 보면 제우스의 명령을 받아 헤파이스토스가 수줍어하는 처녀를 만들어 내었다. 아테나가 빛나는 옷과 허리띠로 장식하고, 헤파이스토스는 자신이 직접 만든 황금 화관을 머리에 씌워 주었다. 이 '아름다운 악kalon kakon'이 만들어지자 제우스는 처녀를 신들과 인간들이 있는 곳으로 데려왔다. 그들은 인간이 거부할 수 없는 위험한 계략이 있다는 것을 알게 되었다. 판도라로부터 모든 여성 종족이 유래되었으며 이들은 남성들에게 커다란 고통을 주기 위한 종족이었다.39)

헤시오도스의 판도라 이야기에는 우리가 부정할 수 없는 분명한 의도가 있다. 프로메테우스는 인간에게 지나친 권한을 주려 했다. 그래서 그는 제우스를 속이고 인간에게 불을 가져다주었다. 제우스는 인류가 부당하게 갖게 된 이익을 바로 잡기 위해 위험한 계략을 세운다. 그는 인간에게 '아름다운 악'을 보낸다. 그것은 바로 여러 신들의 선물을 받은 판도라였다. 판도라는 인간에게 재앙이 되는 모든 악을 쏟아져 나오게 하였다. 즉 판도라 이야기는 인간 세계의 악의 기원에 대한 설명이다. 헤시오도스는 판도라 이야기를 맺으면서 "제우스의 뜻noon은 결코 피할 수 없다."40)고 말한다. 그렇지만 여기서 판도라 자신은 악의 기원이나 원인이 될 수 없다. 제우스는 인간이 다른 동물들에 비해 지나치게 많은 권한을 갖게 된 것을 시정하기 위해 판도라를 수단으로 사용한 것일 뿐이다.

그렇지만 헤시오도스는 판도라 이야기를 통해 '여성성'을 설명하면서 몇 가지 비도덕적인 특성들(거짓말, 아첨, 속이는 성향 등)을 본성적인 것으로 기술하고 있다. 나아가 보다 명확하게 제우스가 "악한 일을 하는 본성을 가지고 죽을 운명을 가진 인간들에게 악이 되도록 여성을 만들었다."41)라고 말하고 있다. 여기서 여성은 인간에게 악을 가져다줬을 뿐만 아니라 여성 자체가 악이라고 명확하게 규정하고 있다. 비록 헤시오도스가 제우스의 정의를 실현하기 위해 판도라를 수단으로 사용하였지만 여성을 악이라고 명확하게 규정한 것은 분명히 남성 중심주의적 관점에서 비롯되었을 것이다. 그리스의 남성 중심주의적 관점은 나중에 그리스비극이나 철학에 보다 명확하게 나타난다. 에우리피데스는 《메데이아》에서 여성은 선에 무기력하며 모든 악을 고안해 내는 데 명석하다고 한다.42) 플라톤은 《티마이오스》에서 남성이 여성보다 훨씬 더 강하며, 훌륭한 삶을 살지 못하면 다음 생에는 남자로 태어나지 못하고 여자로 태어난다고 주장한다.43) 나아가 아리스토텔레스는 여성이 선천적으로 기형 혹은 불구anaperian라고 생각한다.44)

그러나 악의 기원을 설명하기 위해 도입한 판도라 이야기의 많은 부분은 오히려 인간에게 '문명'이 발생하게 된 기원을 암시하고 있다. 즉 판도라가 신들로부터 받은 선물들은 모두 인류의 문명과 밀접하게 연관된다.45) 헤시오도스의 텍스트를 주체적으로 읽어낼 수 있다면 판도라는 분명 인류에게 '문명'이라는 선물을 준 존재이며, 그녀가 본성적으로 열어볼 수밖에 없었던 상자 속의 재앙들은 제우스에 의해 이미 예정된 것들이라 해석해낼 수 있다. 제우스는 인류에게 적절한 처벌을 하기 위해 판도라를 만들었고 그녀는 온갖 재앙이 들어 있는 상자를 열 수밖에 없는 운명을 가졌다. 인간은 본성적으로 알기를 원하는 존재이다. 판도라가 상자 속에 든 것을 궁금해 한 것이 잘못이라 하기는 어렵다. 오히려 상자 속에 있는 것 자체가 악이며, 그것을 만든 것이 또한 악일 것이다.

아름다운 악

헤시오도스가 말하는 '아름다운 악'이란 무엇일까? 사실 그리스어에서 '아름다움kalos'과 '악kakon'이라는 말은 반대적인 개념에 가깝다. 엄밀히 보자면 그리스인들에게 진정한 의미의 아름다움이 악으로 존재할 수 없는 것이다. 아름다움 자체는 선이다. 플라톤의 철학에서도 알 수 있듯이 진정으로 아름다운 것은 좋은 것이고, 진정으로 좋은 것은 참된 것이며, 진정으로 참된 것은 아름다운 것이다. 물론 일상적인 의미에서 아름다운 악은 충분히 가능하다. 헤시오도스는 어떤 의미에서 대립적인 개념들을 역설적으로 하나로 만들었다. 아름다운 악은 아름답기는 하지만 해를 입힐 수 있다는 것이지 아름다움 그 자체가 악이거나 해를 입힌다는 것은 아니다. 판도라를 아름다운 악이라고 부른 것은 비록 아름답기는 하지만 악 혹은 재앙이 될 것이라 생각했기 때문이다. 아마도 이것은 판도라로 대표되는 일반 여성을 악의 원천으로 생각한 증거라 할 수 있을 것이다.

헤시오도스가 말하는 '아름다운 악'의 전형적인 사례로 들 수 있는 인물이 바로 스파르타의 헬레네이다. 헬레네는 의도적으로 전쟁을 일으키지는 않았다. 그녀는 단지 개인적으로 자신의 사랑과 행복을 선택한 것일 뿐이다. 그렇지만 결과적으로 수많은 사람들이 죽게 되는 트로이전쟁은 헬레네의 지나친 아름다움 때문으로 설명된다. 그것은 그녀 자신이 책임져야 할 내적인 의도와는 상관없는 것이다. 궁극적으로 '아름다움' 자체는 악일 수 없으며, 오히려 좋은 것이다. 그러나 그것을 빌미로 비도덕적으로 행동하고 이용하면 악이 될 것이다. 특히 그리스비극에는 비도덕적으로 묘사되는 많은 여인들이 아름답다고 표현된다. 가령 메데이아, 파이드라, 클뤼타임네스트라와 같이 가장 잔인하고 엽기적으로 묘사되는 여인들은 한결같이 아름답다고 전해진다. 더욱이 그들은 단지 아름다울 뿐만 아니라 지혜롭다거나 특별한 재능까지 지니고 있다.

그러나 그리스 사회에서는 여성이 너무 지혜롭거나 영리한 것도 악이다. 여성은 본성적으로 아이와 같이 이성적 능력이 불완전atelos하기 때문이다.46) 남자아이는 성장하면 이성을 갖춘 완전한 인간이 되지만 여성은 더 이상 자라지 않는 아이와 같은 존재이며 충분한 이성적 능력을 가지지 못한다고 한다. 그래서 여성은 정치에 참여하기에 적합지 않은 존재라는 것이다. 서구 사회에서 여성은 이러한 이유로 1900년 전후까지 참정권을 갖지 못했다. 그렇기 때문에 여성이 지나치게 똑똑하거나 영리한 것은 자연적이지 않다. 그럼에도 불구하고 어느 시대이든지 간에 예외적으로 남성만큼이나 혹은 때로는 남성보다 더 지혜로운 여성이 존재하며 양극화된 평가를 받는다.47) 즉 여성의 지혜는 남성에게 우호적으로 사용될 때에는 긍정적으로 평가를 받지만, 남성과 적대적으로 사용될 때에는 부정적으로 평가받는다. 에우리피데스는 《히폴뤼토스Hippolytos》에서 똑똑한 여자에 대해 극단적으로 혐오하는 말들을 거침없이 내뱉고 있다.48)

"나는 영리한 여자는 싫습니다. 여자답지 않게 영리한 여자는 내 집에 없었으면! 왜냐하면 퀴프리스는 오히려 영리한 여자들 속에다 재앙을 낳기 때문입니다."

심지어 히폴뤼토스는 여자들을 다른 사람들과 함께 두지 말고 짐승들 하고만 함께 있게 해야 한다고 말한다. 히폴뤼토스의 여성혐오증은 극단으로 치닫고 있으며 결국 그 자신을 파멸로 내몰고 만다. 파이드라Phaidra 는 테세우스의 전처의 아들 히폴뤼토스를 사랑하게 되었지만 스스로 그것을 용납할 수 없었기 때문에 죽음을 결심한다. 그녀는 아테네 왕인 테세우스의 아내이자 크레테의 미노스 왕의 공주로서 자신의 위치를 정확하게 인식하고 있었기 때문에 자신의 가족과 고국의 명예를 위해서 가장 훌륭한 선택을 하려 했다. 그렇지만 파이드라가 죽으려는 이유를 유모가 알고 도움을 요청하는 과정에서 히폴뤼토스는 지나치게 분노하게 되며 파이드라를 포함한 모든 여성들을 극단적으로 혐오하는 발언을 서슴지 않고 내뱉는다.49)

"그대들에게 파멸이 있으라! 나는 결코 여자들을 미워하는 일에 물리지 않을 것이오. 내가 늘 여자들을 비난한다고 누가 말하더라도, 여자들은 늘 사악하니까."

여기서 히폴뤼토스는 공개적으로 여성은 본성적으로 사악한 존재라고 선언한다. 파이드라는 더 이상 선택할 여지가 없었다. 이제 그녀 자신의 죽음조차도 명예롭지 않게 될 것이기 때문이다. 결국 마지막 순간에 파이드라는 자신의 죽음의 원인으로서 히폴뤼토스로 지목했고, 테세우스가 히폴뤼토스를 죽음으로 내몰게 되는 비극이 시작되었다.
에우리피데스는 《메데이아》에서도 이아손을 통해 여성의 존재 가치를

단지 자식을 출산하는 데에만 있다고 보고 여성으로부터 인간의 불행이 비롯되었다고 주장한다.50)

"인간들은 다른 방법으로 자식들을 낳고 여자 같은 것은 없어져 버리길! 그렇다면 인간들에게 불행이란 없을 것을!"

이아손은 콜키스로부터 자신을 도와준 오래된 동지이자 아내인 메데이아를 배신하고 코린토스의 공주와 결혼을 결정한다. 비록 메데이아에게 가족을 위해 자신을 희생하는 행위라고 변명하지만 이아손의 말과 행동은 비겁하기 짝이 없어 보인다. 그는 코린토스의 공주와 결혼하기 위해 온갖 구차한 변명을 늘어놓다가 메데이아에게 반박 당하자 아예 메데이아가 자신을 도와준 것을 전면적으로 부정하기에 이른다. 더욱이 적반하장으로 메데이아가 자기 덕분에 야만족의 나라를 떠나 그리스에 오게 되었고 모든 그리스인들로부터 명성을 얻게 되었다고 자화자찬까지 한다.

에우리피데스는 메데이아가 남편에게 복수하기 위해 자식들을 살해한다는 극단적인 상황을 설정했다. 메데이아와 관련된 이전 신화에는 이아손의 자식들이 코린토스인들에 의해 살해되는 것으로 나타나지만, 에우리피데스는 메데이아를 자식을 살해하는 비정한 어머니로 만들어 버렸다. 그리스 고전기 비극 시대에 여성은 거부할 수 없는 아름다운 악을 넘어서 죽음과 파멸을 가져오는 사악한 존재이다. 그리스의 철학자들이 이구동성으로 칭송하던 '지혜'마저도 여성에게는 악에 불과하다. 오히려 지혜를 가지지 않은 여성이 지혜를 가진 여성보다 훨씬 나은 평가를 받았다.

이러한 방식으로 여성을 평가하는 것은 동서고금을 막론하고 흔히 볼 수 있는 현상이다. 고대로부터 현대에 이르기까지 여성은 공적인 교육에서 배제되었다. 최초의 여성주의 운동이 추구하던 주요 목표가 여성의 교육 받을 권리였다는 사실만으로도 서구 역사에서 여성이 얼마나 오랫동안 부정적인 평가를 받아왔는지를 확인할 수 있다.

4
죽음과 에로스 혹은 욕망

여성이 가진 아름다움이 죽음에 이르게 하는 '악'이라는 평가에서 우리는 아름다움과 죽음이 상호 밀접한 관계에 있음을 알 수 있었다. 아름다움은 사랑을 불러일으킨다. 플라톤은 사랑eros의 궁극적 목적은 아름다움 자체라고 하였다. 아름다움은 죽음과 사랑을 중재한다. 죽음은 사랑과 대립적으로 나타난다. 죽음thanatos은 모든 것을 파괴하지만 사랑eros은 모든 것을 탄생시키기 때문이다. 프로이트의 말을 굳이 빌리지 않더라도 타나토스는 죽음의 본능이고 에로스는 삶의 본능이라 할 수 있다. 그리스신화에 등장하는 에로스는 하나로 통합된 설명을 하기 어려울 정도로 아주 다양하다. 고대 그리스인들에게 에로스가 어떻게 받아들여졌는지에 따라 에로스에 대한 신화도 달리 나타난다. 일반적으로 에로스는 아프로디테의 아들로 알려져 있지만 이것은 후대에 만들어진 이야기일 뿐이다.

에로스의 탄생 신화는 다양하다. 초기 문헌에 따르면 에로스는 일종의 신적인 존재이긴 하지만 부정적인 이미지를 가지고 있었다. 그것은 케르ker의 일종이었다. 케르는 일반적으로 인간이 부정적으로 평가하는 신적인 존재였다. 가령 노령이나 질병 또는 죽음 등이 케르에 속하였다. 에로스를 케르라고 생각한 이유는 분명하다. 에로스가 죽음에 이르게 할 수 있다고 생각했기 때문일 것이다. 그러나 이후 에로스는 매우 포괄적으로 이해되기 시작하면서 다양한 이야기를 등장시키게 된다.

모든 좋은 것의 원인

우선 가장 유명한 헤시오도스 판본에 따르면 에로스는 '모든 좋은 것의 원인'이라 할 수 있다. 그는 아프로디테의 아들이기는커녕 오히려 그녀보다 훨씬 이전에 태어났다. 태초에 '카오스'가 생겨났고, 그 다음에 모든 것의 영원한 거주지인 넓은 가슴을 지닌 '가이아'와 대지의 심연 속에 있는 안개 낀 '타르타로스'와 불멸하는 신들 가운데 가장 아름다우며 사지를 느슨하게 하며 모든 신들과 인간들의 정신을 지배하며 현명한 조언을 하는 '에로스'가 태어났다.51) 헤시오도스는 신들의 탄생의 첫 번째 계열로 카오스, 가이아, 타르타로스, 에로스를 언급하면서 특히 에로스에 대해 가장 긴 인격적인 묘사를 하고 있다. 에로스는 신들과 인간들을 통틀어 가장 강력한 존재라 할 수 있으며 인간에게 현명한 조언을 하는 존재이다.

이것은 플라톤의 《향연Symposium》에도 '에로스는 가장 오래된 신이면서 우리에게 가장 좋은 것의 근원'이라고 반영되어 있다.52) 그리하여 에로스는 신들 가운데 가장 나이가 많고 존경받으며, 산 자는 물론이고 죽은 자에게도 탁월성과 행복을 가지는 데 가장 영향력을 많이 주는 신이라고 한다.53) 에로스는 우주의 기원으로부터 존재하며 모든 것을 생성시키는 원리로서 이해된다. 만약 우주가 생성되는 첫 단계에서 에로스가 존재하지 않았다면 가이아로부터 남신과 여신들이 서로 결합하여 이 세계를 가득 채우고 있는 수많은 존재들을 낳기는 어려웠을 것이다.

아프로디테의 탄생 신화에서 에로스는 다시 등장한다. 크로노스가 아버지 우라노스를 거세한 후 잘려진 남근을 바다에 던졌는데 거기서 하얀 거품aphros이 일어나 아프로디테가 탄생하였다. 아프로디테가 태어나자마자 곧 에로스와 히메로스Himeros가 따라다닌다.54) 여기서 에로스는 아프로디테의 자식이 아니라 단지 그녀를 수행하는 작은 신으로 등장할 뿐이다. 즉 '사랑'을 의미하는 에로스와 '욕망'을 의미하는 히메로스는 아프로디테의 본성을 드러내 주는 외적 특성이라 할 수 있다. 우리에게 잘 알려진 에로스가 아프로디테의 아들이라는 주장은 이미 플라톤에도 나타날 뿐만 아니라 로마의 키케로에게서도 나타난다. 헤시오도스는 아프로디테가 아레스와 결합하여 낳은 자식들로 테베의 카드모스와 결혼한 하르모니아Harmonia와 아레스를 수행하고 다니는 포보스Phobos와 데이모스Deimos를 소개하고 있지만,55) 키케로는 아프로디테를 수행하고 다니는 에로스와 안테로스Anteros가 자식이라고 덧붙이고 있다.56) 에로스를 아프로디테의 수행원이라기보다 자식이라고 주장하는 것은 아프로디테와 에로스의 기능을 훨씬 더 강하게 통합시키는 효과가 있다.

모든 존재의 원인

오르페우스교의 생성 신화에 보면 에로스는 밤의 여신 닉스의 자식으로 나온다. 닉스는 '어둠'의 신 에레보스Erebos 속에 은빛 알을 낳는다. 은빛 알은 영원한 생명력을 가진 우주를 가리킨다. 우주의 알이 갈라지면서 황금빛 날개를 가진 에로스가 태어났다.57) 그는 때로는 '빛나는 자'를 의미하는 파네스Phanes라 불리며 또 때로는 신들의 가운데 '첫 번째로 태어난

자'를 의미하는 프로토고노스Protogonos라 불리기도 한다. 여기서 파네스는 우주의 알을 분리시키는 일종의 운동의 내적 원리로서뿐만 아니라 모든 것을 창조하는 원동력으로 나타난다. 오르페우스교 전승에 따르면 에로스는 모든 것들을 생겨나게 하는 원인이다. 이것은 나중에 초기 그리스 자연철학자들 중 엠페도클레스의 사상에도 나타나고 있다.

엠페도클레스는 모든 것의 시초 또는 원리arche를 네 가지 원소들 혹은 '뿌리들rhizomata'이라 한다. 그것들은 물, 불, 흙, 공기로 결코 변하지 않는 것이다. 그렇지만 이 세계는 항상 변하고 있으며 생성과 소멸을 하고 있다. 그것은 바로 이 네 뿌리들이 서로 결합하고 분리하기 때문이다. 그런데 이러한 네 뿌리들을 결합시키고 분리시키는 원인은 무엇일까? 그것은 '사랑'을 의미하는 필로테스Philotes와 '투쟁'을 의미하는 네이코스Neikos이다. "사랑philoteti을 통해 모든 것이 하나로 결합되나, 투쟁의 미움에 의해 다시 각각 떨어지기 때문이다."58) 즉 사랑은 원소들을 결합시키는 힘이고 투쟁은 원소들을 분리시키는 힘이라고 할 수 있다. 그러므로 엠페도클레스에게서도 사랑은 모든 것을 생성시키는 힘이 되고 있다.

모든 진리의 원천

마지막으로 플라톤이 철학적으로 재구성한 에로스 탄생 신화이다. 플라톤은 진리를 추구하는 욕망 혹은 사랑으로 '에로스'를 정의하기 위해 에로스의 본성을 설명하는 탄생 신화를 만들어 내었다. 에로스는 아름다움의 여신 아프로디테의 탄생 축일에 벌어진 향연에서 빈곤의 여신 페니아Penia가 술에 취한 풍요의 신 포로스Poros 곁에 누워 낳은 자식이다. 그래서 그는 어머니를 닮아 정처 없이 떠돌아다니며 아무 데서나 잠을 자고 항상 궁핍하지만, 아버지를 닮아 항상 훌륭한 것을 얻기 위해 계책을 잘 꾸미고 용감하고 진취적이며 평생 동안 지혜를 탐구한다.

플라톤에 따르면 에로스는 근본적으로 중간자이다. 에로스는 본성적으로 불사적인 존재도 아니고 가사적인 존재도 아니다. 그는 단 하루 동안에도 어떤 때는 꽃처럼 피어올라 생생하게 살아 있는가 하면 또 어떤 때는 죽어 있기도 한다.[59] 에로스는 불멸성을 목표로 한다. 그래서 한편으로는 육체를 통해 자식을 낳아 불멸하려 하고, 다른 편으로는 정신을 통해 진리를 낳아 불멸하려고 한다.[60] 여기서 에로스는 죽음을 극복하는 강렬한 욕구로 나타난다. 그것은 궁극적으로 불멸을 추구하기 때문이다.

다음으로 에로스는 지혜롭지도 않고 무지하지도 않다. 플라톤의 에로스 탄생 신화를 보면 에로스는 아프로디테 탄생일에 태어났다. 플라톤은 이러한 장치를 통해 궁극적으로 에로스가 아름다움 자체를 추구한다고 말하려고 한다. 지혜는 가장 아름다운 것이다. 에로스는 아름다운 것을 사랑하므로 지혜를 사랑할 수밖에 없다. 그리하여 에로스가 지혜를 사랑하는 한, 지혜로운 자와 무지한 자의 중간자가 되는 것이다.[61] 에로스는 궁극적으로 '아름다움to kalon' 자체를 추구한다. 여기서 플라톤이 말하는 아름다움은 생성하지도 소멸하지도 않는 '영원한 존재'로 진리 자체를 말한다. 따라서 플라톤은 에로스를 통해 불변하는 진리를 인식할 수 있다고 주장하는 것이다. 그것은 인간에게 가장 좋은 것이다.

그렇지만 모든 아름다운 것들이 동일한 것은 아니다. 아름다운 것들에도 종류가 있다. 물론 플라톤의 경우에도 아름다운 것들의 종류를 구별하고 있다. 그는 기존에 있는 아프로디테 여신에 대한 두 가지 탄생 신화를 통해 아름다움의 본성을 구별하고자 한다.[62] 아프로디테와 에로스는 서로 불가분의 관계를 가지고 있다. 그런데 아프로디테 여신이 본래 둘이기 때문에 에로스도 둘일 수밖에 없다. 하나는 크로노스에 의해 잘려진 우라노스의 남근으로부터 태어난 나이 많은 아프로디테로 우라니아Ourania(천상의 아프로디테)라고 불리며, 다른 하나는 제우스와 디오네의 딸인 나이 어린 아프로디테로 판데모스Pandemos(세속의 아프로디테)라고 불린다.

그런데 플라톤은 두 종류의 아프로디테와 더불어 두 종류의 에로스를 규정하면서 여성적 특성과 남성적 특성을 연관 지어 가치 평가를 하고 있다. 세속적 아프로디테로부터 나온 사랑은 아무 대상이나 닥치는 대로 사랑을 하고, 남성들만큼 '여성들을 사랑하며, 영혼보다는 육체를 사랑한다.' 반면에 천상의 아프로디테와 관련된 사랑은 '여성이 아닌 오직 남성만이 참여할 수 있으며, 본성적으로 더 강인하고 이성적인 요소를 많이 가진 사람을 좋아하기 때문에 남성에게로 마음이 향한다'고 한다.63) 즉 천상적 사랑은 여성보다 이성적 능력이 많은 남성을 사랑하는 것이고, 세속적 사랑은 이성적 능력이 부족한 여성을 사랑하는 것이다. 이것은 천상적-남성적 사랑과 세속적-여성적 사랑이라는 이분법적 도식을 그리고 있다.

더욱이 플라톤은 여성에 대한 세속적인 사랑은 영혼보다는 육체를 사랑하는 것이며 불변하는 것을 사랑하는 것이 아니기 때문에 금방 변하고 시들어 버리지만, 천상적 사랑은 불변하는 것과 결합되기 때문에 평생 동안 지속된다고 한다.64) 여기서 세속적 사랑은 육체적 쾌락만을 쫓는 사랑으로 묘사되지만 천상적 사랑은 불변하는 진리에 대한 사랑으로 묘사된다. 근본적으로 육체적 사랑은 소년이나 여성 모두하고 나눌 수 있지만 진리에 대한 사랑은 오직 소년이나 성인 남자하고만 나눌 수 있다는 것이다. 왜냐하면 당시 그리스에서는 여성에게는 이성적 능력이 부족하여 진리에 대해 대화하고 토론하기에 적합하지 않고 오직 남자들만의 일이라 생각했기 때문이다.

　아리스토텔레스도 국가적이고 공적인 일은 남성의 몫이고 여성은 단지 남편의 아이를 낳고 남편의 재산을 보존하는 데 적합하다고 생각하였다. 아리스토텔레스가 말하는 가장 행복한 삶은 불변하는 진리를 성찰하는 관조적 삶이다.65) 관조적인 삶이란 바로 인간이 가진 이성적 능력을 탁월하게 발휘하며 사는 것이다. 그렇다면 여성은 궁극적으로 행복할 수 없는 존재가 된다. 왜냐하면 아리스토텔레스에 따르면 여성은 이성적 능력을 완전히 갖추지 못한 불완전한 존재이기 때문이다. 완성된 인간인 남편이자 아버지인 남자에 반해서, 노예는 비이성적인 부분만을 가졌고 여자와 아이는 제한된 이성적인 부분을 가지고 있다고 명확하게 말하고 있다.66) 그리스신화나 철학에서 여성이 완전한 사랑을 하거나 완전한 행복을 누리기란 근본적으로 불가능하다. 여성은 본성적으로 이러한 능력을 타고나지 못했기 때문이다.

　그리스신화와 비극에서 죽음은 여성의 이미지와 매우 밀접하게 연관되어 나타난다. 초기 그리스 유물들에 나타나는 죽음과 연관된 신들은 여성성에만 한정되지는 않았다. 그러나 점차 죽음의 이미지는 여성적으로 표현되었다. 여성은 죽음을 불러일으키는 원인으로 생각되면서 괴물로 형상화되기도 하였다. 대부분의 여성 괴물은 많은 변형을 겪은 걸로 나타난다. 초기의 신성한 이미지가 점차 단순히 공포감을 주는 위협적이고 부정적인 이미지로 바뀌었기 때문이다. 그리스신화 속에서 대부분 여성의 얼굴을 가진 괴물들은 타자로서 괴물을 바라보는 남성 주체의 이미지이다.

　여성의 부정적인 이미지는 여성을 악의 기원으로 설명하는 문헌들에 의해 확고해졌다. 헤시오도스는 인류에게 재앙이 들어오게 된 이유로 판도라의 창조를 언급한다. 프로메테우스가 천상에서 불을 훔쳐오는 바람에 제우스가 판도라를 인류에게 보냈고, 판도라가 재앙을 모아둔 상자를 연 것이 바로 악의 기원이라는 것이다. 그렇지만 헤시오도스는 다섯 종족 신화에서 인류 타락과 멸망은 궁극적으로 정의와 수치심을 잃게 되었기 때문이라 설명하고 있다. 판도라 이야기는 인류 종족 신화에 부차적으로 삽입되어 있을 뿐이다. 그러나 판도라는 한 번 만들어진 후에 여러 신화와 종교에서 제2의 판도라, 제3의 판도라 등으로 계속하여 재생산되었다. 여성 자체가 악이 아니라 여성을 악으로 정의하는 제도나 사회가 악이다.

인간은 낯설고 이질적인 타자에 대해 근본적인 공포와 두려움을 느낀다. 그렇지만 이것을 극복하게 해주는 것이 바로 사랑이다. 그러나 그리스에서는 사랑도 여성적 이미지와 결합되면 죽음과 훨씬 가까워진다. 남성들 간의 사랑이 진리를 추구하는 천상적 사랑과 연관되어 있다면, 남성과 여성과의 사랑은 육체를 탐닉하는 세속적인 사랑에만 국한되어 설명되기 때문이다. 플라톤에 따르면 에로스는 불멸성을 추구한다. 그러나 육체를 통한 여성과의 사랑은 단지 자식을 낳아 불멸하려 할 뿐이며 진정한 의미에서 불멸하는 것은 아니다. 따라서 여성과 관련된 사랑은 언젠가 소멸되어 버릴 육체에 대한 사랑으로, 죽음의 이미지와 아주 긴밀하게 연관되어 생각되었던 것이다.

5
희생양과 마녀사냥

마녀사냥의 진원

그리스 고전기에 나타나는 여성혐오증은 중세에도 지속된다. 서구의 중세를 지배했던 기독교는 창세기의 아담과 이브의 신화를 통해 악의 기원을 여성에게 두고 있다. 그리스신화에서 최초의 여인 판도라가 상자를 열지 말라는 금기를 어겨 인류에게 재앙을 가져왔다면, 기독교의 이브는 선악과를 따지 말라는 하느님의 명령을 어겨 인류에게 재앙을 가져왔다. 악의 기원으로서 여성의 이미지는 중세 말부터 대상화되고 객관화되었다. 중세 말에 여성혐오증의 극단적 현상으로 등장하는 것이 바로 마녀사냥이다.

마녀사냥은 중세 말 르네상스 시기와 더불어 시작되고 흥미롭게도 종교개혁 시기에 절정에 이르고 있다. 마녀사냥이 본격적으로 시작되기 이전인 중세 말엽 14세기는 전쟁, 폭동, 페스트, 교회 분열 등으로 최대의 위기를 맞게 된다. 정치적으로나 경제적으로 유럽은 정체불명의 위기로 인한 폭풍전야의 상황을 회피하기 위해 인간에게 고통과 재난을 가져다주는 외부의 원인으로 사탄Satan 또는 악마Devil를 필요로 했던 것으로 보인다. 더욱이 15세기는 많은 지식인들이 점성술과 마법 및 신비학에 열중했던 '대마법의 시대'이기도 했으며 이탈리아로부터 르네상스가 시작되던 시기이기도 했다.

마녀사냥의 원인에 대해서 종교개혁, 반종교개혁, 종교전쟁, 광신, 근대국가의 탄생, 자본주의 발생, 환각제의 광범위한 사용, 의료기술의 변동, 사교척결운동, 여성혐오 등이 언급된다.67) 사실 마녀사냥의 발단에 대해 너무 다양한 설명들이 있기 때문에 하나로 단정 짓기는 어렵다. 종교학적으로 마가렛 머레이Margaret Murray는 유럽에서 마녀는 기독교 이전에 로마 디아나 여신 숭배에 기초하고 있다고 주장하는 반면, 조셉 클레이츠Joseph Klaits는 종교개혁 이후 남성 중심의 기독교가 유럽 사회의 문화적 지배를 위해 고안한 여성에 대한 광범위한 사회적 폭력이라고 분석하기도 한다. 사회학적으로 리차드 키커퍼Richard Kieckhefer는 16~17세기 유럽 사회의 총체적 위기의식과 지배 엘리트 계층의 악마숭배Diabolism에 대한 경계심과 일반 대중들의 마술에 대한 의존으로 인한 상하 계층의 갈등 때문이라고 분석한다. 또한 크리스티나 라너Christiana Larner는 당시 새로 등장한 유럽의 국가권력이 기독교를 정치 이데올로기로 이용하면서 파생된 정치적 결과라고 해석되기도 한다.68) 그러나 이러한 마녀사냥에 대한 원인 분석들 중 어느 것도 그 자체만으로는 설득적이지 않다.

현재까지 마녀사냥에 대해 다양한 분석이 제시되었지만 여전히 수많은 역사가들이 유럽사에서 마녀사냥을 가장 이해하기 힘든 현상이라고 한다. 한 가지 분명한 사실은 약 1450년부터 1750년에 이르기까지 약 300년 동안 수만 명에 이르는 엄청난 수의 여성들이 종교재판을 통해 마녀로 몰려 죽었다는 것이다.69) 마녀사냥으로 인해 살해된 사람들 중에는

프란시스코 고야, 〈마녀들의 집회〉, 1820-1823년, 140×438cm, 마드리드 프라도 미술관
마녀는 악마를 숭배하며 악의적인 목적으로 마술을 행하는 자를 말한다. 사바트라는 집회에서 마녀들은 탐욕스럽고 음탕한 성행위를 하고, 아기를 죽여서 나누어 먹는 등 사회의 도덕적 기준에 반하는 행위를 한다.

남성들도 있지만 90퍼센트 이상이 여성이라는 사실은 여성의 소외와 억압이라는 비난을 피해갈 수 없다. 더욱이 일반적인 통념과 달리 가톨릭 지역보다 개신교 지역에서 마녀사냥이 훨씬 광범위하게 일어났다는 사실도 매우 흥미롭다.70) 중세 유럽인들에게 마녀는 마술을 사용하여 남에게 해악을 끼칠 수 있는 사람들로, 악마로부터 이러한 능력을 받았다고 생각되었다.71)

고대로부터 내려온 마녀는 일반인들보다 훨씬 많은 지식과 강력한 힘을 통해 초자연적인 능력을 가진 사람이라고 믿어졌다. 예를 들어 메데이아나 키르케와 같이 보통 사람들이 알지 못하는 특정한 종류의 지식과 지혜를 가지고 다른 사람들을 치유하거나 지배하는 사람들을 말한다. 이러한 종류의 사람들은 '철학자'나 '과학자' 또는 '마법사'라는 명칭이 더 적절할 것이다. 그러나 15세기에 이르면 악마론과 결부되면서 마녀라는 개념은 커다란 전환을 맞게 된다.

마녀는 남에게 '해'를 끼치는 마술을 하고 기독교의 적인 '악마'를 숭배하는 존재라 규정된다. 사실 인간에게 재앙을 일으키는 것은 악마 자신의 힘만으로 얼마든지 가능하다. 그럼에도 불구하고 왜 악마는 인간을 필요로 하며, 더욱이 왜 하필이면 여성이 대상이 되는가? 악마는 본래 천사였다가 추락한 영적인 존재이다. 그래서 비록 강력한 힘을 가지고 있지만 물리적으로 구현할 수 있는 구체적인 존재를 필요로 하기 때문에 인간과의 계약을 맺는 것이다. 특히 마녀가 여성이 많은 이유는 여성의 열등한 본성과 연관 짓는다. 성서의 〈창세기〉부터 시작된 중세 신학자들의 여성혐오적이고 성차별적인 시각이 여성이 악마에 잘 속는 이유로 설명된다. 그런데 만약 악마가 자신의 도구로써 마녀를 이용하는 것이라면 마녀는 단지 희생양이기 때문에 반드시 처벌받아야 할 이유는 없다고 생각될 수 있다. 그러나 마녀를 식별하는 기준이 되었던 《마녀의 망치Malleus Maleficarum》(1486)에 의하면 마녀는 악마에 의해 강제적으로 계약을 맺는 것이 아니라 '자유의지'로 계약을 맺기 때문에 전적으로 책임은 인간 마녀에게 있다.72) 지상에서의 악한 행위는 모두 마녀와 악마가 함께 결탁해서 벌이는 일이다. 그것은 악마와의 계약 또는 거래pact with devil로 이루어지기 때문에 마녀는 악마의 희생양이 아니다.

악마의 기원

마녀와 결탁하는 악마의 존재에 대해 먼저 살펴보자. 고대로부터 악마는 여러 가지 이름으로 불렸다. 일반적으로 악마를 가리키는 데몬Demon은 고대 그리스어의 다이몬Daimon에서 비롯되었다. 그러나 기원전 8세기만 해도 다이몬은 제우스나 헤라 또는 아프로디테를 가리키는 말로 사용되었다. 호메로스는《일리아스》1권에서 올림포스 신들을 다이몬들로 표현한다. 헤시오도스는《신통기》에서 다이몬을 황금 종족이나 은 종족과 같은 인간의 시조가 죽어서 된 존재라고 한다. 근본적으로 그리스인들은 다이몬을 사용할 때 '선'이나 '악'과는 상관없는 중립적인 용어로 사용한다. 엄밀히 말하자면 다이몬들 중에는 인간의 관점에서 좋은 다이몬도 있고 나쁜 다이몬도 있다고 할 수 있다. 플라톤은《향연》에서 에로스를 다이몬의 일종으로 보며 신과 인간을 결합시킨 존재로 설명한다. 그렇지만 중세에 이르면 고대의 다이몬은 부정적인 의미로 변화되기 시작한다. 중세에는 악마를 지칭하기 위해 그리스어 다이몬에서 기원한 라틴어 다이모니움 Daimonium을 사용하였다.

악마는 데몬 이외에도 사탄Satan 등으로도 불렸다.73) 히브리어의 사탄은 어원적으로 '반대자', '방해자', '대항자'를 의미한다. 그리스어 디아볼로스Diabolos는 문자 그대로 '남이 가는 앞에 뭔가를 던지는 자'를 뜻한다. 악마를 가리키는 디아볼루스Diabolus라는 용어는 1215년 4차 라테란 회의 The Fourth Lateran Council에서 공식적으로 사용되었다. 흔히 사용되는 사탄이란 용어에는 다이몬이 포함된다.74) 전통적으로 사탄은 에덴동산에서 이브를 유혹하여 선악과를 먹게 한 뱀과 동일시되기 때문에 종종 뱀으로 묘사되기도 한다. 구약에서 사탄은 반드시 악한 존재로 등장하거나 대립적 존재로 등장하지 않는 경우도 있으며, 때로는 하느님에게 순종하기도 하고 때로는 하느님의 허가를 얻어 인간의 계획을 방해하기도 한다. 〈욥기〉에서 하느님이 흠 없고 올바르며 악을 멀리하는 욥을 칭찬하자, 사탄은 하느님이 인간들이 원하는 모든 것을 욥에게 주어 경외하는 것뿐이지, 모든 것을 빼앗아 버린다면 하느님을 저주할 것이라 장담한다.75) 그리하여 하느님은 사탄에게 욥을 시험해 보아도 좋다고 허락한다. 그러나 욥은 마지막까지 신앙을 잃지 않았고 사탄은 패배하게 된다. 신약성서에서 디아볼로스와 함께 사탄은 30번 이상 언급된다. 또한 사탄은 가나안의 신인 비엘제벗Beelzebub로도 불리는데 이는 '파리 대왕'을 의미하며 '바알 왕자'를 의미하는 바알 제불Ba'al Zabul로 불리기도 한다.76)

또한 사탄에 대해 루시퍼Lucifer라는 표현도 자주 사용된다. 라틴어 번역본Latin Vulgate에서 유래한 표현으로, '빛을 가져오는 자'를 의미하며 '아침 별'인 금성Venus을 가리킨다. 단테는 《신곡》의 〈지옥〉inferno 편의 가장 마지막 지점에서 인간들을 벌주는 루시퍼를 등장시킨다. 루시퍼라는 이름 자체는 본래 부정적인 의미를 가진 것은 아니었다. 실제로 그리스도교 초기에는 주교 이름으로 사용되기도 했을 만큼 중립적이었으며 아우구스티누스 시대까지도 악마에 대한 일반적인 용어로 쓰이지 않았다. 그러나 점차 죄를 지은 타락 천사를 가리키는 말로 고유하게 사용되기 시작했다. 그에 대한 알레고리는 〈이사야서〉에 등장하는 구절에서 유래된다.77)

"어찌하다 하늘에서 떨어졌느냐? 빛나는 별, 여명의 아들인 네가! 민족들을 쳐부수던 네가 땅으로 내동댕이쳐지다니. 너는 네 마음속으로 생각했었지. '나는 하늘로 오르리라. 하느님의 별들 위로 나의 왕좌를 세우고 북녘 끝 신들의 모임이 있는 산 위에 좌정하리라. 나는 구름 꼭대기로 올라가서 지극히 높으신 분과 같아져야지.' 그런데 너는 저승으로, 구렁의 맨 밑바닥으로 떨어졌구나."

여기서 루시퍼는 '빛나는 별'과 '여명'으로 불리며 '교만'을 저질러 하늘에서 떨어져 가장 깊은 곳으로 내동댕이쳐졌다고 한다. 이것은 루시퍼가 처음부터 악 또는 악마가 아니었다는 사실을 반증한다. 루시퍼는 본래 하늘에 있던 존재였지만 땅으로 떨어진 존재이며 그는 한때 빛이었다. 그러나 성서는 이렇게 전한다. "나는 사탄이 번개처럼 하늘에서 떨어지는 것을 보았다."[78] 루시퍼는 오만한 마음 때문에 한순간에 나락으로 떨어지고 어둠의 지배자가 되어버리고 말았다.

악마의 본성

아우구스티누스는 《신국》에서 하느님의 나라와 지상의 나라를 구분하며 거룩한 천사들과 죄를 지은 천사들을 구분한다. 하늘의 천사들도 하느님을 향유하는 자들과 교만에 차 있는 자들로 구분한다. 천사들 중에서 교만 때문에 벌을 받아 쫓겨난 자들이 악마이다. 그들은 이 세계의 가장 깊은 곳에 감옥처럼 갇혀 있으며 심판 날에 마지막 단죄를 받게 된다.[79] 이와 마찬가지로 아우구스티누스는 인간을 '하느님을 따라 사는 사람들'과 '사람에 따라 사는 사람들'로 구분하며, 전자는 하느님과 함께 영원히 군림하기로 예정되어 있으나 후자는 악마와 함께 영원한 형벌을 받기로 예정되어 있다고 한다.[80]

토마스 아퀴나스는 악한 천사들 mali Angeli, 즉 악마들은 두 가지 방식으로 인간을 공격한다고 한다.[81] 첫째, 악마들을 악을 부추김으로써 공격한다. 이때는 하느님의 공정한 심판에 따라 인간을 공격하도록 허락된 경우이다. 둘째, 악마들은 인간들을 처벌함으로써 공격하기도 한다. 이때는 하느님에 의해 파견된 경우이다. 즉 전통적으로 교회는 죄를 지은 천사인 악마를 그 자체로 독자적인 권위를 가진 존재로 설정하지 않고 있다. 악마도 궁극적으로 하느님의 섭리 안에서 움직인다는 것이다.

근대에 이르러 괴테는 《파우스트》에서 메피스토펠레스 Mephistopheles가 스스로 악마의 본성을 밝히게 한다. 여기서 그는 그 자체로 악한 존재가

안토콜스키, 〈메피스토펠레스〉
파우스트 박사와 계약을 맺어 그의 영혼을 빼앗은 악마. 메피스토펠레스는 이승에서 파우스트의 종노릇을 해줄 테니, 저승에서는 자신의 종노릇을 해달라고 설득한다.

아니라 인간들이 악이라고 부른 것들을 소유하고 있다고 말한다.82)

"도대체 너는 무엇이냐?"

"항상 악을 원하지만 도리어 항상 선을 행하는 힘의 일부입니다."(중략)

"나는 항상 부정만 하는 영입니다!

그것도 지당합니다. 왜냐하면 생겨나는 모든 것은 멸망하게 마련이니까.

그리고 보면 아무것도 생겨나지 않는 게 더 좋았을 것을.

그래서 당신네들이 죄악이니, 파괴니 하고 부르는 것, 한마디로

말하자면 악이라고 부르는 모든 것이 나의 본래의 특성입니다."

■
페테르 루벤스, 〈판과 시링크스〉, 1620년, 463×635cm
판은 사람과 암염소 사이에서 태어난 신이다. 상체는 사람의 모습이고 하체는 염소의 다리와 뿔을 가졌는데 그리스도교의 악마의 형상이 이와 유사하다.

괴테는 악마의 아이러니에 대해 말한다. 악마는 항상 악을 행하려 하지만 선을 행하는 힘에 속해 있다고 말한다. 인간이 파괴적이라고 생각하는 악들이 악마가 가진 특징이라는 것이다. 이것은 악이나 악마가 그 자체로 독립적인 존재는 아니며 전선한 존재의 지배를 받는다는 것을 가리킨다.

악마와의 계약

그리스도교에서 그리는 악마의 가장 일차적인 이미지는 뱀이다. 〈창세기〉에 나오는 아담과 이브의 창조 이야기와 뱀의 유혹 이야기를 통해 통상적으로 사탄은 뱀과 동일시되었으며, 〈요한계시록〉에서도 뱀과 동일시되고 있다.83) 때로는 사탄은 용과 동일시되기도 한다.84) 그리스도교의 악마의 형상은 대체로 이교도신의 모습에서 유래되었다. 염소의 수염, 발굽 있는 발, 뿔 등 반수반인의 형상은 그리스신화의 판Pan이나 실레노스Silenos 또는 사튀로스Satyros의 모습과 유사해 보인다. 특히 뿔 달린 동물의 특징은 옛 유럽의 다산과 풍요의 신의 모습과도 유사하다. 대체로 뿔 달린 염소나 양의 형상을 하였고 돼지의 형상을 차용하기도 했다.

악마가 지배하는 마귀는 다른 사람이나 동물의 모습으로 변신할 수 있다. 그러나 마귀 자체는 천사와 마찬가지로 순전히 영적인 존재이며 육체나 피를 가지지 않았다. 단테는 〈지옥〉 편에서 악마를 디스Dis라 부르기도 하고 루시퍼의 라틴명인 루키페르Lucifer라고도 부른다. "전에는 아름다웠던 만큼 지금은 추했는데, 자신의 창조주께 눈썹을 치켜세웠으니, 모든 악과 고통이 그놈에게서 비롯되었다."85) 특히 악마는 엄청나게 커다란 덩치에 '증오'를 상징하는 붉은색과, '무력'을 상징하는 누런색, '무지'를 상징하는 검은색을 가진 세 개의 얼굴들을 가지고 있다. 각 얼굴 아래로 두 개의 날개를 가지고 있는데 깃털이 없어 박쥐의 날개와 비슷하다. 그렇지만 루키페르가 이 날개를 퍼덕거리면 지옥의 강인 코키토스가 온통 얼어붙었다.

악마는 인간과 계약을 맺을 수 있다. 인간이 악마에게 제공할 것은 바로 '영혼'이다. 인간에게 불멸하는 부분은 영혼뿐이기 때문이다. 악마는 인간의 영혼을 빼앗아 간다. 계약을 통해 인간은 악마에게 죽음 이후에 자신의 영혼을 맡길 것을 약속하고, 악마는 인간에게 부, 젊음, 지식, 권력 등을 대가로 제공한다. 악마와의 계약 조건은 지극히 간단하다. 악마가 이승에서 종노릇을 해주면 인간은 저승에서 종노릇을 하면 된다. 악마 메피스토펠레스는 파우스트와 계약하면서 "이 세상에서는 당신을 섬길 의무를 짊어지고 쉬지 않고 명령에 따르겠습니다. 그 대신 저승에서 다시 만나게 되면 당신이 같은 일을 내게 해주시면 됩니다."86)라고 말한다. 지상에서 악마가 인간의 종노릇을 한 것처럼 저승에서 인간이 악마의 종노릇을 해주면 된다는 것이다. 악마와의 계약 방식은 흔히 구두로 이루어지기 때문에 증거를 남기지 않지만 문서로 남겨진 계약은 피로 쓰거나 붉은 잉크로 쓴다고 한다. 악마와 계약한 인간에게는 지울 수 없는 표식diabolical mark이 남으므로 이것을 통해 악마와 계약한 자들을 가려낼 수 있다. 또한 그들은 일반적으로 고통을 당하지 않는다고 한다.

인간이 악마로부터 받는 것들 중에 마술도 포함되어 있었다.87) 따라서 교회에서는 마술을 악마와의 거래 대가로 여겼기 때문에 마술을 부리는 사람은 악마와 계약을 맺은 것으로 생각했다. 마녀는 악마와 계약을 맺고 집단적으로 악마를 숭배하며 신을 모독하는 행위를 한다. 사바트sabbath라는 집회에서 마녀들은 탐욕스럽고 음탕한 성행위를 하고, 아기를 죽여서 나누어 먹는 등 사회의 도덕적 기준에 반하는 행위를 한다.88) 사바트의 에로틱한 요소로서 악마와 맺는 의식적인 성관계, 마녀들의 난잡한 성행위를 지나치게 강조한 것은 중세와 근대 초기 유럽 교회가 지닌 성에 대한 부정적인 시각을 반영한 것이다.89) 마녀는 악마와 결탁하여 남자의 경우엔 영혼을 바치고 여자의 경우엔 육체를 바치게 함으로 악마로부터 사악한 힘을 받는 악마 숭배자가 되게 한다.90) 흔히 마녀들은 악마와 육체적인 관계를 맺는 난교 의식을 치르는 것으로 생각되었다.

마녀의 정의

그렇다면 도대체 마녀는 어떠한 존재인가? 일반적으로 마녀witch는 마법사sorcerer와 다르다. 마법사가 선의나 악의와 상관없이 마술을 행하는 자를 말한다면 마녀는 악마를 숭배하며 악의적인 목적으로 마술을 행하는 자를 말한다. 가톨릭교회가 1484년에 공표한 마녀는 첫째, 악마와의 계약을 통해 신앙을 포기하고 둘째, 악마에게 정신과 육체를 통해 봉사하고 셋째, 세례 이전의 아동을 악마에게 제물로 바치며 넷째, 악마와 성관계를 포함하는 주신제酒神祭에 참석하는 사람을 말한다.91) 일반적으로 말하자면 악마 숭배, 성적 방종, 육체의 변신, 육체의 이동, 마녀 집회 참가, 타인에 대한 위해 행위, 어린아이 살해 등으로 설명될 수 있다.

그런데 이러한 사실로부터 마녀로 낙인찍힌 존재들이 여성일 가능성이 높으리라는 추리를 할 수 있다. 마녀사냥에서 대부분의 희생자가 여성이라는 사실은 잘 알려져 있다. 당시 마술로 기소된 사람들에 대한 기록들을 살펴보면 대부분이 여성이다. 통계에 따르면 유럽 대부분의 지역에서 여성 마녀의 비율이 75퍼센트가 넘고 몇 군데에서는 90퍼센트를 넘는다. 흔히 마녀가 주로 남성이 아닌 여성으로 나타난 것은 중세 스콜라 철학자들의 영향이라고 설명된다.92) 스콜라주의는 '계약'이라는 개념을 강조하고 마녀와 악마 사이의 의례로서 성교가 이루어진다고 주장했다. 그래서 마녀는 남자보다 여자일 가능성이 높다는 전통이 확립되었다.93) 이로 인해 마녀의 혐의를 받은 사람들 중 여성의 수가 훨씬 높아졌다고 할 수 있다.

서구 전통에서 비롯된 남녀 차별 의식에서 출발한 여성혐오증과 여성을 성욕의 대상으로 보는 동시에 유혹의 주체로서 바라보는 데에서 여성은 악의 원인으로서 남성 중심적 사회에서 적대적인 타자로 낙인찍히기 쉬웠다. 더욱이 여성은 남성에 비해 경제적으로나 또는 정치적으로 힘이 약했기 때문에 자신의 이익과 권리를 보호하는 것이 어려웠다. 마녀들은 대체로 사회적으로 소외되거나 약자인 경우가 많았다. 왜냐하면 그들은 일종의 희생양이었기 때문이다. 사회적 변혁기에 특히 기존 질서에 대한 불평불만과 위기의식이 고조된다. 중세 말기로부터 종교 개혁기에 사람들은 정치, 문화, 종교 등에서 엄청난 혼돈과 갈등을 겪게 되면서 개인적 불행과 사회적, 정치적 불만을 종식하기 위해 대규모 마녀사냥을 벌인 것으로 볼 수 있다.

　마녀사냥에 고발되는 여성들을 분석해 보면 흥미로운 결과가 나타난다. 마녀는 사회적으로 중요한 역할을 하거나 영향력이 있는 여성들, 또는 아예 쓸모없거나 불쾌감을 불러일으키는 여성들로 보인다. 대부분 치료사, 산파, 나이 든 여인, 가난한 여인, 못생긴 여인 등이 마녀로 내몰렸다. 첫째, 마녀로 지목된 여성들 중 상당수가 치료사나 산파였다. 근대 초기 유럽에서 여성 치료사는 다양한 민간요법을 알고 있었고 주로 식물을 이용해 연고를 만들어 병을 치료했었다. 마녀로 몰릴 경우 이러한 행위는 대부분 마술의 일종으로 간주되었다. 평상시에는 유익하였기 때문에 문제가 되지 않았으나 누군가 갑자기 질병에 걸리거나 예기치 않게 죽게 되면 나쁜 목적으로 마술을 사용한다고 의심받기 쉬웠다.[94] 산파의 경우도 마찬가지였다. 산파는 근대 의학이 탄생하기까지 여성의 출산과 관련된 지식을 가지고 있던 경험이 많은 존재로 한 사회에서 상당히 존중받았다. 남성 산파와 의사가 출산을 도운 것은 18세기 이후의 일이다.[95] 그러나 출산 중에 아이가 죽거나 산모가 죽는 일은 흔한 일이었기 때문에 사회적으로 원망과 불만도 쌓였을 것이다. 그래서 산파들은 이중적인 시선과 평가를 감내해야 했을 것이다. 특히 사회적 희생양을 필요로 할 시기에는 산파들이 마녀로 지목되는 경우가 아주 많았다.

둘째, 마녀로 의심받은 여성들 중 상당 수가 '나이 든 여성'이었다. 마녀로 지목되는 여성들 중에는 젊은 여자보다는 나이 많은 여자, 결혼한 여성보다는 미혼이나 과부가 많았다.96) 사실 여성 치료사나 산파 역시 대부분 나이가 든 여성이었다. 특히 나이 많은 여자는 젊은 사람보다 신체적으로 허약하여 자신을 보호하기 위해 살아오면서 축적한 지식이나 자연을 통제할 수 있는 눈에 보이지 않는 힘을 사용한다고 믿어졌다. 더욱이 흥미롭게도 나이 많은 여성은 만족할 줄 모르는 성욕을 가지고 있고 자신의 성욕을 만족시키기 위해 악마의 종이 되며 악마의 손쉬운 공격의 대상이 된다고 믿어졌다. 흔히 젊은 여성들이 훨씬 성욕에 쉽게 사로잡힐 것이라고 생각하지만 나이 든 여성의 성욕이 강하다는 주장에는 성적 경험이 있는 여자가 성적으로 간섭받지 않고 살아가는 것에 대한 남성의 깊은 두려움이 깔려 있었기 때문이다. 그래서 특히 마녀사냥의 주요 표적이 된 사람은 늙은 과부였다.

셋째, 마녀 혐의로 재판을 받은 여자들 중 많은 사람들이 사회의 '하층계급의 여성'이다. 대부분의 마녀들은 겨우 연명할 정도로 구걸하며 생활하였다. 특히 가난한 여성은 사회에서 가장 약하고 만만한 대상이었다. 그들은 무기력했기 때문에 사회의 여러 재난과 악의 희생양으로 쉽게 선택되었다.97) 더욱이 가난한 사람들은 사회적으로 도움이 필요한 존재로 경제적으로 어려운 상황 탓에 이웃에게 분노를 일으켰을 수 있다. 가난한 사람을 마녀로 고발하는 행위는 자신의 죄의식을 전가하려는 것이다. 특히 유럽에 15세기 말에서 17세기 초까지 인구가 급격하게 증가하면서 노동력이 넘치게 되어 부자보다는 가난한 사람이 더 많은 타격을 입었고 사회 하층계급이 급속하게 늘어났다.98)

넷째, '아름답지 못한 여성'도 마녀로 지목되었다. 마녀로 지목받는 사람들 중에는 신체적으로 결함을 가진 사람들도 상당수 포함되었다. 가령 발이나 손 또는 눈 등에 이상이 있는 장애자들을 말한다. 특히 주름이 많고, 두툼한 입술, 툭 불거진 이빨, 이마에 깊게 패인 주름, 찢어지는 목소리, 흉측한 모습 등을 가진 여인들은 마녀로 의심받기 쉬운 대상이었다.99) 대부분 마녀로 지목되는 여성들은 가부장제의 남성적 시선과 밀접하게 연관되어 있다. 너무 지나치게 여성적이거나 또는 여성적이지 않는 경우들이 모두 포함된다. 전자의 경우에는 남성에게 성적으로 유혹적이기 때문에 부정적 평가를 받았고, 후자의 경우에는 남성에게 성적으로 불쾌감을 주기 때문에 부정적 평가를 받았다.

마녀사냥의 희생양이 대부분 여성이었다는 사실과 관련하여 조셉 클레이츠는 '성에 대한 태도 변화'에 주목하였다. 16~17세기의 마녀사냥은 그 이전의 이단 심문과 달리 '성'이 부각되었다. 기존에 전통적으로 내려오던 기독교의 여성혐오증이 종교 개혁기라는 과도기에 오히려 더욱 강화된 형태로 나타난다.

중세의 여성혐오증

중세 말 마녀사냥에 의한 여성의 죽음을 분석해 보면 여성혐오증이 극단으로 치닫고 있다는 사실을 알 수 있다. 중세에서 근대로 넘어가는 과도기에 수 세기를 견뎌온 성벽과 같던 기존의 세계관과 인간관이 서서히 무너져 가면서 사회적으로나 정치적으로 불안감은 긴박하게 확산되어 갔을 것이다. 이러한 불안감을 종교적으로 해결해 나가려는 과정에서 중세의 이단론과 이교도주의에 기초하여 보다 구체적이고 현실적인 희생양들을 찾아냈다. 그것은 바로 악마의 숭배자로 불리는 마녀였다. 이 세계에 혼란과 무질서는 악의 원인인 악마에 의해서 초래되었으며 악마를 숭배하는 마녀에 의해서 조성되었다. 따라서 마녀의 존재를 제거하기만 하면 이 세계로부터 혼돈을 몰아낼 수 있다는 왜곡된 논리와 신앙으로 인해 마녀사냥은 급속하게 확산되었다. 그렇지만 예상되는 사회적인 저항이나 정치적 불안을 최소화하기 위해 선택된 존재들은 소외되고 억압받던 대부분의 여성들이었다. 더욱이 여성들 중에서도 특히 남성적 관점에서 부정적인 이미지를 가진 존재들이 마녀들의 적용 범위에 포함되었다.

　우선 가부장제 사회에서 여성은 열등한 존재다. 그런데 어느 지역이든 사회적으로 매우 중요한 영향력을 미치는 여성이 있을 수 있다. 이러한 여성은 남성적 관점에서 위험한 인물로 인식될 수 있다. 산파는 한 사회에서 상당한 경험적 지혜를 갖추고 중요한 위치를 차지하던 존재였다. 전통적인 남성적 시각에서는 여성이면서도 지혜를 가진 존재는 남성의 정체성을 위협하는 존재이다. 일단 여성은 불완전한 존재로 비이성적 존재인데도 불구하고 상당한 영향력을 미치는 지혜를 가졌다면 여성 그 자신의 내부가 아닌 외부로부터 들어온 사악한 힘의 작용일 수 있다. 즉 그것은 악마를 숭배하여 얻은 것이다. 따라서 신성한 지혜를 가진 여성은 사악한 존재라고 생각할 수 있다. 더욱이 현대와 같은 과학적 의료 시설이 갖춰지지 않았던 시대에 임산부와 신생아의 생명은 수많은 우연적 요소들에 의해 좌우되기도 하였다. 그래서 죽음 앞에서 원망과 원한이 쌓인 사람들이 산파를 마녀사냥의 주요 대상으로 지목할 가능성이 높다.

　다음으로 나이 든 여성이나 가난한 여성은 경제적으로나 사회적으로 또는 정치적으로 무력한 존재였다. 그들은 스스로 보호할 수 있거나 보호받을 수 없는 존재일 뿐만 아니라 경제적으로도 아무런 효용이 없으며 정치적으로도 아무런 권리를 주장할 수 없는 존재였다. 이러한 존재가 한 사회가 가진 광기의 희생양이 되기는 쉬운 일이었다. 더욱이 남성의 성적 환상을 깨트리는 매우 불편한 존재들이었다. 가부장제 사회에서 여성은 '재생산'의 도구이거나 '즐거움'의 대상으로 물화物化되곤 한다. 나이 든 여성은 생식력이 감소되거나 소멸된 존재로, 중성화되어 남성의 성적 환상이나 욕망의 대상이 되지 않는다. 또한 가난한 여성도 단지 노동의 대상이거나 또는 비천한 존재로 현실적으로 남성의 성적 환상을 불러일으키기 힘들다. 물론 그녀가 가난하지만 아름다운 존재거나 또는 비천하지만 아름다운 존재라면 상황이 달라질 수 있다.

가부장제 사회에서 아름다움은 여성의 재생산과 즐거움을 산출하는 역할을 수행하기 위해 남성적 욕망의 충족 조건으로 제시된다. 남성적 시선에서 나이 든 여성의 육체는 오히려 죽음의 환상을, 가난한 여성의 육체는 폭력의 환상을 불러일으킬 수 있다. 가난은 인간의 신체를 비천하고 남루하며 수동적이고 나약해 보이게 만든다. 특히 그것이 여성의 신체라면 가부장적 질서의 경계에 위치한 여성의 주변성을 가장 잘 드러내 보여줄 것이다. 때로는 이와 같이 타자화되고 주변화된 여성은 지배 질서와 문화를 위협하는 두려운 존재로 부상되기도 한다.[100] 남성의 성적 환상은 주로 여성의 신체가 불러일으키는 이미지에 의해 변화된다. 따라서 가부장제 사회에서는 여성의 육체의 아름다움과 관련하여 남성이 날조한 신화에 의해 여성의 주체적 삶이 유린될 수 있다.

마지막으로 추한 여성은 남성적 시선에서는 악과 가장 쉽게 연관 지을 수 있는 존재이다. 기본적으로 헤시오도스 전통에 따라 남성은 여성이 '아름다운 악'이라는 명제에 함축된 모순을 인정하고 수용해 왔다. 그러나 그것은 아름다움이 영혼은 아니지만 최소한 육체에는 구현된 경우에만 해당한다. 아름답지 않은 여성은 악의 화신이다. 아름다움은 선이고 추함은 악이라는 단순한 명제가 남성의 성적 환상 속에 자리 잡고 있기 때문이다. 아리스토텔레스의 주장에 따르자면 이성적 능력을 가진 남성이라도 '여성'이라는 타자에 대해 이성적으로 사유하지 않는다. 여성에 대한 남성의 시선은 이성보다는 성적 욕망에 의해 작동한다. 여성의 추한 이미지는 흔히 남성의 성적 욕망을 마비시키거나 저하시킨다고 생각되어 왔다. 그래서 일부 여성주의 미학자들은 여성의 육체를 성적 욕망의 대상으로 보는 남성적 시선에 저항하기 위해 스스로 중성적이거나 남성적 이미지를 연출하며 때로는 가학적인 성형을 통한 기형적이고 비정상적인 그로테스크grotesque한 이미지를 창출하기도 한다.

1) 그리스어로 모이라moira는 '몫'을 의미하지만 이것의 번역어인 라틴어 파툼fatum은 영어 fate의 기원이 된다. 그러나 모이라는 파툼과 달리 '말해진 것'이나 '미리 정해진 사건들의 과정'을 의미하지 않는다.
2) Homeros, *Odysseia*, 3. 236-238.
3) Conford, F.M. *From Religion to Philosophy*, 《종교에서 철학으로》, 남경희 옮김, 이화여대출판부, 1995, 15면.
4) Aischylos, *Prometheus Desmotes*, 518.
5) Homeros, *Ilias*, 16. 431-438.
6) ibid., 16. 441-444.
7) ibid., 22. 209-13.
8) ibid., 1. 503-510.
9) *The Orphic Hymns*, 3
10) 장영란, "그리스 신화와 철학에 나타난 네 요소에 관한 철학적 상상력의 원천(1)",《서양고전학연구》제14집, 한국서양고전학회, 2000, 21-23면 참조.
11) Euripides, *Alkestis*, 843-845.
12) 괴물monster이라는 단어는 본래 라틴어 몬스트룸monstrum에서 나온 것으로 일차적으로 '신의 징조', '초자연적인 현상', '놀라운 것'을 의미하며, 나아가 '비통상적인 혹은 비정상적인 것'을 의미한다.
13) cf. Neuman, *The Great Mother*, p.147-148.
14) 장영란,《위대한 어머니 여신》, 살림출판사, 2003, 15-16면.
15) Kerenyi, ibid., p.30.
16) Apollodoros, ibid., 2. 4. 2.
17) Kerenyi, ibid., p.203.
18) Homeros, *Ilias*. 5. 311.
19) ibid., 5. 860.
20) Homeros, *Odysseia*, 1. 45-95.
21) ibid., 5. 7ff.
22) ibid., 6.
23) 물론 현대에 와서 팜므 파탈의 의미는 많이 탈색이 되어 남성의 이성을 마비시키고 욕망을 마비시킬만한 매력을 가진 여성이라는 의미로 확대해서 사용하기도 한다. 그렇지만 여기서 팜므 파탈의 명확한 기준을 새롭게 제시하려는 이유는 기존 문헌에서 팜므 파탈이라고 할 때 갖는 일차적인 의미에서 혼란을 정리해 보려는 목적이다.
24) 현재 팜므 파탈에 대해 다룬 책들을 보면 이브나 판도라를 포함시키는 것을 자주 볼 수 있다. 이러한 무반성적인 사고의 개념화는 일반화의 오류를 범하고 있는 것이다.
25) Karl Kerenyi, *The Heroes of The Greeks*, Thames and Hudson, 1959, p.235.
26) Apollodoros, *Bibliotheca*, 1. 9. 23.
27) ibid., 1. 9. 27.
28) cf. Aeschylos, *Medeia*, 1378-1388.
29) Hesiodos, *Erga kai Hemerai*, 111; 118-119; 91; 126.
30) ibid., 134.
31) ibid., 144-146.
32) ibid., 158.
33) ibid., 176-178.

34) ibid., 182-193.
35) Vernant, J. P., *Les origines de la pensee grecque*, 《그리스 사유의 기원》, 김재홍 옮김, 자유사상사, 1993, 35면. 베르낭은 황금 종족이나 은 종족의 오만은 군사적 일에 전혀 관심이 없기 때문에 종교적이고 신학적 영역에서만 작용한다고 한다.
36) Platon, 320c-322b.
37) ibid., 322c-d.
38) Hesiodos, *Erga kai Hemerai*, 58ff.
39) Hesiodos, *Theogonia*, 567ff.
40) ibid., 106.
41) ibid., 600-602.
42) Euripides, *Medeia*, 406.
43) cf. Plato, *Timaeos*, 42a.
44) Aristotle, *Generation of Animals*, 775a 15-16.
45) 장영란,《신화 속의 여성, 여성 속의 신화》, 문예출판사, 2001, 346-347면.
46) cf. Aristotle, *Politica*, 1260a 11-14.
47) 일반적으로 그리스비극에서 알케스티스나 페넬로페, 메데이아, 클뤼타임네스트라는 아주 지적인 능력이 뛰어난 여인들로 평가된다. 그러나 기존의 사회 관습에 순응하는 모습을 보이는 알케스티스나 페넬로페와 같은 지혜로운 여성은 훌륭한 여인으로 평가되지만, 반대로 저항하는 태도를 가진 메데이아나 클뤼타임네스트라와 같은 지혜로운 여성은 사악한 여인으로 평가되는 것이다.
48) Euripides, *Hippolytos*, 640-648.
49) ibid., 664-666.
50) Euripides, *Medeia*, 573-575.
51) Hesiodos, *Theogonia*, 116-122.
52) Platon, *Symposion*, 178c.
53) ibid., 180b.
54) Hesiodos, *Theogonia*, 188-202.
55) ibid., 934.
56) Cicero, *De Natura Deorum*, 3. 59.
57) Aristophanes, *Aves*, 683ff.
58) Fr. 17, 7-8, Simplicius in Physics. 158, 1.
59) Platon, *Symposion*, 203e.
60) ibid., 206c.
61) ibid., 204b.
62) ibid., 180d ff.
63) ibid., 181b-c.
64) ibid., 183e.
65) Aristotle, *The Nicomachean Ethics*, 1178a.
66) Aristotle, *Politica*, 1260a 11-14. 모든 사람들이 영혼의 부분들을 가지고 있지만, 다른 방식으로 가지고 있다. 왜냐하면 노예는 심사숙고 능력bouleutikon을 전혀 갖지 않으며, 여자는 그것을 갖기는 하지만 지배적이지 않고akyron, 아이도 그것을 갖기는 하지만 불완전atelos하다.
67) Levack, B.P., *Witch Hunt*, 《유럽의 마녀사냥》, 김동순 옮김, 소나무, 2003, 2면.
68) 김상근, "신플라톤주의 신학이 16-17세기 유럽이 마녀사냥에 미친 영향",《신학논단》51호, 2008, 143-145면.
69) 주경철, C "마녀 개념의 형성연구:《캐논 에피스코피》에서《말레우스 말레피카룸》까지",《서양사연구》48집, 2013.

70) 김상근, 같은 논문, 140면.
71) 벽혜심, "16, 17세기 마녀사냥을 통해 본 역사학의 확대",《역사학보》, 제155집, 188면.
72) Henricus Institoris and Jacobus Sprenger, *Malleus Maleficarum*, edited and translated by Christopher Mackay, vol.II, Cambridge University Press, 2006, p.31.
73) cf. Elaine Pagels, *The Origin of Satan*,《사탄의 탄생》, 권영주 옮김, 루비박스, 2006, 58면.
74) James 2:19, Luke 11:15-18.
75) Job 1;1, 1;9-10, 2;4-5.
76) 바알Baal은 우가리트어로 '주님'을 의미하며 청동기 시대에는 하다드Hadad라 불렸다. 가나안의 최초의 신 엘El의 아들로 풍요와 다산의 신이며 황소의 형상으로 나타난다.
77) Isaiah, 14.12-15.
78) Luke, 10,18.
79) Augustinus, *De Civitate*, Dei, 11.33.
80) ibid., 15.1.
81) Thomas Aquinas, *Summa Theologiae*, 14. 114. 1. cf.《신학대전》14권, 이상섭 옮김, 바오로딸, 2009.
82) Geothe, J.W., *Faust*, 1334-1343. cf.《파우스트》1, 2, 정서웅 옮김, 민음사, 1999.
83) Revelation 20;2.
84) Revelation 12;9, 20;2.
85) Dante Alighieri, *La Divina Commedia*, 'Inferno' 34. 34-36. cf.《신곡》, 김운찬 옮김 열린책들, 2007.
86) Geothe, J.W., *Faust*, 1655-1668.
87) Levack, B.P., 같은 책, 64면.
88) 같은 책, 30면.
89) 같은 책, 71면.
90) 벽혜심, 같은 논문, 189면.
91) 같은 논문, 190면.
92) 이영수, '중세의 마녀사냥의 현대적 의의',《독일어문학》, 제31집, 157면.
93) Jeffrey R. Russell(1980), *History of Witchcraft in the Middle Ages: Sorcerers, Heretics, and Pagans*,《마녀의 문화사》, 김은주 옮김, 르네상스, 2001, 116면.
94) Levack, B.P., 같은 책, 192-193면.
95) 같은 책, 193면.
96) 이외에도 마녀로 고발되는 사람들로는 대체로 성격 면에서는 괴팍하고 자기중심적이며 독설적이며, 경제적으로 가난하고, 종교적으로는 교회법을 어기거나 간음이나 낙태와 같이 도덕적으로 결함이 있거나, 사회적으로 사회규범을 잘 지키지 않는 일탈자이다. 김동순, 'Witchcraft란 무엇인가?',《서양중세사연구》제12집, 2003, 15-18면 참조.
97) Levack, B.P., 같은 책, 204면.
98) 같은 책, 205면.
99) Thomas, K., *Religion and Decline of Magic*, Oxford University Press, 1971, p.568: 김동순, 같은 논문, 17-18면.
100) 김양선, '빈곤의 여성화와 비천한 몸',《여성의 몸: 시각, 쟁점, 역사》, 한국여성연구소 지음, 창비, 268면.

chapter 3
늙음과 죽음의 철학

인간의 삶은 수많은 변화를 겪는다. 모든 변화에는 시작과 끝이 있다. 인간은 탄생으로부터 시작하여 죽음으로 끝난다. 늙음은 탄생과 죽음 사이에 있다. 사람들이 늙음에 대해 걱정하는 것은 죽음에 가까이 있기 때문이다. 죽음은 '현재' 또는 '지금'이라는 시간의 단절이다. 인간의 시간은 수많은 '지금'들로 이루어져 있다. 마지막 '지금'이 멈추는 순간 죽음이 찾아든다. 사람들은 죽음을 두려워한다. 죽음이 이 모든 것의 끝이라고 생각하기 때문이다. 우리는 죽음으로 향하는 여정이 끝나기 전에 자연스럽게 나이 듦의 현상을 육체를 통해 인식하게 된다. 우리는 각기 육체를 가지고 있기 때문에 인간의 실존적 상황을 번민하며 삶과 고통, 그리고 죽음에 대해 반성적 인식을 한다.

나이 듦이나 늙음은 인간의 삶 속에 나타나는 다양한 현상들 가운데 가장 철학적으로 사유될 수 있는 주제이면서도 가장 비철학적으로 사유되고 있을 뿐만 아니라 반철학적으로 실천되는 주제이다. 우선 늙음이 가장 철학적으로 다루어질 수 있는 이유는 인간의 한계상황인 죽음과 매우 밀접한 관계를 가지고 있기 때문이다. 그것은 신체적 징후를 통해 죽음을 예시해 준다. 흔히 말하는 노화 현상을 통해 우리는 인간의 유한성을 체험하게 되고 죽음 앞에서 삶을 반성적으로 성찰할 수 있는 계기를 마련할 수 있다. 그럼에도 불구하고 늙음의 현상은 철학의 역사에서 자주 다루어진 주제는 아니기 때문에 죽음과 연관하여 철학적으로 검토하고 분석할 필요가 있다.

다음으로 늙음이 가장 비철학적으로 사유되고 반철학적으로 실천되고 있는 이유는 늙음에 대한 일반인들의 부정적인 생각 때문이다. 현대사회에서 인간 신체의 자연적 현상인 늙음을 거부하고 중단시키려는 기술적 시도가 빈번해지면서 여러 가지 사회적 문제들이 발생하기도 한다. 그렇지만 늙음과 죽음의 문제는 단지 사회학적인 문제에 그치지 않고 철학적 분석을 통해 문제에 대한 근원적인 해결 방안을 마련해야 할 것이다. 이를 위해서는 늙음과 그와 관련된 죽음에 대한 보편적 사유의 원형을 탐구하는 일로부터 시작할 필요가 있다.

1
죽음에 이르는 병

늙음에 대한 편견

고대사회에서는 나이 듦에 대해 어떻게 생각하였을까? 그리스신화에서는 늙음이란 주제를 찾아보기 힘들다. 그리스 신들은 근본적으로 태어나서 자라나는 데까지만 인간들과 유사한 과정을 보인다. 그렇지만 인간들과 달리 신들은 늙지도 않고 죽지도 않는다. 인간에게만 고유한 늙음이란 현상은 비참하게 보인다. 더구나 늙음은 죽음을 동반하는 경우가 많다. 따라서 늙음은 죽음의 연속적인 개념으로 사용된다. 그러나 죽음이라는 현상에 늙음이 반드시 동반되는 것은 아니다. 늙어서 죽은 사람들도 있지만 젊어서 죽은 사람들도 있다. 죽음은 언제든지 찾아올 수 있다. 흔히 자연적인 죽음에는 늙음이란 현상이 선행한다. 하지만 전쟁과 같은 인위적인 상황에서 죽음은 늙은 사람과 젊은 사람을 가리지 않는다.

호메로스의 《일리아스》나 《오뒷세이아》에는 늙은 사람이 주요 인물로 등장하는 경우가 별로 없다. 특히 《일리아스》에서는 실제로 전쟁에 참여하고 있는 늙은 영웅은 그리스군의 네스토르Nestor 정도다. 전쟁 문화에서는 젊은 영웅들이 주축이 된다. 전쟁터에서 나이가 들 때까지 살아 있는 늙은 영웅은 찾아보기 어렵다. 대부분의 경우에 영웅들은 젊어서 죽는다. 그래서 죽음의 형상은 아름답게 느껴진다. 그렇지만 나이 들어 비참하게 죽은 늙은이의 모습은 끔찍하고 섬뜩한 느낌을 준다. 그것은 죽음에 이르기 전, 이미 죽음에 의해 서서히 잠식되어 가는 노령의 일그러진 형상을 가지고 있기 때문이다. 특히 초기 그리스인들은 늙음에 대해 강한 거부감을 갖고 있는 것으로 보인다. 따라서 그리스신화에서 늙음이나 노령에 대한 자료들을 수집하고 분석하기가 쉽지 않다.

일반적으로 고대 그리스인들은 '노령'에 대해 부정적 입장을 취하고 있다. 케르라는 신적인 존재는 마치 질병을 일으키는 세균들과 같이 파괴와 오염을 일으킨다.1) 대부분 케르ker 또는 케레스keres는 모든 살아 있는 것들을 죽음에 이르게 하는 악한 존재들로 여겨진다. 그리스인들은 질병이나 재해는 물론이고 '노령'과 '죽음'도 케르의 일종이라 생각했다. 심지어 초기에는 에로스도 죽음에 이르게 하는 치명적인 원인이라 생각하여 케르의 일종으로 생각했었다. 사실 인간적인 측면에서 '늙는다는 것'은 불안과 두려움을 일으킨다. 그것은 죽음에 가까워졌다는 일종의 신호처럼 보이기 때문이다. 노령은 마치 죽음에 이르게 하는 병과 같다.

죽음과 운명

올림포스 종교에서 죽음은 삶의 끝이다. 죽음 이후에 영혼은 하데스에 머문다. 그렇지만 영혼은 아무런 의식도 없이, 아무런 희망도 없이 마치 연기나 그림자처럼 존재한다. 삶의 밝은 세계와 죽음의 어두운 세계는 상호 대립적이다. 죽음의 세계는 차갑고 '곰팡내 나는' 곳이다. 오뒷세우스는 테이레시아스를 만나 자신의 운명을 알기 위해 하데스에 내려갔다가 아킬레우스의 영혼을 만나 다음과 같이 말한다.2)

"그대가 아직 살아 있을 적에는 우리 아르고스인들은 그대를 신처럼 공경했소. 지금 그대가 여기 사자들 사이에서 강력한 통치자이기 때문이오. 그러니 아킬레우스여, 그대는 죽었다고 해서 슬퍼하지 마시오."

그렇지만 아킬레우스는 오뒷세우스가 건넨 죽음에 대한 위로의 말을 단호하게 부정한다. 파트로클로스가 자신의 무구를 입고 싸우다 죽자 아킬레우스는 헥토르에게 복수를 다짐하였다. 테티스 여신이 눈물을 흘리며 "너는 역시 단명하겠구나. 헥토르 다음으로 바로 네가 죽게 되어 있으니 말이다."3)라고 말하였지만, 아킬레우스는 "지금 당장이라도 죽고 싶어요. 전우가 죽는데도 도와주지 못했으니 말예요."4)라고 역정을 내며 말했다. 그러나 죽은 후에 하데스로 내려온 아킬레우스의 영혼은 오히려 살아있을 수만 있다면 무엇이든 하겠다는 태도를 보인다.5)

"죽음에 대해 나를 위로하려 들지 마시오. 영광스러운 오뒷세우스여, 나는 이미 죽은 모든 사자들을 통치하느니 차라리 시골에서 머슴이 되어 농토도 없고 가산도 많지 않은 다른 사람 밑에서 품을 팔 일이라도 하고 싶소."

인간은 누구나 삶에 대해 집착한다. 그것은 단순히 삶을 최대한 연장시키고 싶어서만은 아니다. 누구나 자신의 삶을 사랑하기 때문이다. 때로 삶에 대한 지나친 애착은 극단적인 방법으로 죽음을 선택하게 만들기도 한다. 그러나 아무리 비극적인 운명일지라도 사람들은 삶을 쉽게 포기하지 않으며 포기해서는 안 된다. 그것은 삶에 대한 체념과는 다르다. 체념은 삶 전반에 대한 이해로부터 나오는 것은 아니지만 모순적인 삶을 있는 그대로 받아들이는 것이다. 인생에서 가장 절망적인 상황에 이르렀을 때 누군가는 죽음을 선택하려고 하지만 죽음이 모든 일을 해결해 주지는 않는다. 그것은 단지 문제를 해결하지 않고 남겨두는 것일 뿐이다. 오이디푸스는 테베의 선왕인 라이오스Laios의 살해자를 잡으려다가 자신이 범인이라는 것을 알아낸다. 그는 아버지와 어머니를 알아보지 못했다는 사실 때문에 괴로워하며 자신의 '눈'을 찌른다.6) 그렇지만 그는 자살을 선택하지는 않는다. 오히려 비참한 운명을 극복하기 위해 스스로 고난의 길을 선택한다. 오이디푸스는 비록 자신이 알고서 행한 일은 아니지만 자신의 행위에 대해 책임을 떠맡는다. 그는 자신 삶의 윤리적 주체로서 진정한 영웅적인 삶을 살았다.

죽음의 두려움

그렇지만 인간은 죽음에 대한 두려움을 쉽게 떨칠 수 없다. 특히 나이가 들어가면서 죽음에 대한 두려움은 점차 커지는 경향이 있다. 에우리피데스의 《알케스티스》에는 아내를 잃고 슬퍼하는 아드메토스Admetos가 등장한다. 본래 아드메토스는 단명할 운명이었다. 그러나 아폴론 신이 그를 사랑하여 운명의 여신들을 찾아가 그를 대신해서 죽을 사람이 있다면 살려주겠다는 약속을 받아냈다. 아드메토스는 누군가 자신을 위해 죽어 줄 것이라고 생각했지만 충성을 바치던 신하도 사형당할 죄수도 늙은 부모도 그를 대신하여 죽기를 원하지 않았다. 그러나 아내인 알케스티스가 나서서 남편을 대신해서 죽기를 청하자 그녀에게 죽음의 신이 찾아와 영혼을

■
로드 라이튼, 〈알케스티스를 보호하기 위해 죽음의 신과 싸우는 헤라클레스〉, 1870년, 132.4×265.4cm, 로이튼 하우스 박물관

아드메토스를 대신하여 알케스티스가 죽기를 청하자 그녀에게 죽음의 신 타나토스가 찾아왔다. 마침 아드메토스의 왕실에 방문한 헤라클레스는 알케스티스를 구하려고 타나토스와 맞서 싸운다.

앗아갔다.

아드메토스가 아내의 죽음을 비통해하며 장례식을 치를 때, 아버지 페레스Pheres가 아들을 위로하러 찾아왔다. 그러나 아드메토스는 나이가 많은데도 자신을 대신해 죽으려고 하지 않았던 아버지를 원망하였다. 노인들이 나이가 많이 들어 사는 것도 힘들다며 빨리 죽고 싶다고 말하는 것은 거짓말에 지나지 않는다고 비난하였다. 실제로 죽음을 원하는 노인은 아무도 없다는 것이다.7)

"노인들이 살아온 긴 세월과 노령에 대해 불평을 늘어놓으며 죽기를 기원하는 것은 아무런 의미도 없어요. 죽음이 가까이 다가오면 아무도 죽기를 원치 않고 노령도 그들에게는 더 이상 짐이 되지 않으니까요."

아드메토스는 이미 늙어버린 아버지에게 나중에 장례를 치러 줄 다른 자식을 낳으라고 매정하게 말한다. 그러나 아드메토스의 말에 분노한 페레스는 부모가 반드시 아들을 위해 죽어야 할 의무나 관습은 없다고 말하며 인간의 운명은 타고나는 것이라고 한다. 그는 아들에 대해 반박하며 과연 누가 살아 있는 것을 싫어하겠느냐고 반문한다.[8]

"너도 나를 위하여 죽지 마라. 나도 너를 위하여 죽지 않겠다. 너는 햇빛을 보고 좋아하면서 이 아비는 좋아하지 않을 것이라고 생각하느냐? 지하에서의 삶은 길고 이곳의 삶은 짧으나 감미롭다."

사실 아드메토스는 아버지에게 이제 너무 늙었으니 자신을 위해 죽어달라고 부탁한 것이나 다름없다. 페레스가 아들에 대해 분노한 것은 당연한 일이다. 자식을 낳아서 나이가 들도록 키워 자신의 재산까지 모두 물려주었는데 이제 목숨까지 내놓으라고 하는 것과 마찬가지다. 아드메토스의 입장에서는 늙은 아버지가 자신을 대신하여 죽었다면 사랑하는 아내가 죽지 않았을 수 있다. 그러나 그녀는 아무도 대신하려고 하지 않았던 죽음을 받아들였다. 결국 아드메토스는 자기 목숨은 건졌지만 사랑하는 아내를 잃고 말았다. 그런데 아내의 장례식에 아버지가 나타나자 그는 원망이 북받쳐 올라 아버지에게 극단적인 말을 서슴지 않고 있다.

페레스의 입장에서는 아들의 비난은 터무니없고 비상식적이다. 아드메토스의 주장에는 윤리적 주체로서 자신의 책임이 전혀 고려되고 있지 않다. 그는 처음부터 자신의 생명을 구하기 위해서 타인의 생명이 필요하다는 조건이 가진 윤리적인 함축을 살펴보아야 했다. 그는 문제의 발단이 된 삶에 대한 자신의 욕망이 가져올 결과에 대해서는 전혀 문제 삼지 않왔다. 또한 현재 자신에게 닥친 불행의 원인이 바로 자기 자신과 직접적으로 연관되어 있다는 사실을 전혀 인식하지 못하고 있다. 결과적으로 아드메토스가 진정으로 아내의 죽음을 비통해 하였다면 자신이 스스로 죽음을 선택했어야 한다. 애초에 자신의 목숨을 연장하기 위해 구차하게 타인의 목숨을 구걸할 필요가 없었던 것이다. 그가 자신의 생명을 대신할 사람을 찾아 나가는 과정에서 타인에게 '희생'을 요구하고 책임을 묻는 것은 비윤리적이다. 희생은 윤리적인 책임과 의무와 관련하여 비난의 대상이 될 수 없다. 결국 페레스는 아들에게 역설적으로 삶과 죽음에 대한 그리스인들의 생각을 일깨워주고 있다. 아드메토스 자신이 살고 싶은 것처럼 페레스도 살고 싶은 것이다. 삶의 기회는 모든 사람에게 공평하게 주어져 있다.

2
인간의 한계와 불멸의 꿈

모든 인간은 불멸을 꿈꾼다. 그러나 죽을 수밖에 없는 운명을 가진 인간에게 불멸은 불가능한 것이다. 인간은 근본적으로 유한한 존재이다. 그러므로 불멸은 인간에게 지나친 것이며 과도한 것이다. 그리스신화 속에서 죽음은 인간의 근원적인 한계로 인식되며, 불멸은 인간의 운명을 넘어서는 것으로 오만hybris과 관련된다. 그래서 인간의 불멸은 항상 불행을 초래하게 된다. 그것은 바로 '늙음'이다. 그리스인들은 인간이 비록 죽음을 피할 수 있을지라도 늙음은 피할 수 없다고 생각하였다. 인간에게 나이가 들어 늙어가는 것은 아주 자연스러운 것이다. 늙음이란 죽음으로 가는 과정이다. 만약 인간이 죽지 않을 수 있다면 인간에게 불멸이란 늙음의 연속에 불과할 수 있다. 죽음을 피할 수 있더라도 늙음은 결코 피할 수 없기 때문이다. 그래서 신화 속에서 불멸을 원하는 인간은 늙음 때문에 죽음보다도 더한 고통을 받게 된다. 그리스인들은 신들만이 늙지도 죽지도 않는다고 한다.

"오직 신들만이 늙지도 않고 죽지도 않습니다. 그 밖의 다른 것들은 모두 전능한 시간이 파괴해 버리지요. 대지의 힘도 쇠퇴하고 신체의 힘도 쇠퇴하며 신의는 죽고 불신이 생겨나지요."9)

불멸하는 신들 외에 이 세계의 다른 모든 것은 시간이 흐르면 언젠가는 파괴되어 버리고 만다. 그리스인들은 신들의 사랑을 받는 인간들 중에서 '불멸성'을 부여받는 사람들도 있다고 생각하였다. 새벽의 여신 에오스Eos는 트로이의 왕 라오메돈의 아들이자 프리아모스의 형인 티토노스Tithonos를 사랑하여 납치하였다.10) 그녀는 티토노스를 위해 제우스에게 부탁하여 불멸성을 얻었지만 젊음을 선물하는 것은 잊어버렸다. 결국 티토노스는 나이가 들면서 점차 쇠약해져서 아무런 소리조차 낼 기력도 없었다.11) 아폴론의 무녀 시빌레Sibyle의 경우도 불멸은 아니었지만 동일한 운명을 맞이하게 되었다. 그녀는 아폴론의 사랑을 받았다. 아폴론이 시빌레에게 소원을 묻자 그녀는 부질없게도 한 더미의 모래 알갱이 수만큼 많이 살기를 원한다고 말했다. 그렇지만 이와 함께 영원한 청춘을 빌지 않았기 때문에 질병과 노령에 시달리며 살아가게 되었다.12)

그리스인들은 인간이 아무리 불멸을 꿈꾼다고 하더라도 인간의 불멸은 신들과는 달리 불완전할 것으로 생각했다. 그래서 티토노스나 시빌레가 신들로부터 불멸성은 얻었지만 노령이 주는 고통을 받을 수밖에 없었던 것이다. 물론 헤라클레스와 같이 예외적인 경우도 있을 수 있다. 그는 영웅적인 삶을 살고 나서 죽음을 거쳐 올림포스로 올라갔다. 이것은 죽을 운명을 가진 인간으로 태어나서 신이 되었다는 것을 말한다. 다시 말하자면 인간이기 때문에 죽음을 피할 수는 없었지만 죽은 후에 신이 되었다. 제우스는 인간으로 태어나 신이 된 헤라클레스를 청춘의 여신 헤베Hebe와 결혼시켜 불멸성을 완성시켰다. '영원한 젊음'이 없는 한 불멸은 허망하기 때문이다. 그리스인들의 입장에서는 인간으로 태어나 신이 된 헤라클레스에게 가장 적절하고 신성한 존재는 바로 '청춘'이었을 것이다. 청춘의 여신은 바로 헤라와 제우스의 딸로 신들의 불멸성을 완성시키는 존재였다.

그렇지만 현실적으로 인간은 헤라클레스의 경우처럼 불멸할 수는 없다. 나아가 인간은 비록 불멸을 꿈꾸지만 실제로 불멸을 수용하기 어렵다는 한계를 가진다. 진정으로 불멸하기 위해서는 인간은 궁극적으로 정신적 변화를 필요로 한다. 오뒷세우스는 불멸뿐만 아니라 청춘까지도 주겠다는 칼립소의 제안을 모두 물리친다. 칼립소는 오뒷세우스를 "사랑하게 되어 돌보아 주었고 그에게 영원히 죽지도 늙지도 않게 해주겠다."고 말하곤 했다.13) 만약 그가 그녀 곁에 머무는 것에 동의만 한다면 그를 불멸하게 만들고 노령과 죽음이 영원히 멀어지도록 하겠다고 약속했다. 그렇지만 오뒷세우스는 다시 인간들의 세계로 돌아가기를 열망했다. 그는 바위 위에 앉아 바다를 바라보며 온종일 눈물을 흘릴 지경이 되었다. 결국 그는 신적인 불멸성을 포기하고 인간 세계로 돌아가게 되고 최후를 맞이하게 된다.

여기서 호메로스가 말하는 불멸은 단지 육체적인 차원에서만 이야기되고 있다는 사실을 알 수 있다. 인간이 늙지 않고 영원히 살 수 있다는 것은 아무런 의미가 없다. 오히려 영원한 삶은 지리하고 권태로운 것이 될 뿐이다. 인간은 무의미한 일상이 반복되는 삶에 대해 구토를 느낀다. 사르트르의 《구토La Nausee》에서 로캉탱이 모든 이유 없는 존재들 앞에서 느끼는 구토는 실존의식에서 시작된다. 단순히 평안한 삶을 지속하는 것이 행복은 아니다. 더욱이 영웅들에게 있어서는 끊임없는 도전과 모험을 통해 자신을 극복하며 불후의 명성을 얻는 것이 진정한 의미의 행복이 될 수 있다. 오뒷세우스는 단순히 모든 욕망이 충족되는 삶이 지속되기를 원하지 않았다. 그는 세상에 나가기 원했다. 오뒷세우스의 진정한 행복은 명예다. 명예는 죽을 운명을 가진 인간들의 세계에 존재한다.

그렇지만 신들의 삶은 단지 불멸하는 삶일 뿐만 아니라 지극히 행복한 삶이다. 그것은 인간이 생각하는 즐거움들을 모두 모아 놓은 것과 같지 않으며 인간이 결코 상상할 수도 이해할 수도 없는 행복이다. 그래서 오뒷세우스는 신적인 삶보다는 인간적인 삶을 그리워한 것이다. 플라톤은 신적인 삶에 대한 인간의 끊임없는 사랑에 대해 말하고 있다.[14] 인간의 영혼은 본래 천상에 있었지만 날개가 부러져 추락하고 육체를 가지면서 윤회하게 되었다. 신들의 세계로 다시 돌아갈 수 있는 방법은 에로스를 통해 진리를 상기해 내는 것이다. 이것은 진리에 대한 사랑을 통해 이 세계의 윤회로부터 벗어날 수 있다는 주장을 신화적으로 설명한 것이다. 그러나 호메로스에게는 아직 진정한 의미의 영원한 신적인 삶에 대한 초월적 인식이 발전되지 않았다. 호메로스의 세계에서는 죽음 이후의 세계에 대한 윤리적 사유가 제대로 발전되지 않았기 때문이기도 하다.

3
늙음의 철학적 분석

사람들은 왜 늙는 것을 싫어하는가? 늙는 것이 반드시 나쁜 것만은 아니다. 그럼에도 불구하고 대부분의 사람들은 늙는 것을 불행으로 생각하는 경향이 있다. 그러나 노년 자체가 불행의 원인이 되는 것은 아니다. 대부분의 경우 노년에 흔히 동반하는 몇 가지 특징들이나 현상들로 인해 노년을 부정적으로 생각한다. 노년에 대해 이러한 생각들을 불러일으키는 원인들이 무엇인지를 분석해 볼 필요가 있다. 키케로는 노년의 불행에 대한 견해들을 네 가지로 구분하였다. 첫째는 노년은 우리가 더 이상 활동할 수 없게 만든다는 것이다. 둘째는 노년은 우리의 육체를 허약하게 한다는 것이다. 셋째는 노년은 우리에게서 거의 모든 쾌락을 앗아간다는 것이다. 넷째는 노년은 죽음에 가까이 있다는 것이다.[15]

키케로는 네 가지 견해들에 대해 일일이 반박을 하고 있지만 노년에 이르면 우리의 신체가 허약해지고 신체적인 활동이나 노동이 힘들어진다는 사실 자체를 부정하기는 어렵다. 물론 키케로가 단순히 노년의 현상을 일반화시키는 편견들을 반박하는 입장이었다면 수용할 수 있을 것이다. 그러나 노년이라는 시기에 나타나는 자연적 현상들을 부정해서는 안 된다. 키케로는 노년에 나타나는 쇠약은 노령 때문이라기보다는 젊은 시절의 방탕 때문이라고 하며 노년에도 청년의 체력을 가질 수 있다고 한다.16) 그러나 노년에 청년의 체력을 가질 수 있는 경우는 예외적인 경우이며 일반적으로 신체적인 쇠약을 겪을 수밖에 없다. 이러한 노년의 자연적인 현상까지도 인정하지 못하는 태도는 노년을 긍정적으로 바라보게 하기보다는 오히려 부정적으로 받아들이게 한다. 노년의 신체적 쇠약이 청년기의 무절제로 인한 것이라고 한다면 결과적으로, 도덕적으로도 비난의 대상이 될 수가 있다. 이러한 주장은 노년을 이중적으로 부정하고 배척하는 결과를 가져온다. 따라서 우리는 노년과 관련된 자연적 현상 자체를 거부하거나 부정해서는 안 된다.

노년과 쾌락

사람들은 나이가 들면 삶에서 쾌락이 멀어진다고 생각한다. 그래서 노년은 삶을 불행하게 만든다고 주장한다. 그러나 우리는 여기서 말하는 쾌락이 무엇을 가리키는지를 살펴볼 필요가 있다. 우선 그것은 육체적 쾌락을 가리키는 것으로 특히 성적 쾌락과 밀접하게 연관된다. 과연 노년이 성적 쾌락을 앗아가는 것인지, 또한 성적 쾌락의 감소가 부정적이기만 한 것인지를 살펴볼 필요가 있다. 플라톤의《국가Politeia》초반에 소크라테스는 피레우스 항구 근처에서 부유한 상인 케팔로스Kephalos의 집에 초대되었다. 케팔로스는 소크라테스를 반기며 나이가 들어 육체적 쾌락이 시들해지면서 대화에 대한 욕망과 쾌락이 증대되었다고 말한다.17) 소크라테스는 케팔로스에게 노년이 인생에서 어려운 시기라고 말하는데 어떠냐고 물어본다. 케팔로스는 사람들이 나이가 들면 마치 엄청난 것을 빼앗기기라도 한 것처럼 화를 낸다고 말한다. 그들은 자신에게 닥친 모든 불행이 노령 탓이라고 생각한다. 그러나 케팔로스는 늙음이 오히려 크나큰 평화와 자유를 준다고 말한다. 그는 언젠가 시인 소포클레스가 다음과 같은 질문을 받는 것을 들은 적이 있다고 말한다.

"소포클레스 선생, 성적인 쾌락과 관련해서는 어떠십니까? 선생께서는 아직도 여인과 관계를 가지실 수 있나요?'라고 어떤 사람이 물었죠. 그러자 그분은 '쉿, 이 사람아! 그것에서 벗어났다는 게 정말 더할 수 없이 기쁜 일일세. 흡사 광포한 어떤 주인한테서 도망쳐 나온 것만 같거든' 하고 대답하시더군요."[18]

소포클레스는 젊을 때는 육체적 쾌락에 사로잡혀 노예처럼 살다가 늙어서는 벗어날 수 있어 다행이라고 말한다. 만약 우리가 육체적 쾌락을 통제하지 못한다면 그것은 우리를 파멸로 이끌 것이다. 그런데 이러한 쾌락은 젊을 때는 통제하기가 어려우나 나이가 들면 통제하기가 훨씬 수월하다. 인간에게 육체적 쾌락은 자칫 욕망의 노예가 되게 만들며 결국 악한 행위나 범죄를 일으키는 원인이 된다. 따라서 어떤 것도 육체적 쾌락만큼 파괴적인 것은 없다. 키케로는 우리가 이성과 지혜로 쾌락을 거부할 수 없다면, 해서는 안 될 것을 하지 못하도록 하는 노년에게 감사해야 한다고 말한다. 왜냐하면 쾌락은 우리가 심사숙고하는 것을 방해하며 이성에 대해 적대적이어서 덕을 쌓지 못하도록 하기 때문이다.[19]

그러나 플라톤은 노년에 이르면 육체적 쾌락에서 벗어날 수 있어 좋다고 하는 입장에 대해 약간 달리 해석한다.[20] 육체적 쾌락은 나이와 상관없이 절제가 있는지 여부에 따라 통제할 수 있다. 사실 플라톤의 말처럼 쾌락을 적절히 통제할 수 있는 능력은 절제와 관련이 있다. 나이가 젊지만 욕망을 잘 통제하는 사람들이 있는 반면, 나이가 들어도 그렇지 않은 사람들도 있다. 최소한 노년에 이르면 스스로 욕망을 통제하려고 노력했던 사람들은 다른 사람들보다 훨씬 수월하게 통제할 수 있게 된다.

노년에 이르러 우리는 욕망과의 치열한 전쟁에서 물러나게 된다. 그렇지만 모든 욕망을 상대로 전쟁을 끝낸 것은 아니다. 욕망도 다양한 종류가 있기 때문이다. 아리스토텔레스에 따르면 인간의 영혼은 두 부분, 즉 이성적인 부분과 비이성적인 부분으로 나누어진다.[21] 나아가 인간의 욕망도 비합리적인 부분과 함께 작용하는 비이성적인 욕망도 있으나 합리적인 부분과 함께 작용하는 이성적 욕망도 있다. 우리가 노년에 수월하게 다룰 수 있는 욕망은 비이성적인 욕망을 말한다. 노년에 이르면 통상적으로 비이성적 욕망이 점차 줄어들면서 훨씬 안정되고 평화로운 삶을 영위할 수 있다.

그러나 모든 사람들의 노년이 동일한 목적지에 도달하는 것은 아니다. 노년 자체가 반드시 비이성적인 욕망을 줄어들게 하는 것은 아니기 때문이다. 단지 노년에 부수적으로 나타나는 현상들로 인해 쾌락을 절제하기가 쉽다는 것뿐이다. 그러나 아무리 통제하기 쉬워졌다고 해도 실제로 통제할 필요가 없다고 생각하고 노력하지 않으면 노년기든 청년기든 별다른 차이가 없게 된다. 오히려 노년기에 청년기보다 훨씬 더 수치스러울 수 있으며 추악하게 보일 수 있다.

영혼의 이성적 부분이 욕망으로부터 자유로워지면서 이성은 본래의 기능을 할 수 있는 가능성이 훨씬 높아진다. 따라서 인간과 세계에 대한 반성적 성찰을 통해 삶의 지혜를 추구할 수 있다. 세계에 대한 이해를 통해 외부의 우연적인 요인들에 의해 지배되지 않을 수 있다. 또한 인간에 대한 이해를 통해 내부의 우발적인 요인들에 의해 크게 동요되지 않고 불안, 고통, 공포, 두려움, 분노 등과 같은 감정들에 쉽게 흔들리지 않을 수 있다. 이것이 바로 노년이 주는 진정한 행복과 평화라고 할 수 있다.

노년과 지혜

노년에 이르면 대체로 육체적인 힘이 약화된다. 흔히 사람들은 나이가 들면 일을 하지 못한다고 생각한다. 현실적으로 우리 사회에서도 직장 생활을 할 경우에 60세나 65세와 같이 일정한 나이에 도달하면 퇴직을 하게 된다. 일반적으로 나이가 들면 일을 그만두고 쉬어야 한다는 통념이 지배적이다. 그러나 인간이 하는 노동은 여러 가지가 있다. 주로 육체를 사용하여 할 수 있는 일들도 있지만 영혼을 사용하여 할 수 있는 일들도 있다. 대부분의 경우 영혼의 능력을 사용하는 일들이 육체의 힘을 사용하는 일들보다 훨씬 중대하고 유익하다. 키케로는 나이가 늘어갈수록 육체의 힘은 약해지지만 영혼의 힘, 즉 사고력과 판단력은 더 풍부해진다고 한다.[22] 사람들은 노년이 되면 기억력이 감퇴한다고 말한다. 그렇지만 이것도 반드시 나이 때문만은 아니라고 할 수 있다. 각자 무언가에 대해 얼마나 관심과 흥미를 가지고 노력하느냐에 따라 노년에도 젊을 때보다 훨씬 왕성하게 활동할 수 있다.

소포클레스는 말년에 미쳤다는 이유로 아들들이 재산권을 행사하지 못하도록 소송을 제기한 재판에 연루되었다.[23] 마치 오이디푸스가 말년에 자신의 눈을 찌르고 테베를 떠나며 아들들에게 냉대를 받던 것과 비슷하였다. 당시 소포클레스는 《콜로노스의 오이디푸스》를 쓰고 있었고 배심원들에게 낭독한 후에 미친 사람이 쓴 글처럼 보이냐고 물었다. 여기서 늙은 오이디푸스는 아들들에게 버림받고 그리스를 유랑하며 비참하게 살아가는 모습으로 나타난다. 소포클레스는 오이디푸스의 심정으로 비극을 썼을 것이다. 결국 그는 배심원들의 판결로 오명을 벗게 되었다. 나이가 들어 늙었다고 해서 전혀 일을 할 수 없는 상태가 되거나 또는 거의 하지 못하는 정도가 되는 것은 아니다. 누구나 노력만 한다면 나이에 적합한 일을 할 수 있다.

호메로스, 헤시오도스, 시모니데스, 이소크라테스, 고르기아스, 피타고라스, 데모크리토스, 플라톤 등과 같은 사람들은 나이가 들었다는 이유로 일을 중단하지 않았다. 오히려 자신의 삶이 끝나는 순간까지 계속해서 탐구 활동을 멈추지 않았으며 누구보다도 더 탁월한 능력을 발휘하였다.24) 따라서 노년에 이르면 청장년에 하던 활동을 중단할 수밖에 없다는 통념은 잘못된 주장이라 할 수 있다. 그렇지만 나이가 들면 전반적으로 육체의 힘이 약화되는 것을 피할 수는 없지만 영혼의 힘은 오히려 강화될 수 있다. 그래서 노년에 지혜가 찾아온다면 행복할 것이다.

호메로스의 《일리아스》에 등장하는 유일한 노인 네스토르Nestor는 매우 지혜로운 인물이었다. 키케로는 그리스 동맹군의 총사령관인 아가멤논이 트로이전쟁에서 승리하기 위해 강력한 힘을 가진 아이아스와 같은 사람 열 명보다는 지혜로운 네스토르와 같은 사람 열 명을 거느리기 바랐다고 말한다.25) 트로이전쟁에서 오뒷세우스가 개인적인 차원의 경쟁이나 싸움 또는 도시국가 차원의 전쟁 등에서 전략이 뛰어나고 기발한 생각이나 발명을 해내었을지라도 지혜롭다고 칭해지지 않고 '교활'하고 '영리'한 인물이라는 호칭이 붙었다.

그리스의 유명한 예언가 테이레시아스도 항상 나이가 든 모습으로 등장한다. 그는 일반 사람들이 알 수 없는 탁월한 지혜를 가지고 있다. 오뒷세우스는 키르케의 도움을 받아 하데스로 내려가 테이레시아스를 만나 고향 이타케로 돌아가는 방법을 알게 된다. 테이레시아스는 테베를 건국할 때 카드모스와 함께 있었으며 오이디푸스가 테베의 전왕 라이오스의 살해자를 찾을 때에도 나타나는 등 무려 4세대가 넘는 시대에 등장한다.

플라톤은 이상적인 도시국가의 통치자는 가장 지혜로운 사람이 되어야 한다고 주장한다. 플라톤이 설계한 모든 교육과정을 통과하여 철인(왕)이 되어 국가를 지배하려면 50세가 넘어야 한다.[26] 물론 모든 사람이 노년에 이르러 지혜를 가질 수 있는 것은 아니다. 일상적인 삶 속에서 우리 자신과 타자에 대해 끊임없이 반성적으로 통찰하는 노력을 할 때 현명하고 절제 있는 노년의 삶을 영위할 수 있을 것이다.

인간의 삶은 유년기, 청년기, 중년기, 노년기로 구분할 수 있다. 각 시기마다 적절한 특징이 있다. 그것은 '유년기의 연약함, 청년기의 격렬함, 중년기의 장중함, 노년기의 원숙함'이다.[27] 물론 모든 사람들에게 이러한 특징들이 동일한 방식으로 나타나지는 않는다. 그렇지만 대개 사람들은 이러한 시기를 거치게 되고 유사한 특징들을 드러내기 마련이다. 만약 그렇지 못하고 유년기에 너무 장중하거나 노년기에 너무 격렬한 특징을 보이면 자연스럽게 보이지 않는다. 시간은 모든 사람에게 동일하게 흘러가고 누구나 유년기, 청년기, 중년기, 노년기를 거치게 된다. 그러나 많은 사람들은 특정한 시기에 머물고 싶어 한다. 가령 유독 청년기에 머무르기를 원하는 사람들은 정신적으로나 육체적으로나 젊음을 유지하기를 원한다. 때로는 인위적인 방식으로 젊음을 되찾기 위해 수단과 방법을 가리지 않는 경우도 있다.

인생은 각 시기에 따라 각기 다른 특징들이 있으며 그에 따른 적절한 삶의 태도와 경험 및 가치가 있다. 노년에 젊었을 때와 같은 육체적인 아름다움에 집착하고 정작 노년에 필요한 원숙한 실천적 지혜를 추구하지 않는다면, 인생의 깊이를 더해 주는 주요한 가치들을 놓치게 될 것이다.

노년과 죽음

사람들은 대부분 나이가 들어가면서 두려움을 느낀다. 이러한 두려움의 원인은 도대체 무엇인가? 그것은 '죽음'에 대한 두려움 때문일 것이다. '늙음'은 죽음에 점차 가까이 가고 있다는 불안감을 야기한다. 대부분 늙음과 죽음은 필연적인 관계가 있다고 생각한다. 나이 듦이나 늙음은 존재하는 모든 것의 자연적 과정에서 마지막 단계에 나타나는 현상이다. 따라서 죽음을 두려워하는 인간은 늙음을 두려워할 수밖에 없다. 그렇다면 우리는 죽음을 두려워하는 원인에 대해 살펴볼 필요가 있다.

 인간은 왜 늙음을 두려워할까? 또한 왜 죽음을 두려워할까? 사실 우리는 죽음에 대해 아무것도 알지 못한다. 그것에 대해 사유할 수는 있지만 인식하기는 어렵다. 죽음 이전과 이후는 엄밀히 학문의 대상이 될 수 없다. 죽음에 대해 정확히 알지 못하고 두려움을 가지는 것은 일종의 무지와 같은 것이다. 소크라테스는 일반적으로 사람들이 죽음을 두려워하는 것에 대해 다음과 같이 말하고 있다.[28]

"여러분, 사실 죽음을 두려워하는 것은 현명하지 못하면서도 현명한 것으로 생각하는 것 외에는 아무것도 아닙니다. 그것은 자신이 알지 못하는 것들을 자신이 알고 있다고 하는 것입니다. 아무도 죽음이 무엇인지 알지 못하며 인간에게 주어진 것들 중에서 가장 좋은 것인지도 알지 못하기 때문이지요. 그러면서도 인간은 죽음이 가장 나쁜 것이라는 것을 안다는 듯이 두려워합니다. 자기가 알지 못하는 것을 안다고 생각하는 이러한 무지가 어째서 비난받지 않아도 된단 말입니까?"

죽음을 두려워하는 사람들은 죽음이 무엇인지 모르면서 가장 나쁜 것이라 생각하여 두려워하는 것이다. 어떤 것에 대해 잘 알지도 못하면서 마치 알고 있다는 듯이 행동하는 것은 올바르지 않다.

소크라테스는 죽음이 인식의 대상이 아니라고 인정하지만 죽음에 대해 아무런 이야기를 하지 않는 것은 아니다. 철학이란 비트겐슈타인이 주장하듯이 말할 수 있는 것과 말할 수 없는 것을 구분 짓고 말할 수 없는 것에 대해서는 침묵해야 하는 것은 아니다. 적어도 그리스에서 철학이 침묵해야 할 대상은 없었다. 그렇다고 철학이 엄밀하거나 논리적이지 않았기 때문은 아니다. 소크라테스는 자신의 일상적인 삶 속에서 철학적 문제를 제기하였다. 플라톤의 경우 학문적으로 말할 수 있는 것과 없는 것을 알고 있었다. 그렇지만 그는 철학자의 임무를 말할 수 있는 것에만 국한하지 않았다. 그렇기 때문에 최소한 그는 자신의 개인적 견해를 신화나 비유 등의 방식을 통해 간접적으로 제시하고 있다. 죽음에 대해서도 일반적인 견해가 가진 문제점을 지적하면서 개인적 생각을 피력하고 있다. 소크라테스는 그것을 진리가 아닌 억견doxa의 차원에서 이야기한다.

일반적으로 죽음이 나쁜 것이라 생각하지만 소크라테스는 오히려 좋은 것일 수 있다고 말한다. 왜냐하면 죽음은 둘 중의 하나일 것이기 때문이다.29) 첫째, 그것은 '아무것도 아닌 것meden'이어서 죽은 사람은 어떤 것에 대해서도 아무런 감각을 갖지 않기 때문이다. 소크라테스는 죽음을 잠에 비유한다. 실제로 그리스인들은 신화 속에서 잠과 죽음의 신을 쌍둥이 형제라고 말한다. 그만큼 잠과 죽음이 비슷하다고 생각하기 때문이다. 가령 죽음이 잠자는 동안 아무 꿈도 꾸지 않는 수면 상태와 같다면 우리로서는 좋은 일이다. 소크라테스는 꿈조차 꾸지 않을 정도로 평안하게 잠을 자는 일이 많지 않다는 이유를 들고 있다. 소크라테스가 제시한 이유에 동조하지 않을 수도 있다. 그렇지만 최소한 잠과 같은 죽음은 우리에게 나쁜 것이거나 악이 아니라는 것은 분명하다. 잠자는 것 자체가 우리에게 선을 가져다주는 것은 아니지만 악을 가져다주는 것도 아니기 때문이다.

둘째, 그것은 일종의 변화metabole이며 영혼은 이곳에서 다른 곳으로 옮겨가는 것이기 때문이다. 그리스 서사시에서는 인간이 죽으면 육체는 소멸하지만 영혼은 하데스로 간다고 말한다. 영혼은 생명의 원리 자체이기 때문에 죽음을 거치더라도 소멸하지 않으며30) 단지 죽음 후에 다른 곳으로 옮겨가는 것일 뿐이다. 소크라테스는 만약 죽음이 이러한 것이라면 죽은 자들의 영혼들은 하데스로 가서 미노스, 라다만티스, 아이아코스와 같은 심판관들뿐만 아니라 오르페우스, 무사이오스, 헤시오도스, 호메로스와 같은 시인들도 만날 수 있을 것이라고 하며, 그들을 만날 수만 있다면 몇 번이라도 죽고 싶다고 말한다.31) 가령 오뒷세우스도 키르케의 도움을 받아 하데스로 갔을 때 사랑하는 어머니 안티클레이아와 테이레시아스, 아킬레우스, 파트로클로스 등 수많은 영혼들을 만나는 것으로 나타난다.32) 이와 같은 당시 그리스인들의 일반적인 믿음에 따라 소크라테스는 만약 죽음이란 영혼이 하데스로 옮겨가는 것이라면 과거의 위대한 영혼들을 만나 자신이 궁금해 하던 것을 물을 수가 있으니 이보다 더 좋은 것은 없다고 말하는 것이다.

고대 그리스인들은 죽음이란 영혼이 육체로부터 분리되는 것이라고 생각했다. 플라톤도 죽음은 영혼이 마치 감옥에서 풀려나는 것과 같다고 말한다.33) 영혼은 육체로부터 분리되어 정화된 상태에서 진리를 인식할 수 있다. 따라서 철학자들philosophoi, 즉 지혜를 사랑하는 사람들은 육체로부터 영혼을 분리시키는 훈련을 한다. 그들은 죽는 것을 훈련하고 있기 때문에 죽음을 무서워하지 않는다. 그러므로 플라톤은 죽는 것에 대해 화를 내는 사람은 지혜를 사랑하는 사람이 아니라 육체를 사랑하는 philsomatos 사람이며, 재물을 좋아하는 사람이기도 하고 명예를 좋아하는 사람이기도 하다고 말한다.34) 진정으로 지혜를 사랑하는 사람은 죽음을 두려워하지 않으며 오히려 살아 있을 때도 죽음과 같이 영혼을 순수한 상태에 머무르게 하려 한다.

   죽음과 관련해서 죽음 그 자체는 악도 고통도 아니다. 에피쿠로스에 따르면 '죽음은 우리에게 아무것도 아니다'라는 믿음에 익숙해져야 한다. 우리가 말하는 좋은 것과 나쁜 것은 모두 감각과 관련이 있다. 그러나 죽으면 감각을 잃게 되니 이러한 것들로부터 벗어날 수 있게 된다. 그러므로 그것은 우리가 죽을 운명이라는 것을 즐겁게 받아들이게 한다. '죽음은 두려운 일이 아니다'라는 사실을 진정으로 깨달은 사람은 살아가면서 두려울 것이 없다. 간혹 어떤 사람들이 "내가 죽음을 두려워하는 이유는 죽을 때 고통스럽기 때문이 아니라 죽게 된다는 예상이 고통스럽기 때문이다."라고 말하는 것은 헛소리에 불과하다.

> "가장 두려운 악인 죽음은 우리에게 아무것도 아니다. 왜냐하면 우리가 존재하는 한 죽음은 우리와 함께 있지 않으며 죽음이 오면 이미 우리는 존재하지 않기 때문이다. 그렇다면 죽음은 산 사람이나 죽은 사람 모두와 아무런 상관이 없다. 왜냐하면 산 사람에게는 아직 죽음이 오지 않았고 죽은 사람은 이미 존재하지 않기 때문이다."35)

우리는 죽음을 두렵게 생각한다. 그러나 죽음은 우리가 살아 있는 한 우리에게 존재하지 않는다. 또한 죽음은 우리가 죽어 있는 한 우리에게 아무런 위협이 되지 않는다. 우리는 이미 살아 있지 않기 때문이다. 죽음은 한순간에 지나지 않으며 그 자체로는 고통을 느낄 수조차 없다. 대부분의 사람들은 때로는 죽음을 가장 큰 악이라 생각하여 두려워한다. 그러나 지혜로운 사람들은 삶을 도피하려고 하지도 않고 삶이 중단되는 것도 두려워하지 않는다. 삶 자체가 해를 주는 것도, 삶의 부재가 악인 것도 아니기 때문이다.36) 삶 자체가 우리에게 불행을 가져오는 것도 아니며 '어떻게 사느냐'가 중요하다. 키케로는 사람들이 노년을 비참하다고 생각하는 가장 중요한 이유로 노년이 죽음과 멀리 떨어져 있지 않기 때문이라고 말한다.37) 그러나 모든 사람들은 젊은이든 늙은이든 간에 죽음을 공유하고 있다. 죽음은 나이가 적든지 많든지 상관없이 언제든지 누구에게나 찾아올 수 있다. 오히려 나이가 많거나 늙어서 죽음에 가까이 가면 주어진 수명을 다 누린 것이다.

키케로는 어떤 신이 노년에 이른 자신을 다시 어린아이로 되돌려 놓아 준다 하더라도 강력히 반대할 것이라고 말한다. 그것은 마치 경기장의 결승선에서 출발선으로 되돌아오는 것과 마찬가지이기 때문이다.38) 만약 인생이 연극과 같다면 노년은 연극의 마지막 부분이다.39) 키케로는 우리의 영혼이 불멸한다고 생각해야 한다고 말한다.40) 하지만 우리의 영혼이 영원불멸하지 않는다면 우리는 자연의 법칙에 따라 적절한 순간에 사라져야 할 것이다. 소크라테스는 《변명》의 마지막 부분에서 다음과 같이 말한다.

"이제는 떠날 시간입니다. 저에게는 죽으려고 떠날 시간이고 여러분에게는 살려고 떠날 시간입니다. 그러나 우리 중에서 어느 편이 더 나은 쪽으로 가게 될지는 신을 제외하고는 모두에게 불분명합니다."41)

모든 인간은 죽는다. 그러나 각기 주어진 운명의 시간은 다르다. 누군가는 좀 더 오래 살고 누군가는 좀 더 빨리 죽는 것만 다르다. 나이가 들면 늙게 마련이고 늙게 되면 죽게 마련이다. 우리도 모두 소크라테스와 같이 언젠가는 떠나야 할 시간에 이르게 될 것이다.

4
노년과 현자의 이상

노년의 정의와 고독한 삶

노년은 인생의 한 시기이다. 그것은 단지 삶의 잉여물에 불과한 것이 아니다. 죽음으로 인해 늙음을 두려워하거나 거부해서는 안된다. 우리는 노년 시기에 갖는 특성을 잘 관찰하고 노년에 가져야 할 가치나 이상을 인식하고 실천할 필요가 있다. 노년은 유년과 같이 반드시 다른 사람의 손길을 필요로 하는 시기만은 아니다. 노년의 삶을 주체적으로 인식하고 정립하는 것이 그것을 적극적으로 받아들이고 능동적으로 살아가는 최선의 방법이다. 이를 위해 노인이란 누구며, 누구여야 하는지를 보여주는 이상적 담론을 동양철학에서 찾아보도록 하자. 우선 어느 시기부터 노인이라 불리며 어떻게 노인이라 할 수 있는지를 살펴볼 필요가 있다.

《예기禮記》에 따르면 인간의 신체는 40세(强)에 가장 왕성하고 50세(艾)부터 쇠퇴해 간다. 때문에 옛사람들은 이때부터 본격적으로 노화가 시작되어 노년에 접어든다고 생각하는 것을 볼 수 있다. 〈곡례상曲禮上〉에서는 나이의 변화에 따른 사회적 지위의 변화를 다음과 같이 설명한다.

"사람이 태어나서 10세가 되면 '유幼'라 하며 배움을 시작한다. 20세가 되면 '약弱'이라 하며 관례(冠)를 한다. 30세가 되면 '장壯'이라 하며 아내를 갖는다. 40세가 되면 '강强'이라 하며 처음 벼슬을 한다. 50세가 되면 '애艾'라고 하며 관청에 근무한다. 60세가 되면 '기耆'라고 하고 남에게 일을 지시하며 시킨다. 70세가 되면 '노老'라고 하며 가사를 자식에게 물려준다. 80세, 90세를 '모耄'라고 하며 7세를 '도悼'라고 한다. '도'와 '모'는 비록 죄가 있을지라도 형벌을 가하지 않는다. 100세가 되면 '기期'라고 하며 부양을 받는다." 유가에서 70세가 되면 '늙었다'는 의미의 '노老'를 정식으로 사용하지만 이미 신체적으로 쇠퇴하기 시작하는 나이를 50세로 보았다. 이것은 50세가 되면 서서히 노년을 준비해야 한다는 것을 말한다.

《예기》의 〈내칙內則〉과 〈왕제王制〉에는 "50세가 되면 노쇠하기 시작하고, 60세가 되면 고기를 먹지 않고는 배가 부르지 않으며, 70세가 되면 비단옷을 입지 않고는 따뜻하지 않으며, 80세가 되면 사람의 체온이 아니고는 따뜻하지 않으며, 90세가 되면 사람의 체온을 얻을지라도 따뜻해지지 않는다."라고 한다. 보다 구체적인 예를 들면서 나이에 따른 일반적 특징을 설명하는 부분이다. 역시 나이 50세부터 서서히 쇠퇴하기 시작한다고 말하면서 60세에 이르면 신체가 허약해져 고기를 먹지 않으면 배부르지 않는다고 한다. 나아가 70세가 넘으면 좋은 것을 먹고 입지 않으면 배부르지도 않고 따뜻해지지도 않는다고 말하며 신체의 자연스러운 기운이 사라지면서 좋은 것을 먹고 입어도 허기가 채워지지 않으며 온기가 더해지지도 않는다. 나이가 들어 좋은 것을 먹거나 입을 수 없다면 더욱 가련하고 비참해질 수도 있다는 것이다. 그러나 마침내 90세가 되면 어떤 것으로도 신체적인 쇠약을 채울 수 없다고 말한다. 이때가 되면 아무리 좋은 것을 먹고 입어도 소용이 없어지는 시기가 올 것이고 거의 산 것이나 죽은 것이나 비슷해지는 상태가 될 것이다.

나이가 들어 노년에 이르면 인생에서 신체적으로나 정신적으로 가장 힘든 일을 견디어 내야 한다. 특히 노년에 '홀로 되는 것(獨)'을 가장 비참한 일이라 본다. 젊은 시절에는 결혼을 해서 가족을 이루게 되고 자식을 키우느라 잠시도 쉴 틈이 없다가 나이가 들면 점차 자식들이 독립하게 되며 하나둘씩 떠나게 된다. 특히 자식이 부모보다 먼저 죽으면 부모에게는 고독만이 남는다. 또한 늙으면서 아내가 없으면 홀아비라, 남편이 없으면 과부라 불리며 부족한 삶을 살 수밖에 없다. 나이가 들어 아내나 남편 또는 자식이 먼저 떠나면 가장 처량한 사람이 될 수 있다. 《예기》의 〈왕제〉 편에는 가장 불쌍한 사람들을 다음과 같이 말한다.42)

"나이가 어리면서 아버지가 없는 아이를 고孤라고 부르고, 늙었으면서 자식이 없는 사람을 독獨이라 부르며, 늙었으면서 아내가 없는 사람을 환鰥이라 부르고, 늙었으면서 남편이 없는 여자를 과寡라 이른다. 이 네 부류의 사람들은 하늘이 낸 백성 중에서 가장 곤궁하여 호소할 데가 없는 사람들이다."

노년에 가져야 할 것과 버려야 할 것

동양철학에서 노년과 관련하여 인간에게 가져야 할 것과 피해야 할 것을 조언하고 있다. 《논어》의 〈위정〉 편에서 공자는 나이가 들어가면서 각 시기에 적절하게 지녀야 할 것들에 대해 말하고 있다.43)

"나는 열다섯에 학문에 뜻을 두었고(志于學), 서른에 뜻을 세웠고(立), 마흔에 의혹되지 않았고(不惑), 쉰에 천명을 알았고(知天命), 예순에 귀가 순해졌으며(耳

順), 일흔에 마음이 하고자 하는 바를 좇아도 법도를 넘지 않았다(不踰矩)."

공자는 노쇠가 본격적으로 시작되는 50세에 천명을 안다는 것은 드디어 하늘의 이치를 깨달을 시기가 되었다는 것이고, 60세에 귀가 순해졌다는 것은 무엇을 듣든 쉽게 이해할 수 있다는 말이고, 70세에 이르면 마음이 하고자 하는 대로 좇아도 아무 문제가 없다고 말한다. 공자와 같이 학문을 탐구하고 이치를 깨닫게 되면 스스로 가장 지혜로운 사람이 되어 모든 일에 적절한 판단을 하고 행동을 할 수 있다. 그리하여 어떤 일에도 지나치지도 부족하지도 않는 중용을 지킬 수 있다. 그러나 이와 반대로 나이가 들면서 반드시 경계해야 하는 것들이 있다.44)

"군자에게는 세 가지 경계해야 할 것이 있다. 젊어서는 혈기가 안정되지 못하므로 색(色)을 경계해야 하고, 장성해서는 혈기가 바야흐로 왕성함으로 싸움(鬪)을 경계해야 하고, 늙어서는 혈기가 쇠퇴했기 때문에 노욕(得)을 경계해야 한다."

노년이 되어서 가장 추한 모습이 바로 '탐욕'이다. 먼저 청년기에는 특히 성적 욕망을 적절히 통제할 수 없는 경우가 많기 때문에 '색'을 조심해야 한다고 말한다. 다음으로 장년기에는 명예나 권력에 대한 욕망으로 자칫 싸움이나 다툼이 일어날 수 있기 때문에 경계해야 할 필요가 있다. 마지막으로 노년기에는 이러한 것에서 벗어나긴 하지만 '노욕'이 발생할 수 있다. 늙어서 탐욕스러운 사람만큼 추하게 보이는 것은 없다. 흔히 늙음을 추함과 같이 연계해서 보는 경우가 많다. 그것은 한편으로 나이가 들면서 신체상에 나타나는 여러 가지 현상으로 인해 외면적으로 나타나는 추한 이미지일 수도 있지만, 다른 편으로는 정신적으로 탐욕을 다스리지 못하여 추해 보이는 것이다. 젊은 사람이 욕망에 휘둘리는 것과 늙은 사람이 욕망에 휘둘리는 것은 비교된다. 젊은 사람은 아직 경험이 많지 않아 자신을 제어하지 못하기 때문에 관대하게 이해받을 수 있다. 하지만 늙은 사람은 이미 많은 경험을 했을 텐데도 불구하고 자신을 제어하지 못한다면 비난을 면치 못한다. 그렇기 때문에 '노추老醜', 즉 늙어서 추한 모습을 갖지 않는 것이 노년의 소극적인 희망이라 할 수도 있다.

노년 공부

마지막으로 노년에 보다 적극적으로 우리가 해 나아가야 할 것이 있다. 그것은 나이가 들어서도 배우고 익히는 것을 게을리하면 안 된다는 것이다. 이제 죽을 날이 가까워졌는데 배우는 것이 무슨 소용이 있겠느냐는 의구심도 들 수 있지만 늙어 죽을 때까지도 배우는 것을 놓으면 안 된다. 중국 전한 시기에 유향(BC 77~6)은 《설원設苑》의 〈건본建本〉 편에서 나이가 들어서 공부하는 것에 대해 "젊어서 공부를 좋아하는 것은 막 떠오르는 해와 같고, 장년에 공부를 좋아하는 것은 중천에 뜬 해와 같으며, 늙어서 공부를 좋아하는 것은 저녁에 촛불을 밝히는 것과 같다."라고 말하며 "촛불을 밝히고 가는 것이 어찌 캄캄한 길을 가는 것과 같겠습니까?"라고 하였다.

학문을 하는 것은 빛에 비유해서 설명된다. 청년이나 장년에는 마치 떠오르는 태양이나 한가운데 떠 있는 태양과 같이 모든 것을 비추는 큰 빛이지만 노년에는 단지 촛불과 같이 작은 빛에 불과한 것처럼 보인다. 그러나 아침이나 대낮에는 큰 빛이 없어도 살아가기 힘들지 않지만 저녁은 본래 어둠으로 가득 차 있고 촛불은 본인이 원래 가지고 있거나 주어진 것이 아니며 만들어내야 하는 빛이다. 그것은 비록 작은 빛이지만 어둠을 밝힐 수 있기 때문에 반드시 필요하다. 흔히 나이가 들어 죽음을 목전에 두고 배우고 익히는 것이 무슨 소용이 있겠느냐고 하기 쉽지만 오히려 삶의 마지막 길을 떠나는 데 가장 필요한 것이라고 말한다.

더욱이 나이가 들어 노인이 되면 해야 할 일이 있는데 그것은 다른 사람을 가르치는 일이다. 만약 나이가 들어서도 다른 사람을 가르칠 수 없다면 수치스러운 일이라는 것이다. 《순자荀子》〈법행〉 편에는 군자가 생각해야 할 세 가지에 대해 말하고 있다.45)

"군자에게는 세 가지 생각해야 할 것이 있으니 생각하지 않으면 안 된다. 어려서 공부하지 않으면 젊어서 할 수 있는 것이 없고, 늙어서 가르치지 않으면 죽어서 생각해 주는 사람이 없으며, 있을 때 베풀지 않으면 곤궁에 처했을 때 도와주는 사람이 없다. 그러므로 군자는 젊어서는 나이 든 다음을 생각해 공부하고 늙어서는 죽은 뒤를 생각해 남을 가르치며 풍족할 때는 곤궁할 때를 생각해 베푸는 것이다."

순자는 늙어서 가르치지 않으면 죽어서 생각해 주는 사람이 없다고 말한다. 그러나 죽은 후에 기억해 줄 것을 바라고 누군가를 가르쳐야 하는 것은 아니다. 《순자》의 〈유좌〉 편에서 공자는 우리가 늙어서 다른 사람을 가르치지 못하는 것만큼 수치스러운 것은 없다고 말한다.46) 죽음을 향해 늙어가면서 삶에 대해 다른 사람에게 아무것도 가르칠 것이 없다는 것은 아무 생각도 없이 살았다는 것을 반증하는 것이다.

인생의 마지막 단계에 이르러 누구에게도 가르칠 만한 것이 없는 삶이야말로 가장 비참하고 허망하지 않을까! 나이가 들어 노인들이 존경을 받고 예우를 받는 것은 그들이 자신들의 삶을 통해 후대에 남긴 모든 것 때문이다. 아무 생각 없이 흘러가는 대로 살아온 나날들은 노년에 후회를 남기고 죽음을 두려워하게 만들 뿐이다. 동양철학에서 말하는 늙음도 인간이 나이가 들어 현명하거나 지혜롭게 행동해야 적절한 존경을 받을 수 있다는 것을 전제한다. 나이가 들어 쓸모없는 존재가 되거나 무시를 당하고 비난을 받는 것은 인생의 각 단계에서 도달해야 하는 중요한 과제들을 해결하지 못하고 무심히 지나가는 대로 살아왔다는 것을 보여줄 뿐이다.

5
늙음의 현상과 가치

늙음과 죽음은 모든 인간에게 나타나는 자연적인 현상이다. 인간은 태어나서 자라나고 늙어 가기 마련이다. 인간인 한 늙지도 않고 죽지도 않는 것은 불가능하다. 그것들은 자연적인 현상이기 때문에 사실의 문제이지 당위의 문제가 아니므로 그 자체로는 윤리적인 문제를 제기하지 않는다. 그럼에도 불구하고 늙음과 죽음이 끊임없이 가치의 문제와 연관해 논의되어 왔던 이유는 무엇인가? 그것은 늙음이나 죽음에 부수적인 현상들이 일상적인 삶의 양식과 밀접하게 연관되어 평가되기 때문이다.

늙음과 관련하여 늙음 그 자체는 악이거나 나쁜 것이 아니다. 늙음을 악과 관련 짓는 이유는 늙음과 함께 연속적으로 또는 동시적으로 나타나는 것처럼 보이는 현상들 때문이다. 첫째, 늙음과 연속적으로 나타나는 현상은 죽음이다. 그러나 죽음의 직접적인 원인이 늙음은 아니다. 늙음은 단지 죽음에 선행하여 나타나는 자연적인 현상일 뿐이다. 죽음을 부정적으로 바라보는 사람들은 죽음에 선행하는 늙음마저도 부정적으로 바라본다. 그러나 늙음과 죽음은 모든 생명체의 변화와 관련된 과정의 일부일 뿐이다. 따라서 그것들 자체를 부정적으로 생각할 필요는 없다. 둘째, 늙음과 동시적이지만 우연적으로 나타나는 현상들은 노화와 관련된 질병이나 신체적 쇠약 등이다. 그러나 이것들은 늙음과 동시적으로 나타나기 때문에 본질적인 것처럼 보이지만 늙음의 현상에 우연적으로 나타나는 것일 뿐이다. 따라서 노화와 관련된 질병이나 신체적 쇠약 때문에 늙음을 부정적으로 평가해서는 안 된다.

늙음이나 죽음 자체와 그것들의 부수적인 현상들을 구분하여 판단해야 한다는 사실을 전제로 한다면 늙음의 현상과 관련하여 윤리적 원리를 다음과 같이 도출할 수 있다. 늙음은 정적인 관점에서 특정한 상태를 나타내는 말이지만, 동적인 관점에서 '나이 듦'이나 '늙어 감'이라 표현하는 말이다. 그러나 일반적으로 우리는 늙음이라는 표현을 통해 정적인 측면과 동적인 측면을 모두 함축한다. 이때 늙음은 변화하는 과정인 동시에 변화된 상태를 가리킨다고 할 수 있다. 그것은 신체적 변화와 정신적 변화를 모두 동반한다. '늙음'에 대해 우리는 '변화'와 '자연'이라는 두 가지 근본적인 개념들을 중심으로 분석해 볼 수 있다.

우선 늙음과 관련된 '변화'는 부정적으로 인식된다. 그것은 신체의 나약과 정신의 쇠퇴를 동반하기 때문이다. 사람들은 늙어 가면서 신체적인 변화뿐만 아니라 정신적인 변화도 민감하게 느끼게 된다. 근본적으로 나이 듦은 인간의 '자유'를 제한하는 결과를 가져온다. 나이가 들어 늙음이라는 현상이 찾아들면 우리는 최소한 신체적으로 자유롭지 못하다. 상당수의 노인들은 관절염과 같은 질병이나 신체적 쇠약으로 인해 활동하는 데 어려움을 느낀다. 이러한 노인들을 위한 사회 윤리의 원리로서 보살핌의 윤리가 필요하다. 보살핌의 행위는 타인과 소통하고 공감할 수 있는 능력과 밀접하게 연관된다. 모든 인간은 늙어 간다. 늙음의 현상과 관련하여 발생하는 문제들에 대해 사회 구성원들이 함께 대처해 나갈 필요가 있다.

다음으로 늙음은 '자연'에 대한 인식의 변화와 연관하여 윤리학적·미학적 문제를 일으킨다. 사람들은 태어나 자라나고 늙어 가며 죽는다. 이것은 이 세계에 존재하는 모든 것들이 따르는 자연의 법칙이며 생명의 원리이다. 그런데 인간은 문명을 발전시켜 나가면서 이러한 자연의 법칙을 인위적으로 변화시켜 왔다. 가장 자연적인 것을 자연스럽게 받아들이지 않고 부자연스럽게 여기는 경향이 생겨났다. 나이가 들면서 신체에 시간의 흔적들이 주름져 가는 것이나 정신적으로 기억력이 쇠퇴하는 것을 인정하지 않으려 하며, 인위적으로 이전과 동일한 상태로 유지하려는 시도로 인해 다양한 부작용이 발생했다.

현대에 나타나는 병리적인 현상들 가운데 노화를 방지하는 것이 아니라 인위적으로 노화를 제거하려는 경향을 살펴볼 수 있다. 가령 주름살을 제거하고 보톡스를 맞는 것 등의 행위는 나이가 들어 육체적으로 나타나는 현상들을 거부하려는 경향과 관련이 있다. 노년의 자연스러운 현상들을 오히려 비자연적인 현상으로 판단할 뿐만 아니라 미학적으로도 '추하다'고 판단하기 때문이다. 늙음을 자연적인 현상으로 바라본다면 늙은 사람에게서 아름다움을 발견할 수 있다. 늙음에 대한 왜곡된 역사적 인식과 철학적 편견 때문에 늙음 자체를 추함으로 받아들이는 것이다.

늙음에 대한 부정적인 미학적 견해는 정신병리학적으로는 노년의 우울증과 대인기피증을 낳을 수 있으며 노인 세대의 소외를 가속화시킬 수도 있다. 늙는다는 것은 삶과 죽음에 대해 반성적으로 고찰할 계기를 마련한다. 죽음이라는 한계상황을 예시하는 늙음을 통해 우리는 자기 자신을 성찰할 수 있을 뿐만 아니라 타인을 배려하게 되는 계기를 발견할 수 있다. 우리는 늙음의 현상을 타인의 얼굴에서 가장 분명하게 발견할 수 있기 때문이다.

1) Harrison, J.E., *Prolegomena to Study of Greek Religion*, Cambridge University Press, 1922, p.166.
2) Homeros, *Odysseia*, 11.484-486.
3) Homeros, *Ilias*, 18.95-96.
4) ibid., 18.98-99.
5) Homeros, *Odysseia*, 11.488-491.
6) Sophocles, *Oidipus Tyrannos*, 1275.
7) Euripides, *Alcestis*, 669-672.
8) ibid., 690-693.
9) Sophocles, *Oedipus epi Kolonoi*, 608-611.
10) Homeros, *Ilias*, 20.237.
11) *The Homeric Hymn to Aphrodite*, 218-238.
12) Ovidius, *Metamorphosis*, 14.136-154.
13) Homeros, *Odysseia*, 5.135-136.
14) Platon, *Phaedros*, 246d-248b.
15) Cicero, *De Senectute*, 15.
16) ibid., 30.
17) Platon, *Politeia*, 328d.
18) ibid., 329c.
19) Cicero, *De Senectute*, 42.
20) Platon, *Politeia*, 329d.
21) Aristoteles, *Ethica Nicomachea*, 1102a26-28.
22) Cicero, *De Senectute*, 17.
23) ibid., 22.
24) ibid., 23.
25) ibid., 31.
26) Platon, *Politeia*, 540a-b.
27) Cicero, *De Senectute*, 33.
28) Platon, *Apologia*, 29a-b.
29) ibid., 40c.
30) 장영란, "고대 그리스 철학 이전의 영혼 개념", 《철학연구》64집, 철학연구회, 2004, 55-56면.
31) Platon, *Apologia*, 40e-41c.
32) Homeros, *Ilias*, 11.84-470.
33) Platon, *Phaidon*, 64c; 67d.
34) ibid., 67e-68c.
35) Epicuros, *Menoeceus*, 124.《쾌락》, 오유석 옮김, 문학과 지성사, 1998.
36) ibid. 124.
37) Cicero, *De Senectute*, 66.
38) ibid., 83.
39) ibid., 86.
40) ibid., 80-81.

41) Platon, *Apologia*, 42a.
42)《禮記》,〈王制〉15, 少而無父者謂之孤, 老而無子者謂之獨, 老而無妻者謂之矜, 老而無夫者謂之寡. 此四者天民之窮而無告者也, 皆有常餼.
43)《論語》2:04. 子曰 吾十有五而志于學 三十而立 四十而不惑 五十而知天命 六十而耳順 七十而從心所慾不踰矩.
44)《論語》16:7. 孔子曰 君子有三戒 少之時 血氣未定 戒之在色 及其壯也 血氣方剛 戒之在鬪 及其老也 血氣旣衰 戒之在得.
45)《荀子》,〈法行〉30, 孔子曰, 君子有三思, 而不可不思也, 少而不學, 長無能也, 老而不教, 死無思也, 有而不施, 窮無與也. 是故君子少思長, 則學, 老思死, 則教, 有思窮, 則施也.
46)《荀子》,〈宥坐〉, 孔子曰, 吾有恥也, 吾有鄙也, 吾有殆也. 幼不能彊學, 老無以教之, 吾恥之.

chapter 4
죽음과 육체 숭배주의

인간은 누구나 나이를 먹는다. 나이가 들어 늙는 것은 자연스러운 현상이다. 그런데 문제는 많은 사람들이 늙는다는 현상을 받아들이지 않으려 한다는 것이다. 늙어 가는 것은 많은 변화들을 함축한다. 한 인간의 탄생과 죽음의 과정에서 나이가 들어 늙어 가는 것은 필연적이지는 않다. 그렇지만 어려서 또는 젊어서 죽는 경우를 제외하고는 대부분의 사람들은 나이 드는 과정을 겪을 수밖에 없다.

인간은 살아 있는 한 변화하지 않을 수 없다. 만약 변화하지 않는다면 죽은 것이나 마찬가지일 것이다. 우리는 이러한 변화를 정신적인 측면과 신체적인 측면으로 나누어 고찰해 볼 수 있다. 먼저 정신적으로 수많은 타자들을 만나며 긍정적인 방식이든 부정적인 방식이든 간에 상호 변화를 겪을 수밖에 없다. 인간은 다양한 인식 작용을 통해 세계관을 변화시켜 나갈 뿐만 아니라 자신의 행동도 변화시킬 수 있다. 또한 신체적으로도 많은 변화를 겪을 수밖에 없다. 시간은 인간의 신체에 흔적을 남기고 사라진다. 특히 나이가 들면서 분명하게 나타나는 것은 주름이다. 신체에 새겨진 주름은 늙음의 상징이다. 시간이 흐르면 신체의 표면은 중압감을 이기지 못하고 아래로 흘러내려 서로 접히고 겹치기 시작하면서 늙음을 지각하게 해준다.

늙음의 과정에서 발생하는 신체적 변화는 나이가 들어가는 사람 자신은 물론이고 타자의 시선도 낯설게 느끼게 한다. 인간의 정신이 신체의 변화를 강하게 부정할 때 늙고 주름진 신체는 억압되고 소외될 수 있다. 우리가 변화된 신체에 대해 익숙해 하지 않으면 않을수록 타자의 시선에 위축되고 막연한 불안감을 느끼게 될 것이다. 대부분의 경우 정신과 신체의 변화는 점진적이고 누진적으로 이행된다. 따라서 실제로는 별로 이질적이거나 낯설지 않다. 그러나 우리는 의식의 흐름 속에서 외부 세계의 무수한 변화의 원인과 결과를 때로는 방기하거나 폐기해 버리는 경우가 많다. 그래서 사람들은 때로는 자신의 얼굴이나 또는 타인의 얼굴을 바라보다 문득 시간의 변화를 깨닫기도 한다.

정신적인 변화는 이성의 변화뿐만 아니라 감정의 변화가 동반되기도 하기 때문에 비교적 분명하게 인식할 기회가 많다. 그러나 신체적인 변화는 오히려 쉽게 발견하지 못하다가 갑작스럽게 인지하는 경우가 많다. 특히 여성은 신체의 자연적 변화를 다양하게 경험해 왔기 때문에 비교적 빨리 인식하고 적응할 수 있다. 하지만 남성에 비해 여성이 훨씬 더 늙음에 부적응 현상을 보인다. 나이가 들어가면서 생기는 신체의 변화, 즉 늙음의 현상에 대한 거부와 저항은 여성의 신체와 관련하여 사회적으로나 정치적으로 은폐되어 왔던 억압과 소외를 드러낸다. 여성이 늙음의 현상을 때로는 극단적으로 부정하는 이유는 일차적으로 과거 가부장제 사회와 현대 자본주의사회에서 판단하는 실제적인 평가 기준이 여성의 아름다움에 있기 때문이다.

1
시간과 죽음의 이미지의 변천

늙음의 현상과 이미지

인간은 본성적으로 아름다움을 추구한다. 아름다움은 흔히 젊음과 함께 나타나는 것으로 생각된다. 죽음을 예시하는 늙음은 아름다움의 대상이라기보다는 공포의 대상으로 인식되었다. 더욱이 늙음은 추함을 동반하는 것으로 여겨진다. 그러나 모든 늙음이 추하게 나타나는 것은 아니다. 서구 사회에서 남성들에게 늙음은 서글픈 것이기는 하지만 반드시 '추함'을 상징하는 것은 아니었다. 늙음의 현상은 시공간에 따라 긍정적으로 평가하기도 하고 부정적으로 평가하기도 하였다. 가령 고대 그리스에서는 늙은 남자는 지혜를 가진 고귀한 존재로 존경받기도 했다. 그러나 현대사회와 같은 자본주의사회에서는 남자든 여자든 늙은 사람은 모두 아무런 일을 할 수 없는 '무용한' 존재로 낙인찍힌다. 그들은 이제 생산력을 잃었다고 보기 때문이다.

늙음의 특징들은 부분적으로 다르게 가치 평가되어 왔다. 우선 백발이나 수염은 남성적 존재에게는 최고의 권위와 지혜를 상징하기도 하였다.

미켈란젤로, 〈아담의 창조〉, 1508-12년, 바티칸 미술관
아담에게 생명을 불어넣으려는 찰나를 표현하고 있다. 하느님은 백발과 수염을 가지고 있긴 하지만 아담과 동일한 근육질의 가장 완성된 몸을 가지고 있다.

그렇기 때문에 백발이나 수염이 반드시 나이가 들어 체력이 다했거나 권력을 잃은 것을 의미하지 않는다. 미켈란젤로의 〈천지창조〉에서 하느님은 백발과 수염을 휘날리면서 아담과 조우한다. 그렇지만 그림을 잘 들여다보면 특이한 점을 하나 발견할 수 있다. 물론 미켈란젤로의 그림에 공통적으로 나타나는 것이긴 하지만 남녀노소를 불문하고 근육질의 신체를 가지고 있다는 사실이다. 미켈란젤로의 하느님은 비록 백발과 수염을 가지고 있긴 하지만 아담과 동일한 근육질의 가장 완성된 몸을 가지고 있다. 여기서 백발과 수염은 늙음에 부차적으로 나타나는 쇠약이 아니라 권위와 연륜을 나타내기 위한 것으로 해석된다. 그래서 아담과 하느님의 모습의 차이는 몸 자체보다는 머리 부분의 백발과 수염에 있으며 그로써 아담과 달리 하느님이 훨씬 높은 존재라는 것을 간단하게 표현했다.

그러나 그리스신화에서 백발은 주로 죽음을 암시하는 상징으로 나타난다. 물론 백발이 반드시 늙음과 쇠약을 가리키는 것은 아니다. 페르세우스 영웅신화에 등장하는 그라이아이는 메두사를 포함한 고르고네스의 자매로, 아름다운 뺨과 회색빛 머리카락을 가진 여신들이다.[1] 일반적으로 회색빛 머리카락 때문에 늙은 모습으로 그려지기도 하나 나이 든 여신이라 하기에는 아름다운 뺨을 가졌다. 그렇지만 그들은 죽음의 세계로 가는 길목에 살기 때문에 죽음에 가까운 이미지를 떨치기 어렵다.[2]

다음으로 늙음을 나타내는 얼굴의 주름이나 몸의 쇠약과 같은 특징은 열등한 것으로 평가된다. 그렇기 때문에 미켈란젤로는 하느님을 주름 하나 없는 얼굴과 근육질의 몸으로 그려냈다. 그리스신화에서도 주름이나 쇠약함과 같은 늙음의 특징들은 특히 죽음과 아주 밀접하게 연관되어 부정적으로 평가된다. 늙음은 시간의 현상과 밀접하게 연관된다. 인간의 얼굴에 시간의 골을 깊이 패어 놓은 것이 주름이다. 주름은 '죽음에 이르는 지형도'라 할 수 있을 것이다. 그리스신화의 크로노스는 후대에 시간의 신으로 수용되는데, 전형적인 노인의 특징들을 모두 가지고 있는 모습으로 그려진다. 시간의 신은 올륌포스 종교 이전의 '옛' 신으로 제우스를 비롯한 올륌포스 신들의 아버지로 등장하기 때문이다.[3] 그리고 시간의 신의 특징으로 불가역성과 불가피성을 주장하면서 '운명' 또는 '죽음'의 신과 유사한 이미지로 표현된다. 그리스인들에게 운명은 피할 수 없는 것으로 때로는 죽음과 동일시된다.

살비아티, 〈카이로스〉,
1552-54년, 프레스코화의 **일부분**
적절하고 결정적인 순간을 의미하는 카이로스는 장님이며 앞머리는 머리카락이 길고 뒷머리는 대머리이다. 양손에는 칼과 저울을 들고 있다.

시간의 신들과 종류

그리스어에는 시간에 대한 용어들이 여러 개가 있다. 대표적인 용어들이 카이로스, 아이온, 크흐로노스이다. 먼저 카이로스kairos는 적절하고 결정적인 순간을 말한다. 그것은 '인간의 삶이나 우주의 발전 과정에서 전환점을 기록하는 짧고 결정적인 순간'이라 말할 수 있다. 어떤 측면에서는 동양의 유교에서 말하는 마치 과녁의 중심을 맞히듯이 적확하게 무언가를 하는 것을 의미하는 '시중時中'과 비슷한 의미라고 할 수 있다. 우리는 살아가면서 삶의 전환이 될 수 있는 기회 또는 순간을 깨닫게 된다. 그렇지만 대부분 결정적인 순간이나 기회가 왔을 때 사람들은 그것을 알아차리지 못하는 경우가 많다. 막상 자신에게 결정적인 순간이나 적절한 기회가 왔을 때 그것을 아예 알지 못하고 놓쳐 버리는 경우도 있고, 때로는 그것이 정말 결정적인 기회인지를 잠시 생각하며 망설이다가 놓쳐 버리는 경우도 있다. 그래서 그리스인들은 카이로스를 표현할 때 아주 특이한 방식으로 그려낸다.

"나는 눈이 보이지 않아 누구에게나 다가가며 양손에는 칼과 저울이 들려 있어 기회라고 생각될 때 그 옳고 그름을 판단하여 냉철한 결단을 내리도록 한다. 나의 앞머리가 무성한 이유는 사람들로 하여금 내가 누구인지 금방 알아차리지 못하게 함과 동시에 만일 나를 발견하였다면 누구든 나를 쉽게 붙잡을 수 있도록 하기 위함이며, 만일 우물쭈물 망설임이 길어지면 가차 없이 내 어깨와 발에 달린 날개를 이용하여 날아가 버릴 것이며, 뒷머리가 대머리인 이유는 내가 한 번 지나가고 나면 다시는 돌이킬 수 없게 하기 위함이다."

카이로스는 앞머리는 머리카락이 길고 무성하고 뒷머리는 머리카락이 없는 대머리이다. 앞쪽 머리카락이 길기 때문에 얼굴을 가려 사람들이 그것이 기회인지를 금방 알아차리지 못하게 할 뿐만 아니라 동시에 만약 알아차리기만 한다면 쉽게 잡을 수 있게 하기 위해서이다. 그렇지만 그것이 기회인지를 알아차리지 못한다면 카이로스는 순식간에 사라져 버린다. 어깨와 발에 날개가 있기 때문에 그 순간을 포착하지 못하면 날아갈 수 있을 뿐만 아니라 뒤쪽 머리카락이 없기 때문에 쉽게 잡을 수도 없다. 우리는 구체적인 상황에서 도대체 언제 카이로스인지를 알기가 쉽지 않으며 만약 알더라도 순간적으로 놓치고 마는 경우가 수없이 많다. 그렇지만 가장 중요한 것은 누구에게나 기회가 있다는 것이다. 카이로스는 눈이 보이지 않는 장님이기 때문에 누구에게나 다가갈 수 있다. 그러나 양손에 칼과 저울이 들려 있어 정확하고 냉철한 판단을 해야 한다. 그러므로 만약 우리가 평소에 이성적인 판단력이나 분별력을 훈련하지 않았다면 카이로스를 잃게 되는 것이다.

다음으로 아이온aion은 '영원'을 의미하며 오르페우스교의 파네스와 비슷한 존재이다. 사실 영원이라는 시간은 시작도 끝도 없는 것이라 할 것이다. 사실 그렇기 때문에 영원을 그려낸 것을 찾아보기 어렵다.

마지막으로 크호로노스khronos는 그리스어로 '시간'을 의미한다. 핀다로스는 크호로노스를 '모든 것의 아버지'라고 말하였다.4) 그리스신화에 보면 우라노스의 막내아들로 크로노스Kronos가 등장한다. 크로노스는 본래 그리스어에서 '구부러진' 또는 '사악한' 등의 의미를 가지고 있다. 그럼에도 불구하고 언젠가부터 크로노스가 시간의 신으로 불리게 된 것이다. 그것은 실제로 크호로노스와 크로노스가 다른 의미를 가지고 있으나 발음상의 유사성으로 점차 동일한 것으로 혼동되었기 때문일 것이다. 어떤 경로이든 간에 크로노스는 플루타르코스 시대에 이미 문헌상으로 시간의 신으로 이야기되기 시작하였다. 로마 시대에는 크로노스가 낫을 들고 있는 모습을 로마의 농업의 신 사투르누스Saturnus와 유사하게 보았기 때문에 다른 특성들이 부가되기도 하였다.

그리스신화에 등장하는 시간의 신 크로노스는 아버지 하늘 신 우라노스를 거세하고 최고신의 지위에 오른다. 이 경우 대체로 크로노스는 청년이나 중년의 모습으로 그려진다. 그것은 이제 아버지 우라노스를 대신하여 최고신의 자리에 올랐기 때문에, 그리고 아직 이 세계의 최고신의 지위를 넘겨주지 않았기 때문에, 이 우주에서 가장 강력한 존재라는 사실을 상징적으로 보여주기 위해서라 볼 수 있다. 그리스신화의 크로노스는 '아버지'라는 호칭을 달고 다닌다. 그것은 이 세계에 존재하는 모든 것이 바로 시간에 의해 시작되었다고 생각했기 때문일 것이다. 신들과 인간들의 아버지로서 아이스퀼로스는 《결박된 프로메테우스》에서 "아버지 크로노스(909)"라고 부르고 있다. 크로노스는 모든 것을 생산하기도 했지만 모든 것을 파괴하기도 한다. 시간의 파괴적 특성은 크로노스에게 "사물을 남김없이 먹어 치우는"이라는 표현을 사용하는 오비디우스의 작품에서 찾아볼 수 있다.5) 이것은 시간이 자신에 의해 창조된 모든 것을 집어삼킨다고 생각했기 때문일 것이다.

시간의 신의 연대기

서구 회화사에서 시간의 신은 대개 흰 수염이 나 있는 노쇠하고 병약한 모습으로 그려진다. 크로노스가 아버지 우라노스를 거세할 때나 자식들을 잡아먹는 이야기와 관련된 일부 그림들을 제외하고는 대부분 할아버지의 모습으로 등장한다. 그는 하늘 신을 대신하여 최고신이 된 후에 자신도 자식들로 인해 최고신의 지위를 잃게 되리라는 신탁을 받게 된다. 그래서 그는 레아 여신이 자신의 자식들을 낳는 대로 모두 삼켜 버린다. 이것은 시간이 모든 것을 생성시키기도 하지만 모든 것을 파괴하기도 한다는 해석이나, 또는 모든 것이 시간으로부터 나와서 시간으로 돌아간다는 해석과 밀접하게 연관되기도 한다. 그렇지만 결국 레아 여신에 의해 겨우 살아남은 제우스가 크로노스에게 토사제를 먹여 형제들을 토해 내게 만든다. 시간의 신은 자식을 낳지만 다시 삼켜 버리고 또다시 뱉어 내는 행위를 한다. 이것은 시간이 반복적으로 흘러간다거나 순환적으로 흘러간다는 해석도 가능하게 한다.

 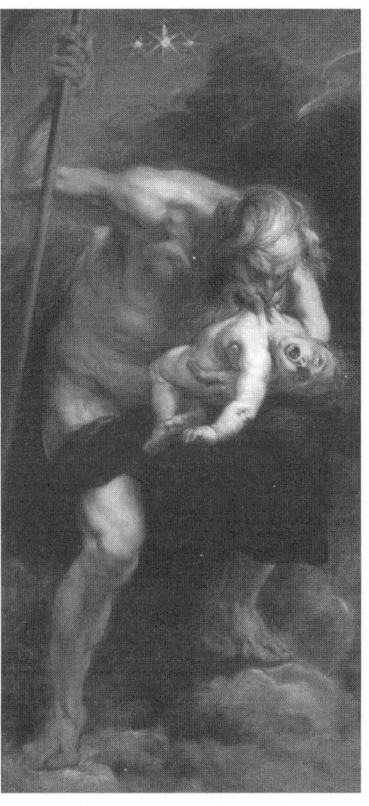

프란시스코 고야, 〈아들을 먹어치우는 사투르누스〉, 1819-23년, 마드리드 프라도 미술관
페테르 루벤스, 〈자식을 삼키는 크로노스〉, 1636-38년, 마드리드 프라도 미술관
고야나 루벤스의 크로노스는 백발이 듬성듬성 나 있고 등이 휘어 구부정한 모습으로 자식들을 잡아먹고 있다. 특이한 점은 크로노스가 자식을 잔인하게 뜯어먹고 있는 모습으로 그려졌다는 것이다.

 그러나 회화에 등장하는 고야Goya나 루벤스Rubens의 크로노스는 백발이 듬성듬성 나 있고 등이 휘어 구부정한 모습으로 자식을 잡아먹고 있다. 그런데 특이한 점은 둘 다 크로노스가 자식을 삼키는 모습이 아니라 잔인하게 뜯어먹고 있는 모습으로 그려졌다는 것이다. 피상적으로 화가가 그리스신화의 크로노스 이야기를 잘못 이해한 결과라고 해석할 수도 있다. 그렇지만 시간의 파괴적 속성을 강조하려는 의도에서 시도한 예술적 변형이라 해석할 수 있다. 즉 시간이 모든 것을 파괴한다는 특징을 크로노스가 자식을 뜯어먹는 모습으로 그려냄으로써 더욱 강한 효과를 내려는 의도를 함축한다.

시간의 신의 특성을 더욱 잘 이해하기 위해 몇 가지 상징들을 살펴볼 필요가 있다. 먼저 그리스신화의 크로노스의 낫은 아버지 우라노스를 대지의 여신 가이아로부터 분리하기 위한 것이었으나, 로마 신화의 사투르누스의 낫은 농작물을 수확하기 위한 것이다. 사실 낫은 시간의 신을 그 자체로 보여주는 중요한 상징이라기보다는 신화에 등장한 도구로서 부차적인 상징으로 사용되었다. 우회적으로 그리스의 크로노스가 낫으로 하늘과 땅을 분리시킴으로써 시간이 시작되었다고 말할 수 있는 측면도 있고, 또한 로마의 사투르누스의 낫을 농업과 관련해 시간과 연관된다고 말할 수 있는 측면도 있다. 이후에도 시간의 신 크로노스와 사투르누스에게 새로운 상징물들이 추가적으로 등장하기 시작한다. 기원후 4, 5세기에 그려진 시간의 신에게는 낫 이외에도 꼬리를 물고 있는 뱀이나 용이 그려져 있다. 이것은 시간의 순환성을 지시하려는 것으로 보인다.

중세와 르네상스 시대로 넘어가면서 시간의 신은 훨씬 더 늙은 모습으로 등장한다. 그렇다고 시간의 파괴적 위력이 줄어드는 것은 물론 아니다. 비록 시간의 신은 노쇠한 모습으로 등장하지만 모든 것이 말라 버리거나 죽어 버린 황폐한 장소를 배경으로 하고 있어 모든 것을 파괴하는 속성을 여전히 보여준다. 이 시기 시간의 신은 심지어 지팡이를 들고 있거나 목발을 짚고 있는 모습으로 나타나면서 늙음의 대명사처럼 등장한다. 가령 그는 모든 것이 황폐화된 도시를 배경으로 구부정한 노구를 지탱하는 지팡이를 짚고 있는 모습으로 그려진다.6) 때로는 해골의 모습으

로 그려지기도 하는데 이것은 죽음의 신과 거의 동일한 형상이다.7)

실제로 시간의 신과 죽음의 신은 이후로 구분하기 힘들 정도로 거의 비슷한 상징들을 들고 등장한다. 그것은 시간의 신의 늙은 형상이 바로 죽음을 지시한다고 생각하는 경향 때문일 것이다. 그렇지만 몇 가지 사례들을 제외하고 시간의 신은 비록 주름지고 침울한 노안老顔이지만 몸은 건장한 형태로 나타난다. 이러한 특징 때문에 후대에 점성술에서는 사투르누스가 지배하는 인간들은 나태하고 침울한 성향을 가졌으며, 권력이나 부를 획득하지만 친절하거나 관대하지 못하고, 지혜를 소유하지만 행복하지는 않다고 말한다. 특히 사투르누스의 별자리를 가진 사람은 비참한 상태, 노년이나 죽음과 밀접한 연관을 가진 것으로 말한다. 그들은 가장 비참하고 기피하고 싶은 유형으로 절름발이, 구두쇠, 범죄자, 가난한 농부, 청소부, 무덤 파는 사람 등이다.

시간이 낳은 파괴적 형상은 바로 뒤틀리고 주름지고 일그러진 늙음이다. 특히 시간은 모든 사라지는 것들의 아름다움을 파괴한다. 고대로부터 아름다움은 꽃에 비유되었다. 만약 아름다움이 꽃과 같은 것이라면 잠시 피었다가 지고 말 것이기 때문이다. 이처럼 아름다움은 잠시 머물다 떠나는 것이다. 인간의 육체 역시 꽃과 같이 생각된다. 플라톤은 영혼보다는 육체를 사랑하는 세속적인 사랑은 육체의 꽃이 피면 찾아들었다가 꽃이 시들면 날아가 버린다고 말한다.8) 에로스는 신들 가운데 가장 젊은 신이며 늙음을 비호飛虎같이 피한다. "늙음이란 것은 본래 우리가 생각하는 것보다 훨씬 더 빠른 속도로 우리에게 다가오는 법"이다.9) 육체의 꽃은 일시적이고 덧없으며 인간의 젊음은 쏜살같이 흘러간다. 실제로 시간의 신의 상징들 중 하나로 날개가 등장하기도 한다. 그것은 시간이 순식간에 지나가기 때문에 생긴 부착물일 것이다.

2
죽음의 공포와 뱀파이어의 탄생

인간 불멸의 기원

우리는 그리스신화에서 인간이 가진 불멸의 꿈은 항상 수포로 돌아간다는 것을 살펴보았다. 아무리 신이 인간을 죽음에서 피할 수 있게 해주려고 노력해도 인간은 본성적으로 죽을 운명을 가진 존재이기 때문에 불멸할 수 없다. 그렇지만 인간의 불멸의 꿈은 한 번도 사라진 적이 없다. 그리스신화에서는 결코 인간이 신이 될 수는 없지만 예외적으로 헤라클레스와 아스클레피오스는 신이 된다. 그러나 그들도 일단 인간으로서 죽음을 겪은 후에 신격화되는 과정을 거친다. 죽음의 현상을 통해 최소한 신체가 파괴되고 소멸되는 과정을 볼 수 있다. 그렇지만 고대로부터 인간은 단지 신체만을 가진 존재는 아니었기 때문에 인간 내면에 신적인 부분이 있다고 생각하였다. 그것은 프로메테우스가 올림포스로부터 훔쳐온 불로 상징된다. 인간 내면에 있는 '신적인' 부분은 당연히 불멸하는 특성을 가질 수밖에 없다.

그리스 철학자들은 인간의 불멸의 꿈을 구체화할 수 있는 단초를 '영혼'에서 찾아내었다. 호메로스 신화에서 인간은 죽을 운명을 가진 비참한 존재이며 죽은 후에는 하데스에 머무른다. 그러나 오르페우스교와 피타고라스학파는 인간의 영혼이 불멸할 뿐만 아니라 끊임없이 윤회한다고 믿었다. 영혼 윤회는 인간이 과거에 범한 죄에 대한 벌로 일어난 것이다. 그러므로 지상에서 영혼을 정화katharsis하지 않으면 결코 윤회로부터 벗어날 수가 없다.10)

플라톤은 피타고라스학파의 영혼론에 많은 영향을 받아 영혼 불멸과 윤회를 학문적으로 논증하고 신화적으로 설명하려 했다.11) 특히 영혼이 정화될 수 있는 방법에 대해 탐구하여 다양한 철학적 방법을 제시하였다. 소크라테스를 주인공으로 하는 플라톤의 초기 대화편에서 강조되었던 '너 자신을 알라'와 관련된 '자기 인식'의 방법, '너 자신을 돌보라'와 관련된 '자기 배려'의 방법, 신체로부터 영혼을 분리하여 사유하는 '죽음에의 훈련' 등은 일반적으로 알려져 있다. 이것은 헬레니즘을 거쳐 중세까지 철학과 신학에서 주요한 실천적 목표가 되었다. 그렇지만 철학이나 종교에서 말하는 영혼의 훈련과 금욕주의는 일상적으로 실천하기 쉽지 않다.

죽음이란 모든 살아 있는 존재들에게는 필연적이며 오히려 죽음을 거부하는 것이 오히려 자연적이지 않은 것이다. 철학자들에게는 죽음이 자연적이기 때문에 죽음에 대한 두려움은 극복해야만 하는 것이라고 생각되었지만, 일반인들에게 죽음은 할 수 있다면 피하고 싶은 것이지 극복하려는 대상이 되지 않았다. 일반적으로 우리에게 죽음이란 늘 타자의 죽음으로만 다가오고 자기 자신의 죽음으로는 다가오지 않기 때문에 체험하기 어렵다. 그래서 누구나 죽는다는 사실을 너무나 잘 알고 있으면서도 마치 죽지 않을 것처럼 살아가는 것이다. 사실 사람들은 죽음 그 자체보다 죽음에 이르는 과정에서 나타나는 현상들을 더 두려워한다. 왜냐하면 죽음보다 훨씬 더 구체적으로 나타나기 때문이다. 특히 늙음의 현상은 시간에 의해 육체가 지배당하면서 현저하게 나타난다. 나이가 들면 신체가 전반적으로 약화되어 다양한 기능들에 장애가 점진적으로 생긴다. 그렇지만 나이가 든다는 것을 가장 먼저 알아채게 하는 것은 얼굴을 비롯한 신체의 변형에서다.

늙음과 추함

흔히 아름다움은 젊음에 머무른다고 생각한다. 아마도 늙음이 쇠퇴와 파괴의 결과라고 생각하기 때문일 것이다. 인간이 태어나서 육체적으로 성숙한 상태에 이르렀을 때를 '젊음'이라 말하며 젊음이 점차 물러나면서 육체가 쇠약하게 될 때 '늙음'이 찾아든다고 생각한다. 젊음이나 늙음은 대립적인 상태를 표현하는 말로 쉽게 사용한다. 그러나 젊음이란 점차 생명력이 강하게 나타나는 현상이며, 늙음이란 점차 생명력이 약하게 나타나는 현상일 뿐이다. 나이가 들어 늙은 상태에는 아름다움이 더 이상 존재하지 않는다고 흔히 생각한다. 그렇지만 늙음에는 과연 아름다움이 존재하지 않는가? 물론 나이가 들면 신체의 형태가 조금씩 변해가게 마련이다. 무엇보다도 머리카락이 하얗게 변해 가며 듬성듬성 빠지기 시작하고 골격도 작아지면서 형태도 변한다. 마치 신체적인 측면에서 볼 때 젊음과 아름다움, 늙음과 추함이라는 대립이 성립하는 것처럼 보인다.

그러나 아름다움은 젊음이나 신체에만 머무르는 것은 아니다. 사실 개별적이고 구체적으로 존재하는 아름다운 것들은 헤아릴 수 없을 만큼 다양하다. 아름다운 것들은 시간이 흘러가면서 점차 시들어 가지만 아름다움 자체는 일그러지지 않는다. 우리가 늙음의 현상을 부정하는 이유가 아름다움 때문이라면 나이가 들어 추구할 수 있는 또 다른 종류의 아름다움을 발견할 수 있다. 그렇지만 고대사회부터 현대사회에 이르기까지 젊음에 대한 신화는 늘 반복되고 있다. 그래서 죽음보다는 삶에 가까워지려는 '퇴행' 현상을 자주 경험하게 된다. 말하자면 대부분의 사람들은 젊어지는 것을 좋아하고 늙는 것은 싫어하기 때문에 다양한 신화적 이야기가 탄생하게 된다.

사실 그리스신화에서 인간이면서도 불멸하는 특권이 주어지는 경우가 있다. 그러나 그리스인들은 아무리 신들에 의해 인간이 불멸하게 되더라도 '늙음'을 피할 수 없다고 묘사한다. 그리스신화의 에오스의 티토노스나 아폴론의 시빌레 이야기는 신의 불멸과 인간의 불멸 간의 차이를 분명하게 드러내 준다. 인간은 신체를 가지고 있기 때문에 비록 죽지 않을 수 있다고 할지라도 결코 '늙음'의 현상을 피하지 못한다는 사실이다. 그렇기 때문에 오히려 죽음보다도 못한 삶이 기다릴 수 있다. 그렇다면 죽음의 공포를 일으키는 가장 일차적인 특징은 '늙음'이라 할 수 있다. 인간의 죽지 않으려는 욕망과 늙지 않으려는 욕망이 결합하여 만들어낸 가장 대표적인 상상력의 결과는 단연 뱀파이어의 전설일 것이다. 뱀파이어는 불멸하지만 늙지도 않기 때문이다.

뱀파이어와 피의 금기

뱀파이어 전설은 세계 여러 지역에서 발견되는 이야기로 특히 14~17세기에 이르는 마녀사냥 이후 그리스도교와 연관하여 가장 이교도적인 존재였다고 할 수 있다. 뱀파이어의 가장 일차적인 특징은 '피를 마시는 것'이다. 그는 피를 통해 젊음을 유지하며 불멸한다. 그렇다면 왜 뱀파이어는 피를 마시는 것인가? 또한 어떻게 피가 불멸을 가져올 수 있다고 생각한 것일까? 고대 그리스로부터 피는 생명력과 밀접하게 관련된다. 그리스인들은 피에 영혼이 들어 있다고 생각했다. 그리스어로 영혼psyche은 어원적으로 '숨 쉬다'를 의미하는 프쉬코psycho에서 나왔다. 그래서 영혼은 처음에는 '생명'이나 '목숨'을 의미하였으나 점차 감각(지각), 상상력, 지성이라는 능력들을 포함하는 통합 개념으로 발전된 것이다.12)

그러나 그리스 서사시 시대에 트로이전쟁을 노래하면서 인간의 영혼이 때로는 '머리'나 '피'에 있다고 믿었던 것으로 보인다. 그것은 전쟁 중에 인간이 죽을 때 신체의 부상을 통해 피를 너무 많이 흘리거나 머리를 잘리면 죽게 된다는 것을 알게 되었기 때문이다. 그래서 오뒷세우스는 지하 세계에서 그림자와 같이 떠도는 죽은 자들의 영혼이 의식을 되찾을 수 있게 희생 동물의 피를 강에 흘려보내는 것으로 나타난다. 죽은 자들의 영혼은 지하 세계의 강에 흐르는 피를 마시고 의식을 찾아 오뒷세우스와 대화를 한다. 피를 마신다는 것은 생명력을 잠시 되찾는 것을 상징한다. 그 외 다른 지역의 신화나 종교에서도 피는 희생제의에서 사용되었으며 피를 통해 생명력을 얻는다고 생각되었다.

피는 생명이나 영혼을 상징하며 재생산의 원리이다. 그리스신화에도 죽은자의 피가 땅에 흘러 꽃이 피어나는 이야기들이 남아 있다. 아폴론의 사랑을 받던 휘아킨토스Hyakinthos가 흘린 피에서 히아신스 꽃이 피어났고, 아프로디테의 사랑을 받던 아도니스Adonis가 흘린 피에서 붉은 아네모네 꽃이 피어났다. 그리하여 피는 생명력의 원리로서 불멸성과 쉽게 연관된다. 그리스도교 전설에 따르면 최후의 만찬에서 사용되었던 잔에 아리마태아의 요셉Joseph of Arimathea이 십자가에서 흘린 예수의 피를 받아 두었던 잔이 성배Holy Grail의 기원이라고 한다. 여기서 예수의 피는 불명성을 상징하고 성배는 치유와 풍요의 기능을 가진다고 전해진다.

고대인들에게 나타나는 피에 대한 공포는 일종의 금기가 되었다. 피의 금기는 그리스철학에도 남아 있었다. 피타고라스학파는 '영혼이 없는 것들apsychos'만 먹을 수 있고 '영혼이 들어 있는 것들empsychos'은 먹지 말며 희생 제물의 피를 묻히지 않도록 하라고 말한다.13) 구약성서에서 말하는 다른 동물들의 피를 먹지 말라는 계율도 근본적으로 같은 맥락을 가지고 있을 것이다.14) 여기서도 피는 생명과 동일시되는 것을 알 수 있다.

고대인들은 희생제의와 관련하여 피는 '구원'과 '속죄' 및 '정화'의 기능이 있다고 생각하였다. 먼저 희생양의 피는 구원의 상징으로 해석된다. 이집트에서 이스라엘 민족이 탈출하기 전에 열린 파스카 축제에서 야훼는 양이나 염소로 희생제의를 바치고 그 피를 집의 문설주와 상인방에 발라 놓으면 이집트 땅의 맏아들과 맏배를 모두 칠 때 그냥 지나치겠다고 약속한다.15) 다음으로 희생양의 피는 속죄의 기능이 있다. 구약성서의 〈레위기〉는 "동물의 생명은 그 피에 있다. 나는 너희 자신을 위하여 속죄의식을 거행할 때 그것을 제단 위에서 쓰라고 너희에게 주었다. 피가 그 생명으로 속죄하기 때문이다."라고 말한다.16) 나아가 그리스도의 피는 정화의 기능이 있다. 고대인들은 죄를 일종의 오염으로 보고 희생제의를 통해 정화할 수 있다고 생각하였다. 특히 피는 물과 마찬가지로 정화의 상징을 가진다.17)

예수 그리스도는 속죄양이다. 그는 인간의 죄를 대신해서 고난을 받고 죽었다. 그렇기 때문에 그의 피는 인간을 모든 죄로부터 깨끗하게 해준다. 신약성서의 〈요한1서〉는 "그분께서 빛 속에 계신 것처럼 우리도 빛 속에서 살아가면 … 그분의 아드님이신 예수님의 피가 우리를 모든 죄에서 깨끗하게 해줍니다."라고 말한다.18) 최후의 만찬에서 예수 그리스도는 제자들과 함께 먹은 빵을 그의 몸이라고 하고, 포도주를 그의 피라고 하였다.19) 프로테스탄트를 제외하고 가톨릭이나 동방정교회 등은 최후의 만찬에서 유래된 성찬식에서 빵과 포도주에 그리스도의 피와 살이 현존한다고 믿는다. 그래서 성찬식을 통해 속죄와 정화를 할 수 있으며 구원에 이를 수 있다고 생각한다.

뱀파이어의 탄생

뱀파이어 전설은 분명하지는 않지만 고대 페르시아와 바빌로니아, 아즈텍, 에스키모, 중국, 인도 등 전 세계적으로 분포되었다고 한다.20) 그리스와 로마 신화에서는 엠푸사Empousa, 라미아Lamia, 스트리게Strige 등으로 거슬러 올라가지만 생명을 빼앗아 가는 방식이 뱀파이어와 유사하다고 보기는 어렵다. 사실 18세기 초까지는 뱀파이어라는 용어가 일반적이지 않았다. 그러나 18세기 초에 그리스도교와 연관되어 뱀파이어는 악마의 동맹자로 정의되고 그리스도교적인 방식의 예방책이 제시된다.

14세기에 뱀파이어 이야기가 광범위하게 확산된 것으로 본다면 당시 유럽 인구의 3분의 1이 죽게 만든 페스트와 밀접한 연관이 있어 보인다.21) 일부에서는 죽음에 대한 공포가 일종의 광기로 발산되는 것을 두려워한 교회가 공포의 원인을 외부로 돌렸다고 주장한다. 또는 페스트로 인해 발생한 수많은 시신들로 인한 전염 가능성을 줄이기 위한 방책으로 사용되었으리라는 추론도 있다. 다시 말하자면 페스트로 인한 사망자는 최대한 빨리 매장해야 했지만 공포로 인해 도망치기 바빴던 시민들에게 시신을 방치하면 뱀파이어로 변할 수 있다고 위협하여 신속하게 시신을 처리하게 할 방도였다는 것이다.

뱀파이어의 어원은 불분명하지만 슬라브족 언어에서 뱀피르vampir 또는 우피르upyr라는 단어가 있는데, '찌르다', '물다'라는 의미를 갖고 있다. 뱀파이어는 밤마다 무덤에서 나와 송곳니로 인간을 물어 피를 빨아먹으며 살아간다. 뱀파이어가 되는 사람들의 범위는 범죄자나 교회서 파문당한 자, 죽기 전에 세례를 받지 못한 자, 검은 마술과 신비주의를 탐한 자 등이라 말한다. 뱀파이어가 되는 것을 막기 위해 초기에는 시신의 배가 땅을 향하도록 안치하거나, 시신에 말뚝을 박거나, 목을 잘라 입에 마늘을 채우고 자른 머리를 발치에 놓고 안장시키기도 하였다. 그러다가 그리스도교와 결합되어 성수, 성호, 십자가 등 기독교의 주요 상징물들이 활용되기 시작하였다. 뱀파이어는 변신 능력을 가지고 있어 박쥐, 고양이, 쥐, 늑대 등으로 변할 수 있으며 사람이나 동물에게 최면을 걸어 자유롭게 조정할 수도 있다고 한다.

뱀파이어의 이상

문학적으로 가장 전형적인 뱀파이어는 브램 스토커의 드라큘라Dracula로 1897년 소설로 출판되었다. 브램 스토커Bram Stoker는 기존의 여러 흡혈귀 유형과 담론들을 시대에 맞게 재해석해 가며 조합하고 확장시켰다. 특히 15세기 지금의 루마니아 지역에 살았던 실존 인물 블라드 쳅페쉬Vlad Tepes 왕자인 드라쿨Dracole을 주된 모델로 삼았다. 드라큘라와 관련된 몇 가지 특징들은 서로 다른 유래를 가지고 있다. 드라큘라의 길고 날카로운 송곳니와 손톱은 발칸반도의 전승에서 온 것이며, 십자가와 묵주 등 기독교의 성물들을 두려워하는 것은 기독교의 영향이며, 매부리코와 변신 능력 등은 다른 토속 미신들에서 기원한다.

브램 스토커는 드라큘라를 경계선에 있는 존재로 표현하고 있다. 그는 반은 인간이고 반은 악마인 잡종적인 존재다. 드라큘라는 항상 비밀스럽게 '머리부터 발끝까지 검은 복장을 착용'한 교양 있는 귀족의 모습을 하고 있다.22) 그러나 그는 '쥐, 올빼미, 박쥐, 나방, 여우, 늑대 같은 비천한 것들'을 조정하고 스스로도 박쥐나 늑대, 쥐, 개 등으로 변신할 수 있다거나 그의 추종자인 파리, 거미, 참새를 날로 잡아먹는 역겹기 짝이 없는 '동물탐식증 환자'다.23) 뱀파이어 자체는 혐오스럽게 표현되지만 관능적인 특성을 가지고 있다. 유혹의 대상이 된 여성이 의식을 잃은 채 제 발로 찾아 나설 정도로 막강한 유혹의 힘을 지녔다. 흡혈 행위는 단순히 자기 유지를 위한 영양 섭취만이 아니라 종족의 번식을 가능케 한다. 흡혈귀들에게는 섭식과 생식이 하나의 행위로 통일되어 있다. 그래서 흡혈 행위는 일종의 성적 결합으로 묘사되어 흡혈귀가 된 여인들은 정조를 잃은 것처럼 생각한다.

뱀파이어의 탄생은 정치, 경제, 종교, 문화 등 다양한 원인들이 있다. 그러나 궁극적으로는 인간 내면에 잠재하고 있는 죽음에 대한 공포가 뱀파이어에 대한 상상력에 불을 지폈을 가능성이 높다. 현대사회에 나타나는 다양한 뱀파이어 관련 대중문화 콘텐츠들은 전염성이 매우 강하다. 브램 스토커의 전통적인 뱀파이어 이미지가 확연히 변화된 계기가 되는 작품은 단연 1976년 출간된 앤 라이스Ann Rice의 《뱀파이어와의 인터뷰》라 할 수 있다. 앤 라이스의 뱀파이어는 인간과 악마의 경계에 있는 중간적 존재로서, 기존 뱀파이어의 특징에서 벗어나 지극히 인간적인 존재로 뱀파이어를 변형시켰다. 단지 흡혈을 한다는 사실 외에는 많은 것이 다르다.

우선 전통적 뱀파이어는 그리스도교의 성물이나 퇴마사에 의해 퇴치될 수 있었으나, 앤 라이스의 뱀파이어는 그리스도교와의 연관성을 완전히 끊어 버린다. 앤 라이스의 뱀파이어들은 성수나 십자가를 두려워하지 않는다. 다음으로 전통적인 뱀파이어는 낮에는 활동하지 않고 밤에만 활동하는 존재였다. 그러나 앤 라이스의 뱀파이어는 낮에도 활동할 수 있는 것으로 변화되었다.24) 마지막으로 전통적 뱀파이어는 빨간 눈에 빨간 입술, 지나치게 하얀 피부, 길고 뾰족한 코 등 괴기스럽고 섬뜩한 느낌이 드는 모습으로 형상화되어 있지만, 앤 라이스의 뱀파이어는 정상인들과 다를 바 없는 모습을 가지고 있다. 특히 노인은 뱀파이어가 될 수 없다는 설정을 통해 젊음의 신화에 충실하고 있다. 전통적인 뱀파이어는 괴기스러운 모습에 성적인 매력만 강조되었다면 앤 라이스 이후의 뱀파이어들은 인간의 미모를 넘어서는 신비스럽고 완전무결한 외모를 가지는 것으로 등장한다. 뱀파이어는 죽지 않을 뿐만 아니라 젊음을 유지하며 이상적인 아름다움을 가지고 있다. 이는 인간이면서 죽음과 늙음에 대한 공포를 넘어서는 이상화된 존재로 진화된 것이다.

3
젊음의 신화와 육체 숭배주의

죽음과 아름다운 성

아름다운 것들은 영원하지 않다. 태어나서 죽어가는 모든 것은 끊임없이 변할 수밖에 없기 때문이다. 시간은 아름다움을 파괴하고 정복한다. 근대 사회에서 아름다움은 특히 여성적인 용어였다. 서구 회화사를 보면 여성의 아름다움의 허망함을 경고하는 그림들이 있다. 〈죽음과 소녀〉 또는 〈여인과 죽음〉이라는 제목이 붙은 일련의 그림들은 아직 너무나 젊고 아름다운 여성이 해골 모습을 한 죽음의 신과 포옹하고 있는 모습을 보여준다.25) 인간 삶의 세 시기는 여성의 이미지로 자주 표현된다. 여성의 몸은 시간의 변화를 잘 보여주기 때문이다. 그림 속에는 어린아이의 모습과 젊은 여성의 모습, 그리고 늙은 여성의 모습이 삼각 구도로 그려져 있고 죽음의 신은 해골의 모습으로 모래시계를 들고 있다. 죽음의 신의 배경에는 모든 것들이 파괴되어 버린 황폐한 모습이고, 죽은 듯이 잠들어 있는 어린아이가 누워 있는 땅바닥은 가물어서 쩍쩍 갈라져 있다. 젊은 여인은 눈부시게 하얗고 아름다운 모습이지만, 늙은 여인은 죽음의 신과 거의 비

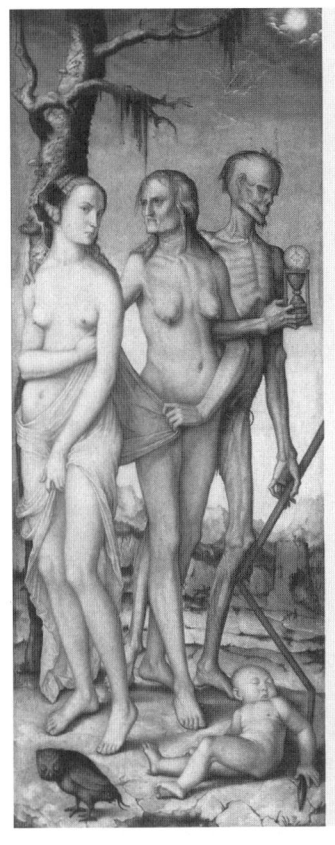 

■
한스 발둥 그리엔, 〈인생의 세 시기와 죽음〉, 1540-43년, 마드리드 프라도 미술관
한스 발둥 그리엔, 〈젊음〉(세 명의 그라티아이), 1540-43년, 마드리드 프라도 미술관
인간 삶의 세 시기는 여성의 이미지로 자주 표현된다. 여성의 몸은 시간의 변화를 잘 보여주고 있기 때문이다. 여성의 아름다움은 일시적이며 덧없는 것이라는 사실을 상기시켜 준다.

숯하게 어둡고 검은 피부색에 머리숱도 적고 주름진 얼굴을 하고 있다. 늙은 여인은 젊은 여인에게 살짝 손을 얹고 있지만 죽음의 신은 늙은 여인과 팔짱을 끼고 모래시계를 바라보고 있다.

    그림은 여성의 아름다움은 일시적이며 덧없는 것이라는 사실을 반복적으로 상기시켜 준다. '늙음'을 매개로 '여성'과 '죽음'은 필연적 관계로 나타난다. 여성의 아름다움은 항상 죽음과 함께 있다고 생각되었다. 그렇지만 이것은 단지 여성의 아름다움에만 해당되지 않는다. 모든 아름다운 것들은 파괴되기 쉽기 때문이다. 그러므로 그것은 아름답다고 생각하는 순간부터 이미 파괴되어 가고 있는 것이다. 일반적으로 아름다움은 젊음과 밀접하게 연관된 것처럼 보인다. 젊은 사람들은 대부분 아름답게 여겨진다. 그들은 생명의 꽃을 피우고 있는 듯이 눈부시게 빛난다. 르네상스 이후에 여인의 모습을 그릴 때 젊은 여인은 하얗고 눈부시게 빛나는 모습으로 그렸고 늙은 여인은 어둡고 검게 변해 가는 칙칙한 모습으로 그렸다. 이것은 생명과 죽음의 상징이다. 젊은 여인은 아직 삶에 가깝고 늙은 여인은 이미 죽음에 가깝다. 아름다움의 현상은 육체를 통해 명확하게 지각할 수 있다. 가부장적 사회에서 여성은 육체적 존재이다. 여성은 아이를 임신하고 출산하는 생식의 현장이다. 더 이상 생식을 할 수 없는 여성은 늙은 여성이고 탈성화脫性化된 존재일 뿐이다. 여성의 아름다움은 육체를 통해서만 드러나게 되고 남성적 시선에 의해 평가되어 왔다.

여성은 과연 아름다운 존재인가? 또한 여성은 아름다운 존재여만 하는가? 칸트는 여성에게만큼 '아름다운 성'이라는 말처럼 적절한 표현은 없다고 말한다.26) 그가 여성의 아름다움에 대해 말하는 부분들은 일종의 중세 기사들의 찬가처럼 허구적으로 들린다.

"여성은 아름답고, 우아하고, 장식적인 것에 대해서 천부적으로 강한 감정을 가지고 있다. 그들은 이미 어린아이 때부터 잘 차려입기를 좋아하고 스스로 예쁘게 꾸미면서 즐거워한다. … 여성은 재담을 좋아하고 또 유쾌하거나 웃을 만하다면 사소한 일에도 즐거워한다. 여성은 아주 일찍부터 단정한 본성을 지녔으므로 세련된 예의를 갖추는 것이 어떤 것이고 또 어떻게 예의로 사람들을 대할지를 스스로 안다. … 그들은 아주 쉽사리 공감하는 감각과 친절함 그리고 깊은 동정심을 가지고 있다. 여성은 유용한 것보다 아름다운 것을 선호할 뿐만 아니라 생활비의 여분을 기꺼이 저축하지만 이는 단지 옷을 잘 차려입고 꾸미기 위해서이다."27)

그리스의 헤시오도스는 여성이 천성적으로 거짓말과 아첨을 잘한다고 노골적으로 말하였다.28) 이와 대조적으로 칸트는 여성이 친절하고 동정심이 많으며 단정하고 예의 바르다고 말한다. 그러나 칸트는 여성이 선천적으로 감각적 특성이 강하다는 사실을 전제로 하여 여성이 추구하는 아름다움은 단지 외적인 아름다움이며 외모를 꾸미기 위한 것이라고 한다. 이제 칸트의 여성에 대한 찬가는 점차 강압적으로 흘러간다. 여성은 단지 아름다울 뿐만 아니라 아름다워야 한다고 말하기 때문이다.

늙음의 현상과 정신적 아름다움

칸트는 아름다움을 파괴하는 것은 바로 '늙음'이라고 말한다. 여성이 늙으면 아름다움은 사라지게 마련이다. 세월이 흘러가면 아무리 아름다운 여성이라도 늙을 수밖에 없다. 그렇지만 칸트는 여성은 다른 방식으로 자신의 아름다움을 지킬 수 있다고 한다. 칸트는 "여성이 사랑스럽고 언제나 더 존경을 받게 하기 위해서는 숭고하고 고결한 성질들이 점차 아름다움의 자리를 대신해야 한다."고 말한다.29) 그는 여성이 나이가 들어 늙어 가면 신체의 아름다움이 파괴될지는 모르나 좋은 품성을 길러 정신적 아름다움으로 대체할 수 있다고 조언한다.

사실 칸트의 대안은 지극히 교훈적이고 현실적인 방안이다. 그러나 이러한 목표를 위해 제안하는 방법은 가부장제의 남성 우월주의에 기초하고 있다. 칸트는 여성이 자신의 남편을 최고의 스승으로 삼아 독서와 통찰력을 더욱 예리하게 만들어 아무도 모르게 아름다움의 자리를 뮤즈가 대신하게 만들어야 하며 만약 이렇게 된다면 노부인이 소녀보다 훨씬 더 매력적일 수 있다고 말한다.30) 여성이 나이가 들어 육체적 아름다움이 파괴되어 가더라도 정신적 아름다움을 계발하면 여전히 아름답게 보일 수 있다.

그러나 칸트에 따르면 이러한 여성의 정신적 아름다움의 계발은 남성과 같이 공적인 교육을 받을 기회를 통해 얻을 수 있는 것이 아니며 남편을 스승으로 삼아 사적으로 이루어질 뿐이다. 이러한 칸트의 논의는 전통적인 남녀 차별주의에 근거하여 모든 남성은 여성보다 우월하다는 주장을 전제로 하고 있다. 그렇기 때문에 남편은 아내보다 훨씬 정신적으로 우월하며 스승이 될 수 있고, 아내에게는 보다 전문적이고 체계적인 교육은 필요 없다고 생각한 것이다. 이러한 입장은 서구 근대사회에서 나타난 계몽주의 여성관에 의해 비판된다.

메리 울스턴크래프트Mary Wollstonecraft는 여성이 남성과 똑같이 이성을 가졌는데도 남성보다 열등해 보이는 이유는 교육을 제대로 받지 못했기 때문이라고 한다. "여성과 이성 사이에 남성이 자리 잡고 있어서 여성은 이 조악한 매개자를 통해서만 사물을 보고 그들이 하는 대로만 사물을 받아들여야 한다."31) 그녀는 여성이 남성을 통해 사물을 바라보고 이해하게 하여 여성의 정신적 능력에 심각한 위기를 초래했다고 한다. 칸트가 육체적 아름다움을 대체할 만한 정신적 아름다움을 이야기하면서 성에 대한 구분과 차별을 하지 않았다면 그것은 고대 그리스로부터 내려온 전형적인 삶의 방식에 대한 권유로 해석될 수 있을 것이다. 그러나 칸트는 서구 가부장제의 전형적인 남녀 차별 의식을 완전히 떨쳐 버리지 못했기 때문에, 여성이 정신적 아름다움을 추구하면서도 남성에게 지도를 받아야 한다고 주장한다.

젊음과 육체 숭배주의

왜 인간은 아름다움에 대한 신화에서 벗어나지 못하는가? 근본적으로 인간은 아름다움을 추구하는 욕구를 가지고 있는가? 플라톤이 말하듯 에로스는 아름다움을 추구한다.[32] 에로스는 아름다움에 대한 일종의 욕구라 할 수 있다. 인간은 아름다운 것을 사랑한다. 그러나 아름다움은 젊음에 머무른다. 시간은 아름다움을 잔인하게 파괴한다. 결국 늙음은 아름다움의 파괴적 형상이다. 늙음은 죽음과 가까운 존재이다. 그러나 대부분 인간들은 자신이 죽음을 향해 나아가는 존재이고 늘 죽음과 가까이 서 있다는 사실을 망각하거나 부정하려 한다. 인간이 가지는 아름다움에 대한 집착은 젊음에 대한 무한한 동경이며 삶에 대한 욕망이기도 하다. 그렇기 때문에 인간은 죽음을 두려워할 수밖에 없다. 인간이 그려내는 불멸의 꿈은 고대에서뿐만 아니라 현대에서도 지속되고 있다. 단지 고대에서는 신화를 통해 욕망을 생산하였고 현대에서는 기술을 통해 욕망을 충족시키려는 차이만 있다.

현대사회는 급변하고 있다. 새로운 첨단 과학기술은 시간을 다투며 발전하고 기업은 인간의 끊임없는 욕망을 선도하고 충족시키기 위해 빠르게 변신하고 있다. 급속하게 변화하는 세계 속에서 살아남기 위해서는 고목枯木처럼 자리를 지키는 것으로 부족하다. 그것은 언제든지 가차 없이 뽑힐 수 있기 때문이다. 현대인들이 젊음의 신화를 추종하는 것은 생존경쟁의 일환이기도 하다. 현대사회의 젊음의 신화는 특히 대중매체의 발달과 더불어 급속도로 유포되고 있다. 광고나 드라마 등 대중매체를 통해 보여주는 젊음의 과장된 가치는 상대적으로 늙음을 부정적으로 바라보는 관념을 심어 주게 된다. 이것은 나이 든 여성에게 자신의 몸과 경험들을 부정하게 만드는 계기가 된다. 여성의 몸의 다양한 현상을 인정하지 않고 단지 젊은 몸을 기준으로 여성의 가치를 평가하는 광고들은 나이 든 여성을 그저 치료의 대상으로 볼 뿐이다.33) 나이 든 여성이 성형수술을 선택하게 되는 이유는 젊음의 기호와 이미지들만을 유포하고 상품화하는 현대 자본주의사회의 소비 전략과도 맞물려 있다. 이제 늙음은 현대 과학기술에 의해 치료 가능한 대상이 되어 버렸다.

나이 듦의 현상과 관련하여 가장 중요한 것은 바로 늙음이라는 현상을 겪는 주체가 스스로 이것을 인정하는 단계이다. 만일 나이 듦의 주체가 자신이 나이 들어가는 것을 부정하거나 거부한다 할지라도 그것은 '의지'의 문제로 해결될 사안은 아니다. 나이 듦은 누구나 겪어야 하고 겪을 수밖에 없는 인간의 자연스러운 현상이다. 오늘날 첨단 과학기술의 발달로 나이 듦을 치유 가능한 것으로 가정하는 안티에이징Anti-Aging 담론이 성행하고 있다.34) 그것은 늙음을 마치 질병인 양 말하며 안티에이징의 대열에 낄 것을 권하고 있다.

우리는 대중매체를 통해 주름을 피부의 낡은 세포처럼 벗겨 줄 수 있다고 말하는 화장품 광고나 영구적으로 주름을 제거하는 수술이나 정기적인 보톡스 주입 등이 마치 당연한 선택인 양 부추기는 선전을 자주 목격한다. 그러나 그것들은 다시 일정한 시간이 지나면 반복하여야 하는, 실제로 부작용의 위험을 완전히 떨치기 어려운 임시방편에 불과하다. 더욱이 늙음은 질병이 아니기 때문에 인위적인 수술이나 조치에 의해 치유 가능한 것이 아니다. 늙음 자체는 질병이 아니며 오히려 늙음을 질병으로 생각하려고 하거나 부정하려는 생각이 질병이라 할 수 있다.

4
타자의 존재와 자기 인식

―――◆―――

타자의 인식

우리는 타자와 더불어 세계를 살아간다. 시간은 나의 육체뿐만 아니라 타자의 육체에도 동일하게 흘러간다. 타자는 내 육체의 살아 있는 거울이다. 우리는 타자를 통해 나이 듦을 명증하게 인식한다. 시간이 흘러가면서 거칠어지고 주름져 가는 육체의 변화를 통해 죽음을 기억하고 자아를 상기한다. 자아는 끊임없이 변화해 간다. 그것은 동일한 공간을 차지하는 육체를 통해 드러난다. 태어나면서 죽을 때까지 육체는 시시각각으로 변한다. 그러나 나 자신에 의해서든 또는 타자에 의해서든 우리의 육체의 변화를 명확하게 인식할 수 있는 경계선을 획일적으로 구별하기는 쉽지 않다. 더욱이 기나긴 시간을 함께하였던 타인의 얼굴에서 나이 듦의 흔적을 찾아내기는 쉽지 않다. 그렇지만 또 다른 세대가 태어나고 자라나면서 기존 세대는 나이가 들어가는 것을 자각할 수 있다.

'나는 누구인가'라는 정체성은 나의 육체와 나를 둘러싼 이 세계 속의 수많은 물체들을 통해 일차적으로 드러난다. 그리스인들은 '육체' 또는

'물체'를 의미하는 소마soma라는 그리스어를 단지 인간에게만 적용하지 않고 다른 수많은 존재하는 것들에 적용해 사용하였다. 이 세계에 존재하는 모든 것들은 서로 영향을 미치고 살아갈 수밖에 없다. 인간은 외부 세계의 변화를 관찰하면서 수많은 반성적 인식을 얻었다. 그 또는 그녀가 이 세계 속에 존재하는 것들을 사유한 내용이 세계관과 인간관 및 윤리관을 형성하게 되는 것이다. 우리 각자는 '나'를 포함한 세계와 끊임없는 소통을 할 수밖에 없다. 여기서 개별적인 '나'는 바로 그것의 육체를 일차적으로 지시한다. 타자는 '나'의 존재를 '나'의 신체를 통해서 인식한다. 그러므로 '나'의 영혼이나 정신보다는 '나'의 신체가 일차적인 대상이 된다. 인간은 '나'의 신체를 매개로 수많은 대상들과 영향을 주고받는다. 그러므로 '나'라는 존재는 타자와의 관계에서 정체성을 확보해 나간다고 할 수 있다.

사실 '나'의 육체는 타자에 의해 대상화되기 쉽다. 타자의 시선은 '나'의 육체에만 머무르고 훨씬 더 깊이 있는 '나'의 영혼 또는 '나' 자신에까지 미처 이르지 못하기 때문이다. 더욱이 '나' 역시도 타자의 시선이 머무르는 '나'의 신체를 '나' 자신과 동일시하는 경향이 있다. 그래서 우리의 관심은 우리의 신체에 주로 머물러 있다. 나아가 우리는 때로 자신의 육체를 모든 것의 중심으로 생각한다. 사실 우리는 각기 이 세계의 중심이기도 하다. 이는 우리가 자신의 육체를 매개로 이 세계를 인식하기 때문이다. 이 세계는 움직이지 않는 공간의 중심이다. 그러나 인간은 움직이는 공간의 중심이다.

우리는 변화하는 세계 속에서 무수히 스쳐지나가는 타자들을 바라본다. 이때 타자가 그 자체로 인식되는 것은 아니다. 단지 타자의 육체만이 지각될 뿐이다. 따라서 타자에 대한 판단 기준은 타자의 신체에 나타난

피상적인 특징들뿐이다. '내'가 타자를 판단할 때 일차적인 대상은 타자의 육체이다. 이와 반대로 타자가 '나'를 판단할 때 일차적인 대상은 '나'의 육체이다. 그래서 자신의 육체에 지나치게 집착하는 경향이 나타난다. 이것이 자신의 육체의 변화를 쉽게 인정하고 수용하지 못하는 이유들 중의 하나라 할 수 있다.

인간은 육체를 가진 존재이다. 육체는 시간을 통해 변화를 겪는다. 더욱이 시간은 세월의 흔적들을 육체에 새겨 놓는다. 그래서 우리는 시간이 지나감을 문득 알아차리게 된다. 실제로 우리가 가장 먼저 나이 듦을 깨닫게 되는 것은 육체 때문이다. '나'는 변화하는 육체를 통해 끊임없이 정체성을 확인한다. 이 세계에서 육체는 '나'를 지시하는 수단이다. 우리는 육체를 통하지 않고는 세계와 관계를 맺을 수 없다. 서구 정신의 역사에서 육체는 지속적으로 경시되고 폄하되어 왔었다. 그러나 이와 반대로 현실 속에서 육체는 인간이라는 존재의 무게를 모두 짊어지는 역할을 해왔다. 인간은 육체를 통해 시간의 변화를 자각하게 된다. 육체는 나이가 들면서 점차 기능이 약화되어 간다. 우리는 스스로 자신의 육체가 쇠퇴하고 파괴되어 가는 것을 느낀다. 얼굴은 주름지고 처지고 머리카락이 하얗게 변해 가며 성한 치아들이 빠져나가고 사지에 기력이 줄어들어 간다. 결국 시간은 우리의 육체를 갉아먹고 죽음으로 몰아갈 것이다.

육체의 거울

시간이 흘러가면서 우리는 우연히 자신의 육체를 비추어 주는 유리나 거울을 보며 자기 자신을 낯설게 느끼는 일이 잦아진다. 우리의 영혼은 변화에 익숙하지 않다. 특히 영혼은 자신의 육체의 끊임없는 변화를 결코 따라잡지 못한다. 영혼은 육체의 눈을 인식의 창으로 삼고 있다. 그러나 눈이 자신의 육체에서 볼 수 없는 부분이 바로 머리이다. 특히 '얼굴' 부분을 보기는 매우 어려우므로 주로 '거울'의 이미지를 통해 지각된다. 즉 얼굴은 직접적으로 지각할 수 없고 간접적으로만 지각할 수 있을 뿐이다. 그렇기 때문에 시간의 흐름에 따라 끊임없이 변화하는 자신의 이미지를 파악할 수 없다. 인간은 대개 과거의 자신의 이미지에 사로잡혀 있다. 그것은 현재의 '나'의 이미지를 놓쳐 버리고 과거의 '나'의 이미지를 자신으로 인정하려는 것이다. 그래서 시간의 변화에 따른 육체의 변화를 낯설어하고 과거의 이미지에만 집착하는 성향을 보이기도 한다.

우리는 자기 자신이 늙어 가는 것을 재빨리 알아차리지 못한다. 우리 인생의 서로 다른 시기마다 시간이 흐르는 속도도 달라지기 때문이다. 시몬 드 보부아르Simone de Beauvor는 《노년》에서 "우리가 늙어갈수록 시간은 빨리 흐른다. 어린아이들에게는 시간이 길게 느껴진다. 어린아이는 시간 속에서 움직인다. 그러나 그것은 강요된 시간, 어른의 시간이다. 어린아이들은 시간을 측정하지도 예측할 줄도 모른다. 어린아이는 시작도 끝도 없이 계속되는 사건 가운데서 헤맨다."고 말한다.[35]

나아가 우리는 늙음이 자신과 상관없는 듯이 생각하고 행동한다. "우리는 늙어 가는 자를 우리 존재 속에 있는 타자라고 생각한다. 그렇기 때문에 타인들을 통해서 우리 자신의 나이를 알게 되는 것은 당연한 일이다. 우리는 우리 나이에 기꺼이 동의하지 못한다."[36] 삶의 중반에 이르면서 대부분의 사람들은 시간의 흐름을 자각하지 못한다. 시간이 매우 빠르게 흘러가는 게 아니라 그렇게 느끼기 때문이다. 물론 시간의 흐름에 따라 의식의 변화가 반복적으로 이루어질 때 사람들은 권태를 느낄 수 있다. 더 이상 모든 것이 새롭지 않을 수 있다. 만약 모든 것이 일정한 주기로 반복된다고 생각해 보라. 더욱이 아주 짧은 간격으로 말이다.

이성과 자아 정체성

근대 산업혁명을 통해 현대 자본주의사회로 진입할 때 현대인들은 기술 문명에 대해 비판해 왔다. 인간은 본래적으로 이성의 기능을 통해 반성적 사유를 할 수 있어야 하는데 근대 기술 문명은 이성적 기능을 마비시키는 역할을 했기 때문이다. 노동자는 마치 기계의 일부분인 것처럼 정확한 동작을 반복적으로 해야 하며 이성적 사유는 불가능하다. 찰리 채플린의 〈모던 타임즈〉에서 희화화된 노동자의 삶은 끊임없이 반복되는 작업의 연속일 뿐이다. 노동자는 자신의 노동에서 즐거움을 얻지 못한다. 노동으로부터 소외되기 때문이다. 현대인들도 사회라는 거대한 기계의 부품인 것처럼 살아가고 있다. 자기 자신도 타자도 돌아볼 여유가 많지 않다. 이러한 상황에서 우리는 모든 것이 지루하고 권태롭게 느껴질 수 있지만 시간은 어이없이 빨리 흘러가는 것처럼 보인다.

더욱이 인간은 자기 자신에 대해 항상 동일하게 인식하려는 경향이 있다. 그래서 때로는 다른 사람보다 더 자신의 변화를 알아차리지 못하기도 한다. 그 자신은 항상 과거로부터 현재에 이르기까지 시간의 흐름 속에서 미세한 변화가 미끄러져 빠져나가는 것을 놓치게 된다. 사실 이 세계에 존재하는 모든 것들은 변화하고 있다. 그러나 인간은 이 세계에서 변화하는 것들과 관련하여 변화하지 않는 원리를 찾으려 하고, 변화하는 것들에 포함되면서 변화하지 않는 것이 되고자 한다. 인간은 끊임없이 변화하지만 무수한 변화들을 '나' 또는 '자아'라는 말로 통합시켜 나간다. 그리하여 그 자신을 항상 동일한 것으로 인식하려는 경향이 나타난다. 그러나 문제는 나이가 들어가면서 나타나는 늙음의 현상들을 인정하지 않고 배제해 버린다는 것이다. 결과적으로 나이가 들면서 실제적이고 현실적인 '나'는 관념적이고 추상적인 '나'에 의해 소외되어 버린다. 나이 든 사람들이 가지고 있는 가장 큰 문제는 그들이 스스로 새로운 정체성을 수용하지 못한다는 것이다.

우리는 스스로 '나'라는 이미지를 분절시키지 못한다. 흄의 말처럼 '나'는 관념들의 다발이다. 그럼에도 불구하고 우리는 '나' 자신의 이미지를 어떠한 방식으로든 통합시킨다. 그리하여 '나'의 이미지는 항상 내가 가장 이상적으로 생각한 이미지에 가깝게 나타난다. 그렇기 때문에 자신의 모습을 정확하게 인식하지 못하고 자기만의 환상에 집착하기 쉽다. 또한 나이가 들면서 자기 자신이 바라보는 '나'라는 존재와 타자가 바라보는 '나'라는 존재가 분열될 수 있다.

시몬 드 보부아르는 나이 듦의 문제와 관련하여 '나'의 변증법적 관계에 관심을 가졌다. "노년의 진실, 그것은 객관적으로 정의되는, 타인에게 보이는 나의 존재와 그것을 통해 내가 나 자신에 대해 갖는 자의식 사이의 변증법적 관계이다. 나에게 있어 나이를 먹어 가는 사람은 타자, 즉 타인들에게 보이는 나이다. 그 타자가 바로 나인 것이다."[37] 보부아르가 말하는 나이를 먹어 가는 자로서 '타자'는 '나'에게 통합되어야 할 또 다른 '나'이다. 그렇지 않다면 '나'는 나이가 들어 가면서 스스로 소외될 수밖에 없으며 정신적으로 병리 현상을 겪을 수밖에 없고 사회적으로 이질화될 수밖에 없다.

사회적 존재로서 '나' 자신의 인식에는 중요한 역할을 하는 것은 바로 언어이다. '나'의 육체의 이미지는 타인의 언어에 의해 규정될 때 비로소 자신의 나이를 상기하게 된다. 타인의 언어의 힘은 강력하다. 사람들은 처음으로 노년을 가리키는 '할머니'나 '할아버지'라는 말을 들을 때 매우 당황하게 된다. 그것은 어느 날 갑자기 '아가씨'에서 '아줌마'로 또는 '학생'에서 '아저씨'로 불릴 때 느끼는 당혹감과는 다르다. 왜냐하면 그것은 삶과 죽음의 중간 지대를 넘어 이제 마지막을 향하고 있다는 사실을 상기시켜줄 뿐만 아니라, 한 사회가 늙은 사람에 대해 부여하고 있는 가치 평가와 관련하여 자기 정체성을 확인시켜 주기 때문이다.

자본주의와 육체의 억압

현대와 같은 자본주의사회에서는 생산력을 기준으로 인간을 평가한다. 그래서 일정한 시기에 이르러 직장에서 물러나 노동을 그만두고 휴식을 취해야 하는 늙은 사람을 더 이상 효용 가치가 없는 존재로 생각한다. 모든 사람은 '언젠가' 죽는다. 그러나 사람들은 그것을 자신에게 아주 먼 미래로 생각한다. 또한 모든 사람은 '언젠가' 늙는다. 그러나 사람들은 마치 그것이 자신에게 다가오지 않을 것처럼 생각한다. 그렇지만 누구나 '언젠가'라는 시간을 맞는다. 그것은 누구에게나 정해진 시간이지만 아무도 모르기 때문에 마치 그 시간이 자신과 상관이 없는 듯이 행동하게 된다. 언젠가 문득 늙음을 알아차리게 될 때 우리는 자기 자신으로부터 이질감과 소외감을 느끼게 된다. '나'의 신체에 대해 자신이 '생각하는' 이미지와 타인이 '보는' 이미지가 서로 통합되지 못하고 갈등을 일으키기 때문이다.

현대인들은 육체의 이미지에 대해 매우 민감하다. 근대 이후에 인간은 기술 문명을 통해 급속히 변화해 왔다. 과거에는 자연을 통해 주기적인 변화를 인식할 수 있었지만 현대는 첨단 과학기술을 통해 자연적인 것과 인위적인 것을 포함한 외부 세계의 총체적인 변화로 인해 불시에 이미지들의 공격을 받고 있다. 따라서 현대인들은 이미지의 변화를 중시한다. 특히 현대에서 타인에 대한 평가는 시간의 변화를 통해 지속적으로 이루어지는 것이 아니라 즉각적이고 순간적으로 이루어지는 경우가 많다. 과거에는 특정한 공간에서 특정한 사람들과 지속적인 관계를 맺었기 때문에 일정한 시간을 두고 형성된 성격character을 평가의 대상으로 삼았다. 그러나 현대에는 불특정한 공간에서 불특정 다수의 사람들과 끊임없이 만나기 때문에 매 순간마다 수많은 타인들을 판단해야 한다. 그 때문에 현대인들은 타인을 순간적인 이미지로 평가할 수밖에 없는 속성을 가지고 있다. 그래서 타인에게 나타날 자신의 육체적 이미지에 집착할 수밖에 없다. 현대사회에서 문제가 되고 있는 무리한 다이어트나 과도한 성형으로 인한 부작용은 이미지를 중시하는 현대사회의 특징과도 밀접한 연관이 있다.

현대인들은 끊임없이 새롭게 자신의 이미지를 창출하려는 욕망을 가진다. 그러나 나이가 들어서 늙어 간다는 것은 육체의 이미지를 중시할 수밖에 없는 현대인에게는 정체성의 위기를 불러올 수 있다. 현재의 자신의 이미지를 받아들이지 못하고 과거의 자신의 이미지에만 집착하면 할수록 나이 듦과 늙음을 부정적으로 바라보게 된다. 인간은 누구나 나이가 들어갈 수밖에 없다. 나이 듦과 관련하여 일어나는 현상들을 일종의 병과 같이 취급하여 인위적으로 없애려 하는 시도들은 자신의 육체를 과도하게 억압하고, 결국 현재 자기 자신의 모습을 부정하게 된다. 그러므로 우리는 보다 긍정적인 방식으로 늙음의 현상을 수용할 필요가 있다.

늙음과 관련하여 사회적인 차원에서 발생하는 정신 병리적 현상들은 물론이고, 개인적인 차원에서 일어나는 자아 분열적 증상들을 치유할 해결책을 찾을 필요가 있다. 이러한 문제에 대한 해결 방안으로 세 가지를 제시할 수 있다. 우선 무엇보다도 우리가 지금 나이가 들어가고 있고 나이 들었다는 정확한 '자기 자신에 대한 인식'이 가장 중요하다. 근본적으로 자신이 나이가 들고 늙어 간다는 사실을 반성적 사유를 통해 명확하게 인식하지 않으면 가장 먼저 자기 자신에 대한 소외 현상이 일어날 것이며 타자와의 관계에서 비정상적 징후를 드러낼 수 있다. 델포이 신전에 새겨진 소크라테스의 '너 자신을 알라'를 철학적 삶의 일차적 목표로 삼은 것은 '자기 인식'과 관련이 있다. 이와 마찬가지로 우리가 끊임없이 변화하는 자신에 대한 정확한 분석과 인식을 하지 못한다면 삶의 안정과 치유는 불가능하다. 다음으로 우리는 자기 자신에 대한 인식을 통해 자기 자신의 '정체성'을 재확립하고 재설정할 필요가 있다. 늙음의 현상을 지닌 존재로서 자신이 개인적인 삶뿐만 아니라 사회적인 삶 속에서 타인과의 관계들을 재정립해 나가야 한다. 마지막으로 삶의 마지막 단계에 이르렀다는 사실을 부정적으로 수용하지 않고 새로운 삶의 의미를 창출하여 보다 적극적이고 능동적인 방식으로 삶을 '재구조화'할 필요가 있다.

5
노년의 삶과 보살핌의 윤리

노년과 효 설화

이제 한국 사회에서 늙음의 현상과 관련된 문제를 살펴보도록 하자. 현재 한국은 고령화사회로 넘어가고 있다. 누구나 인생의 마지막 단계를 평화롭고 안정되게 정리하고 싶어 하지만 불행은 언제라도 들이닥칠 수 있기 때문에 노년의 삶은 매우 불안하게 여겨진다. 최근에는 노인 빈곤, 질병, 소외, 차별 등으로 인해 삶의 마지막 단계에서 극도의 고통에 시달리다 자살하는 경우도 적지 않다.

전통적인 가치 규범들이 점차 사라져가는 지금 노인 세대의 현실적 문제에 대한 새로운 윤리적 원리를 제시할 필요가 있다. 이미 노동력을 자의적으로든 또는 타의적으로든 잃어버린 노인 세대는 누군가에게 의존할 수밖에 없다. 그러나 한국 사회는 아직까지 사회적으로 노후 생활을 보장할 만한 제도적 장치가 제대로 마련되어 있지 않다. 따라서 노후 생활은 개인이나 개별 가족의 차원에서 고려되고 있다. 경제적으로 자립할 수 있는 노인 세대는 소수에 불과하고 실질적인 노년의 자립은 거의 힘들다고 할 수 있다.

한국 사회의 전통적 사유에 따라 현세대의 부모는 노후를 기대하며 자녀들에게 집중적인 투자를 해왔다. 그러나 현대사회에서 자녀들은 더 이상 전통적인 '효'라는 윤리적 규범하에서 부모를 부양할 준비가 되어 있지 않다. 사실 한국에서 '효'는 가부장제 안에서 여성의 일방적인 희생을 강요하는 경향이 많았다. 동아시아의 유교 전통에서 '효'는 이론적으로 부모 자식 간의 공경과 사랑에 기초하여 성립한다.38) 공자는 사람에게 부모를 공경하는 마음이 없다면 개나 말과 다름이 없다고 말하고 맹자는 부모를 사랑하는 것은 인仁이요, 어른을 공경하는 것은 의義라고 한다.39) 그러나 한국 전통 설화 속에서 '효'는 유교적 가치 규범에 의해 훈육되어 비자발적으로 희생 행위를 선택하도록 만드는 억압적 기제機制와 동시에 희생의 과정에서 영웅적 고난을 극복하여 주체 의식을 회복하고 자아를 완성하는 역할도 한다.40)

그러나 서구적인 개인주의 사고가 일반화되고 합리적 이기주의가 도입되면서41) 기성세대와 신세대와의 가치 충돌이 불가피하게 되었고 심각한 갈등을 불러일으키고 있다. 더욱이 전통적으로 가부장제 사회였던 한국 사회에서 노인 부양은 대부분 며느리가 해왔다. 사실 며느리는 시부모와 혈연관계가 아닌데도 불구하고 남편의 부모를 자신의 부모처럼 생각하도록 만들고 희생과 봉사를 요구해 왔던 것이다. 여성은 아내로서, 어머니로서, 며느리로서 평생 타자를 돌보는 역할을 해왔다. 그러나 며느리로서 시부모를 반드시 모시고 돌봐야 한다는 전통적 규범은 가부장제 사회를 살았던 여성에게는 또 다른 억압이다. 왜냐하면 가부장적 위계질서 속에서 시부모는 명령하고 지배하지만 며느리는 복종하고 지배받는 관계이므로 상호 인격적인 관계가 올바로 형성되지 않기 때문이다.

시부모 세대의 경우 과거에 자신들의 부모와 마찬가지로 자식에게 부양을 받는 것은 당연한 권리이며 자식의 마땅한 의무라고 생각한다. 그러나 오늘날 며느리 세대는 시부모를 모시는 것이 의무 사항이 아니라 선택 사항이라 생각한다. 며느리는 시부모를 단지 남편의 부모로서 존중할 수 있지만 남편을 대신하여 희생을 요구당할 이유를 찾지 못한다. 따라서 며느리가 자발적인 선택을 통해 늙은 시부모를 모시는 것은 자유이나 모든 경우에 이러한 자발적인 선택을 기대하기는 어렵다. 그렇다고 이러한 보살핌의 문제를 단순히 개인 간의 문제나 또는 가족 내의 문제로만 방치하는 것은 매우 심각한 문제를 야기한다.

여성 억압과 희생의 구조

오늘날에는 서구 사회와 같이 한국 사회에도 점차 딸이 부모를 돌보는 경우가 많아지고 있다.42) 딸은 며느리와는 달리 혈연관계를 가지고 있어 부모와 상호 간의 친밀감과 신뢰감이 어느 정도 형성되어 있다. 그렇지만 딸의 경우에도 경제적으로 어려운 상황에 일방적으로 희생을 요구하는 것은 또 다른 억압적 상황을 초래할 수 있다. 그것은 자발적인 선택이어야 하고 사회적으로나 경제적인 조건을 갖추고 있을 때 가능하다. 과거 전통 사회와 같이 '효'나 '섬김'이 이데올로기화되어 있지 않은 경우에 노인 부양은 가족 집단 내에서 심각한 갈등과 충돌을 낳을 수 있다. 현대사회에서는 가족 내의 역학 관계에 변화가 일어나면서 경제력이 없거나 병약한 노인들이 방치되는 경우도 자주 발생하고 있다. 근대화를 통해 과거 동아시아의 전통적 가치 규범이 급속히 무너지면서 이를 보완하거나 대체할 만한 새로운 가치 체계를 확립하지 못했기 때문이다.

가부장제 사회에서 여성은 평생 누군가를 돌보는 삶을 살아간다. 타자를 돌보는 행위는 일종의 '희생' 행위를 포함한다. 희생은 타자를 위해 자신의 이익을 포기하는 행위이다. 그것은 합리적인 인간에게 나타나기 힘든 가장 특이한 현상이라 할 수 있다. 그런데 이러한 행위가 자발적이지 않고 비자발적으로 이루어진다면 그것은 희생이 아니라 '억압'이며 '착취'인 것이다. 과거에 여성들이 일상적인 삶 속에서 행하던 보살핌의 행위는 전적으로 자발적이라고 하기는 어렵다. 한국 전통 사회에서는 가족을 보살피고 가족을 위해 희생하는 것을 여성의 가장 중요한 기능으로 여기고 사회적으로 훈육시켜 왔다. 사실 인류 역사에서 모성 이데올로기는 여성을 단지 어머니로서의 역할 속에서 살아가도록 만드는 데 성공적인 장치였다. 여성에게 실제로 모성의 본능적 측면이 있을지라도 도덕적 선택 가능성은 자유롭게 열려 있다. 어머니로서의 희생적 삶은 본능이 아니라 '의지'다. 따라서 그것은 도덕적 선택 가능성을 가지고 있고 도덕적으로 평가될 수 있는 것이다.

여성의 보살핌의 행위도 의지의 문제다. 그러나 그것은 전통 사회에서 사회적 규범으로 훈육되면서 반강제적인 방식으로 이루어져 왔다. 따라서 여성의 보살핌의 행위에는 자발적인 측면도 있었겠지만 비자발적인 측면이 훨씬 많았을 가능성이 높다. 여성은 젊어서부터 남편을 보살피고 자녀를 교육해 결혼시킬 뿐만 아니라 때로는 노동을 통해 생활비를 지원하기도 한다. 더욱이 늙어서는 시부모 수발에 남편 수발까지 해야 하며 심지어 손자녀 양육까지 담당하기도 한다. 남성은 퇴직하면 공식적인 노동이 끝나게 되지만 여성의 경우에는 병들거나 죽을 때까지 노동이 이어지는 경우가 대부분이다. 이처럼 여성의 본질적 기능을 돌봄 또는 보살핌의 행위로 규정하고 사회적 훈육을 통해 반자발적으로 몰아가는 것은 비

인격적인 방식이다.

상호 호혜적 보살핌

한국 사회의 여성의 보살핌 행위를 비판하여 비윤리적 측면을 공략하고자 하는 것은 아니다. 현재로서는 보살핌 행위의 윤리적 기반을 검토하여 억압이 없고 자율적인 방식으로 실현되는 방법을 모색할 필요가 있다. 우리는 두 가지 차원, 즉 개인적 차원과 사회적 차원에서 보살핌의 윤리를 적용하여 해결 방안을 모색해 볼 수 있다. 먼저 개인적 차원에서 '상호 호혜성reciprocity'의 원리를 적용해 볼 수 있다. 그것은 현실적으로 보살핌의 행위 자체가 가진 불균형성을 조절하기 위해 도입할 수 있다. 이것을 통해 가족 간의 다양한 관계에 따라 재설정해 보자.

첫째, 부모와 자식 관계를 보면 부모는 시간적으로 앞서 자식에게 보살핌의 주체가 되었지만 나중에는 보살핌의 대상이 될 수 있다. 반대로 자식은 보살핌의 대상에서 보살핌의 주체로서 자신의 역할을 변환시켜 나갈 의무를 가지게 된다. 나이 든 부모를 자식이 보살피는 것은 세대 간의 상호 호혜성의 원리라 할 수 있다. 부모와 자식은 시간적 간격을 두고 상호 돌봄의 관계를 지속할 수 있다. 그러나 현대사회에서는 전통적으로 '효'를 통해 늙은 부모를 보살피도록 하는 윤리적 원리가 무너져 가고 있다. 그리하여 오히려 부모 또는 노인 학대나 유기와 같은 사회적 문제들이 빈번히 일어나고 있다. 따라서 단지 개인적인 차원에서 보살핌의 윤리를 자율적으로 시행하도록 할 때 발생하는 문제들에 대처할 수 없다.

둘째, 남편과 아내의 관계를 보면 부부는 처음부터 상호 호혜적인 관계에서 출발할 필요가 있다. 흔히 보살핌의 행위는 여성의 고유한 특성이라고 생각하는 경향이 있다. 그러나 보살핌이 여성적이라는 것은 단지 신화에 불과하다. 그것은 누구나 상황에 따라 필요와 훈련에 의해 습득할 수 있는 것이다. 아무리 여성과 남성 간의 생물학적 차이를 인정한다고 할지라도 보살핌의 행위는 단순히 본능적인 것이 아니기 때문에 여성은 반드시 보살피는 역할을 하고 남성은 반드시 보살핌을 받는 역할을 해야 하는 것은 아니다. 한국 사회에서 여성은 타자를 보살피는 역할을 늙어 죽을 때까지 하는 경우가 많았으나 현대사회에서 남녀 차별 의식이 변화되어 가면서 남녀 간의 성 역할도 조정되어 가고 있다. 보살핌의 행위는 특수한 성의 역할이나 기능이라 할 수 없다. 실제로 어린 시절부터 공적으로 학교 교육을 통해 여자아이와 남자아이에게 공통으로 전문적인 보살핌의 교육을 제공한다면 남성도 보살핌의 역할을 적절하게 수행할 수 있다.43) 그렇지만 현재 여성의 보살핌의 행동은 일방적으로 이루어지는 경우가 많다. 이를 위해 보살핌의 노동을 사회화시키는 방향에서 해결책을 모색해 볼 수 있다.

    사실 보살핌의 행위 자체는 사회적이다. 그것은 본성상 타자를 전제로 한다. 실제로 보살핌은 보살피는 자에 의해 전적으로 조절되는 것은 아니며 상호 간에 조절되는 양식을 가지고 있다.44) 보살피는 사람은 보살핌을 받는 사람에게 일방적으로 보살핌을 제공하는 것이 아니라 보살핌 받는 사람에 의해 영향을 받기도 한다. 보살핌은 기본적으로 상호적인 관계이다. 그러나 보살핌의 행위가 개인 간이든 세대 간이든 균등하게 수행될 수는 없다. 따라서 이것을 사회적으로 보장하기 위해 제도화할 필요가 있다.

보살핌의 사회화

개인적 차원의 보살핌 행위가 가진 문제들을 보완하기 위해 사회적 차원에서 보살핌의 원리를 적용하는 방식을 살펴보도록 하자. 기존에는 가족 내에서 노인을 보살피는 행위는 전적으로 여성의 몫이었다. 그것은 여성이 원하든 원하지 않든 간에 강제적으로 부과된 의무였다. 그러나 이것은 여성의 능동적 의지와 무관하게 억압적으로 시행되었다. 특히 노인 여성인 경우에는 평생을 자녀 양육과 부모 봉양으로 고생하다가 정작 자신이 아프고 쇠약해졌을 때 보살핌을 제대로 받지 못하는 경우가 많다. 따라서 사회적 차원에서 노인과 관련하여 제도 정비와 지원 및 인식의 변화가 필요하다. 노인 문제에 관련한 본격적인 사회복지 정책이나 사회보장제도 등이 수립되어야 할 것이다.

보살핌의 행위가 개인적 차원에서 이루어질 때 발생하는 문제들을 해결하기 위해 도입된 논의는 '보살핌의 사회화'이다.[45] 여기에서 주목해야 할 것은 보살핌이 특수한 경우에만 제한되지 않고 보편적으로 확대되어야 한다는 것이다. 현재 한국 사회에서는 보살핌의 책임이 기본적으로 가족에게 있다고 보고 있으며 가족이 없는 사람들만을 사회적 보살핌의 대상으로 삼고 있다. 그러나 보살핌의 사회화는 이러한 특수 복지 정책에만 국한되지 않고 '보편적' 복지의 차원에서 접근되어야 한다.[46] 현대의 노인 문제는 가족이 없는 노인만 해당되는 것이 아니라 가족이 있는 노인에게도 빈번히 일어나며, 또한 가족 내에서 노인 부양이 이루어질 때 특정한 사람이 전적으로 희생을 강요당할 수도 있기 때문이다. 보편적 보살핌의 제도화는 가족과 개인의 보살핌을 어떻게 지원하고 일상적인 도움을 필요로 하는 사람들, 특히 어린아이들과 노인 및 질병 등으로 인해 장애를 가진 성인들에게 필요한 보살핌을 어떻게 사회적·제도적으로 조직할

것인가를 목표로 하고 있다.47)

노년은 위기의 시기이다. 사회적으로 보살핌 서비스가 공적 체계로 이루어지지 않는다면 인생의 마지막 시기에 삶의 품위를 잃고 인간의 존엄성을 유린당할 수 있다. 보살핌의 행위가 사회적으로나 국가적으로 이루어질 때 가족의 보살핌이 소홀해질 것을 염려할 수 있으나 근본적으로 보살핌의 사회화는 가족의 보살핌을 포함하며 오히려 보살핌의 질을 향상시켜 준다.48) 따라서 보살핌의 사회화는 사회 구성원들 간의 억압적 구조를 최소화할 수 있고 가능한 최상의 보살핌을 통해 삶의 질을 향상시킬 수 있는 방안이 될 것이다.

노년의 삶의 가치와 품위

시몬 드 보부아르는 늙음으로 인해 우리의 삶이 하찮게 여겨지지 않도록 하기 위해 한 가지 대안을 제시한다. 사실 그것은 나이가 들어서야 목표로 삼을 수 있는 것은 아니다. 그것은 바로 우리의 삶의 의미와 가치를 끊임없이 추구하는 것이다. 이를 위해서는 젊었을 때와 마찬가지로 강렬한 열정을 간직할 수 있어야 한다.

"그것은 우리의 삶에 의미를 주는 목표를 계속하여 추구하는 것이다. 다시 말해 다른 사람들에게든, 집단이든, 대의명분이든, 사회적 혹은 정치적 일이든, 지적 혹은 창조적 일이든 그 무엇에 헌신하는 길밖에 없다. 도덕주의자들의 충고와는 반대로 우리는 나이가 들어서까지도 강렬한 열정들을 오래 보존하기를 바라야 한다. 그 열정들은 우리를 자신에게로 되돌아오는 것을 막아 주기 때문이다. 사랑을 통하여, 우정을 통하여, 분노를 통하여, 연민을 통하여 우리는 다른 사람들의 삶에 가치를 부여하며 그 덕분에 삶은 가치를 보존하는 것이다."49)

그렇지만 그녀가 제시하는 강렬한 열정을 가져야 하는 이유는 매우 부정적인 방식으로 설명되고 있다. 우리가 강렬한 열정에 빠져 있을 때에만 우리 자신으로 되돌아올 수 없다고 말하고 있기 때문이다. 그녀는 근본적으로 늙음의 현상을 부정적으로 보고 있다. 그것이 피할 수 없는 것이라면 무언가에 몰입하여 자기 자신으로 되돌아오기를 거부하라는 것이다. 그러나 이것은 자기 자신에 대한 소외 현상을 유발시키기 때문에 근본적인 해결 방안이 되지 못한다. 이러한 점이 노년의 삶에 대한 그녀의 분석을 지나치게 자조적이고 부정적으로 느껴지게 만드는 부분이다. 그럼에도 불구하고 보부아르는 노년의 삶을 위한 아주 근본적인 원칙을 하나 제시하고 있다. 노년에도 인간답게 살기 위해서는 최소한 "인간이 항상 인간으로 대우받는 사회여야 한다."50)는 것이다.

늙는다는 것은 자연적인 현상이다. 그러나 그것을 부정적으로 바라보는 한, 늙음의 가치를 진정으로 받아들이기는 힘들다. 우리는 나이가 들어 가면서 늙어 가고 있다는 현실을 분명하게 인식할 필요가 있다. 더욱이 그것이 내 안에 있는 또 다른 타자가 아니라 바로 나 자신이라는 사실을 명확하게 인식해야 한다. 이것이 노년의 삶을 재정립하고 재구조화하여 보다 적극적인 삶의 태도를 만들어 낼 것이다. 나아가 노인 문제를 단순히 개인이나 가족의 문제로만 축소하여 인격적인 문제로만 환원하기보다는 사회적 문제로 확대하여 사회복지의 차원에서도 논의해야 한다. 여기에 보편적 보살핌의 원리는 보다 포괄적으로 우리 사회의 문제들에 대한 적극적인 대안을 제시할 수 있다. 노인의 문제는 단지 개인이나 가족에게 전적으로 책임을 맡기기에는 매우 시급하고 중대한 문제이기 때문이다. 그것은 때로는 노인의 생존 자체와 직접적으로 관련된 문제인 만큼 사회적으로 보다 적극적인 대책을 강구해야 할 것이다.

1) Hesiodos, *Theogonia*, 270. 그라이아이는 케토Keto와 포르퀴스Phorkys의 자식들로 태어날 때 아름다운 뺨과 하얀 머리카락을 타고 났다고 한다.
2) Kerenyi, Karl, *The Gods of the Greeks*, Thames and Hudson, 1951, p.46.
3) 그리스 신들은 제우스가 세 번의 전쟁, 즉 티탄족과의 전쟁, 거인족과의 전쟁, 튀포이우스와의 전쟁을 통해 최고신이 되어 세계를 지배하기 이전과 이후로 구별된다. 올림포스 이전 신들은 옛날 신들이라고 하고, 올림포스 이후 신들은 새로운 신들이라고 한다. 특히 크로노스는 제우스를 비롯한 올림포스 주신들을 낳은 '아버지'신이라 할 수 있다.
4) Pindaros, *Olympian* 2.32.
5) Ovidius, *Metamorphosis*, 15.234.
6) 〈사투르누스와 그의 자식들〉 15세기 중반, 목판본의 목판화; cf. Panofsky, Erwin, *Studies in Iconology*, 《도상해석학연구》, 이한순 옮김, 시공사, 2002, 143면, 150면.
7) 그레고리오 데 그레고리이, 〈시간의 승리〉, 페트라르카 출처의 목판화, 트리에스테 1508. cf. Panofsky, Erwin, 155면.
8) Platon, *Symposion*, 183e.
9) ibid., 195a-b.
10) 장영란, 《그리스 신화와 철학으로 보는 영혼의 역사》, 글항아리, 2010, 243-295면. 제4장 '영혼의 윤회와 금욕: 영혼, 신들의 세계로 비상하다'에서 오르페우스교와 피타고라스학파의 영혼 불멸과 윤회의 신화적 및 철학적 기원에 대해 분석하고 있다.
11) 같은 책, 296-321면.
12) 같은 책, 100-103면. 제1장 '영혼, 태곳적 기원과 개념에 대하여' 전체에서 그리스 서사시로부터 서정시와 비극 및 철학에서 영혼이 어떻게 통합적인 개념으로 발전되는가를 살펴보았다.
13) Aristophanes, *Batrachoi*, 1032.
14) *Genesis*, 9.4 "다만 생명 곧 피가 들어있는 살코기를 먹어서는 안 된다."
15) *Exodus*, 12.12-13.
16) *Leviticus*, 17.11.
17) 장영란, "희생제의와 희생양의 철학적 기능", 《동서철학연구》 68호, 2013, 101-107면.
18) 1 *John*, 1.7.
19) *Matthew* 14.26-28; *Luke* 22.20.
20) 장 마리니, 《흡혈귀-잠들지 않는 전설》, 장동현 옮김, 시공사, 1996, 14.
21) 한혜원, 《뱀파이어 연대기》, 살림, 2004, 59-61면.
22) Bram Stoker, *Dracula*, 《드라큘라》, 이세욱 옮김, 열린책들, 2000, 22면.
23) ibid., 252, 80면.
24) 뱀파이어가 낮에도 활동할 수 있다는 설정은 〈카르밀라〉에도 나타난다.
25) Hans Baldung Grien의 〈나이 듦과 죽음〉에 관련된 연작들 중 특히 〈여인과 죽음Woman and Death〉과 〈인간의 세 시기와 삼미신Three Ages of Man and Three Graces〉을 보라.
26) Kant, E., *Beobachtungen uber das Gefuhl des Schonen und Erhabenen*, 《아름다움과 숭고함의 감정에 관한 고찰》 48.
27) ibid., 49-50.
28) Hesiodos, *Erga kai Hemerai*, 58ff.
29) Kant, E., ibid., 73.
30) ibid., 74.

31) Wollstonecraft, Mary, *Vindication of the Rights of Women*, Penguin, 1975, p.142.
32) Platon, *Symposion*, 203c.
33) 최현진, "중년 여성의 성형수술 경험을 통해 본 여성의 나이 듦", 《여성건강》제6권 1호, 2005, 119면.
34) 같은 논문, 117-119면 참조.
35) 시몬 드 보부아르, 《노년: 나이듦의 의미와 그 위대함》, 홍상희, 박혜영 옮김, 책세상, 2002, 523-524면.
36) 같은 책, 399면.
37) 같은 책, 393면.
38) 《논어》, 爲政 2:5
39) 《맹자》, 盡心 上.
40) 장영란, "한국여성-영웅 서사의 희생의 원리와 자기완성의 철학: 딸의 원형적 이미지 분석과 효 이데올로기 비판", 《한국여성철학》제9권, 2008, 23-24면 참조.
41) 그러나 이것은 현대에 와서 일반적으로 나타나는 경향이다. 서구 고대 사회에서는 동아시아와 같이 부모 공경에 대한 윤리적 원칙들이 있었다. 그리스의 플라톤도 《법률》에서 노부모에 대한 자식의 의무에 대해 강조한다. 자식들은 존경심을 가지고 노부모에게 이야기해야 하며, 가진 재산과 자기 자신을 노부모를 위하여 봉사하는 데에 써야 하며, 죽은 선조들에게는 조상 숭배의 제의를 올리라고 말했다.
42) 서구 사회에서 노인에 대한 보살핌의 책임이 대체로 딸에게 기대되고, 보살핌의 주체와 대상의 관계가 친밀함으로 설명된다. cf. Dwyer, Jeffrey W.(et. al), "Reciprocity, Elder Satisfaction, and Caregiver Stress and Burden: the Exchange of Aid in the Family Caregiving Relationship", *Journal of Marriage and the Family* 56, pp.35-43.
43) 키테이는 보살핌에 관한 남녀의 차이에 대해 어린 시절부터 제공되는 교육을 통해 해소할 수 있다고 한다. cf. Kittay, Eva Feder, "Love's Labor Revisited", *Hypatia* 17-3, 2002.
44) cf. Noddings, Nel, *Starting at Home: Caring and Social Policy*, University of California Press, 2002. p.14; *Caring: A Feminine Approach to Ethics and Moral Education*, University of California Press, 1984, 13ff.
45) 이것은 메리 데일리와 키테이 등이 제안한 모델이다. cf. Daly, Mary and Lewis, Jane, "The Concept of Social Care and the Analysis of Contemporary"; Kittay, Eva Feder, "Social Policy", in *A Companion to Feminist Philosophy*, eds. Alison Jagger and Iris Young, Blackwell, 1998.
46) 허라금, "보살핌의 사회화를 위한 여성주의의 사유", 《한국여성학》제22권 1호, 2006, 127면.
47) 같은 논문, 127면.
48) 같은 논문, 130-131면.
49) 시몬 드 보부아르, 같은 책, 757-758면.
50) 같은 책, 758면.

chapter 5
아름다움의 역사와 신화

1
아름다움이란 무엇인가?

아름다움의 특성

우리는 수많은 아름다운 것들이나 사람들을 알고 있다. 그렇지만 막상 그것들을 모두 '아름답다'고 말하게 하는 것은 무엇일까? 우리는 그것을 아름다움 또는 아름다움 자체라고 부른다. 그렇다면 아름다움이란 무엇인가? 아름다움을 정의하는 것은 어렵다. 그럼에도 불구하고 여전히 '아름다움이란 무엇인가?'를 질문하는 것은 매우 의미 있다. 고대로부터 근대에 이르기까지 수많은 학자들이 다양한 답변을 해왔지만, 현대의 학자들은 아름다움의 본성에 관한 논의를 더 이상 다루지 않는 경향이 있다. 아름다움 자체와 아름다움의 현상을 구별하지 않거나 또는 아예 아름다움 자체를 인정하지 않기 때문이다. 아름다움이 나타나는 현상들은 매우 다양하다.

아름다움에 대한 시각은 시대에 따라 변할 수 있으며 지역에 따라 변해 왔다. 고대 그리스인들은 아름다움에 대해 아주 단순하고 명료하게 설명하려고 시도하였다. 우선 아름다움은 '좋은 것'이다. 우리는 누구나 본성적으로 좋은 것을 원한다.1) 아니, 엄밀히 말하자면 우리에게 좋아 보이는 것을 원한다. 사람들에게 좋아 보이는 것은 각자 다르게 나타난다. 그래서 모든 사람들은 좋은 것을 원하지만 각 사람들이 원하는 것은 다르기 마련이다. 이와 마찬가지로 아름다움도 그 자체로는 동일한 것이지만 사람들에 따라 다르게 나타난다. 더욱이 그리스인들에게 아름다움은 '참된 것'이었다. 플라톤은 아름다운 것이 좋은 것이며 참된 것이라고 생각했다. 그래서 아름다움의 이데아와 좋음의 이데아, 그리고 참됨의 이데아는 하나이고 동일한 것이며 나타나는 방식이 다를 뿐이었다.

    그리스 초기 호메로스의 작품을 보면 위대한 영웅들은 한결같이 아름다운 신체와 탁월한 영혼을 가졌지만, 별 볼 일이 없거나 나쁜 사람은 볼품없고 추악한 신체를 가졌다. 가령《일리아스》에서 아킬레우스와 같은 영웅이 훌륭한 가문에 탁월한 능력뿐만 아니라 수려한 외모를 지닌 것은 당연지사다. 그러나 그리스군의 총사령관인 아가멤논을 비판하고 나선 테르시테스Thersites는 아킬레우스나 오뒷세우스 같은 영웅들을 비방하고 다니는 비뚤어진 영혼을 가졌으며 안짱다리에 다리를 절고 어깨는 가슴 쪽으로 굽고 오그라져 있으며 머리카락이 드문 가장 못생긴 신체를 가졌다고 묘사된다.2) 아름다운 신체와 아름다운 영혼이 함께 머물고 추한 신체와 추한 영혼이 함께 머문다는 고대인들의 생각을 은연중에 반영하고 있다. 호메로스는 아주 단순하게 아킬레우스와 같은 영웅들은 아름다울 뿐만 아니라 '좋은' 사람들이라 말한다. 호메로스의 작품에 전형적으로 나타나는 이러한 신체의 특징과 영혼의 특징을 동일시하는 그리스인들의 초기 전통은 플라톤에 와서야 구별되기 시작한다.

    여기서 그리스인들이 사용하는 '좋은agathon'이라는 용어는 오늘날 말하는 도덕적인 의미에서 '선한'이라는 용어와 일치하지 않는다. 초기에 그리스인들은 누군가에게 이롭거나 유용할 때 '좋다'라는 표현을 사용하였다.[3] 그러나 점차 영원한 행복과 관련하여 인간의 능력이나 기능이 탁월하게 발휘된 것을 '좋다'라고 표현하면서 도덕적 의미가 추가되었다.[4] 그리스에서 가장 이상적인 것은 '칼로카가티아kalokagathia', 즉 아름답고 좋은 것이다. 그것은 '아름다운'을 의미하는 칼로스kalos와 '좋은'을 의미하는 아가톤agathon이 결합하여 만들어진 용어다.[5] '아름답고 좋음'은 신체의 각 부분들이 비례와 균형을 이루고 영혼의 각 기능들이 조화를 이루어 올바르게 되는 것이다. 사물의 경우에도 각 부분들이 조화와 비례를 이루고 그것의 기능을 올바로 발휘할 때 아름다운 것이다. 그렇지만 아리스토텔레스는 '아름답고 좋음'을 일종의 '덕'이라고 말했다.[6] 그리스인들에게 덕arete이란 인간이 가진 기능이나 능력을 탁월하게 발휘하는 것과 연관이 되어 있다. 그것은 선천적으로 타고나는 것이 아니라 후천적으로 배우고 훈련하여 획득하게 되는 것이다.

다음으로 아름다움은 '즐거운 것'이라 할 것이다. 우리는 아름다운 것을 바라보며 즐거움을 느끼고 욕망하게 된다. 인간은 본성적으로 아름다운 것을 즐거워한다. 예술의 궁극적 대상은 아름다움이다. 그리스신화에서 기술의 신인 헤파이스토스가 아름다움과 사랑의 여신 아프로디테의 남편인 이유는 모든 기술techne(라틴어 ars)은 궁극적으로 아름다움을 목표로 하기 때문이다. 아리스토텔레스는 예술의 기원에 관해 말하면서 '예술은 모방'이라고 한다.[7] 여기서 '모방mimesis'이 단순히 행동이 아니라 '행동하는 인간'을 대상으로 한다는 점은 매우 중요하다.[8] 예술이 단순히 웃기거나 슬픈 어떤 행동을 따라하는 것은 아니다. 슬프거나 분노하는 인간의 신체뿐만 아니라 영혼의 특징까지도 표현해야 하는 것이다. 예술은 눈에 보이는 것뿐만 아니라 눈에 보이지 않는 것까지도 모두 표현해 내야

■
안니발레 카라치, 〈에로스들과 함께 잠든 아프로디테〉, 16세기경, 프랑스 샹티이 미술관
대부분 고대사회에서 아름다움의 여신은 사랑의 여신이기도 하다. 점차 후대로 가면서 아프로디테로부터 에로스가 독립되어 나온다.

하기 때문에 어려운 작업이다.

아리스토텔레스는 인간과 다른 동물의 차이점은 모든 동물 중에서 인간이 가장 모방을 잘한다는 점이라고 말한다. 더욱이 인간은 모방된 것에 대해 즐거움을 느낀다고 한다. 무언가를 배운다는 것은 철학자들뿐만 아니라 그 밖의 다른 사람들에게도 최상의 즐거움이기 때문이라고 말한다.9) 그렇지만 아리스토텔레스는 아름다운 것은 생명체든 사물이든 간에 일정한 질서를 가져야 할 뿐만 아니라 일정한 크기도 가져야 한다고 말한다. 왜냐하면 아름다움은 크기와 질서에 있기 때문이다.10) 그렇기 때문에 너무 작아서 지각할 수 없을 지경이거나 너무 커서 한 번에 지각할 수 없는 것도 아름답다고 하기 어렵다는 것이다.

마지막으로 아름다움은 '사랑스러운 것'이다. 아름다운 것은 사랑받지만 아름답지 못한 것은 사랑받지 못한다.11) 사랑은 바로 욕망의 일종이다. 우리는 아름다운 것을 사랑한다. 고대 그리스에서 아름다움은 사랑과 늘 함께 이야기된다. 대부분의 고대사회에서 아름다움의 여신은 사랑의 여신이기도 하였다. 아름다움은 사랑을 불러일으킨다. 그것은 사랑의 대상이자 목적이었다. 그래서 아름다움은 다산과 풍요를 가져온다. 이것이 바로 아름다움의 여신이 고대사회에서 가장 강력한 여신이었던 이유라고 할 수 있다. 그리스 사회에서 점차 후대로 가면서 아름다움과 사랑의 여신인 아프로디테로부터 사랑의 신 에로스가 독립되어 나오지만 원래 아름다움은 항상 사랑을 동반하는 개념이었다. 따라서 초기에 에로스는 독립적인 인격을 가진 존재가 아닌, 아프로디테의 특징과 기능을 강화하기 위한 부차적인 존재로 등장하였다. 그러나 플라톤은 《향연》에서 사랑의 대상을 '아름다움'이라고 하면서 에로스Eros가 아프로디테의 생일에 태어났기 때문에 아프로디테를 추종한다고 말한다.12) 이것은 에로스는 본성적으로 아름다움을 추구한다는 주장이다.

아름다움의 종류

그렇다면 아름다움이란 어떤 것일까? 우선 아름다움의 종류를 구별해 볼 수가 있다. 이 세계에 존재하는 것들만큼이나 수많은 아름다움이 존재할 수 있다. 플라톤은 아름다움의 종류를 다양하게 제시하였다.13) 첫째, 우리가 흔히 생각하는 아름다움은 구체적인 대상에 대한 것이다. 플라톤은 그것을 '신체의 아름다움'이라고 하였다. 그리스어로 신체는 소마soma라 불리는데 단지 인간이나 동물의 신체를 의미하는 것은 아니며 우리의 눈에 보이는 모든 존재하는 것들을 포괄하는 용어다. 따라서 인간뿐만이 아니라 동식물이나 무생물에도 해당되는 말이다. 이 세계에 실제로 존재하는 것들과 그것들을 모방한 작품들도 해당될 수 있다.

둘째, '영혼의 아름다움'이다. 때로 영혼의 아름다움은 신체의 아름다움과의 경계가 모호할 때도 있다. 신체의 아름다움으로 인해 영혼의 아름다움이 압도될 수도 있으며 영혼의 아름다움으로 인해 신체의 아름다움이 압도당할 수도 있다. 그렇지만 플라톤은 신체의 아름다움보다는 영혼의 아름다움을 더 가치있는 것으로 생각하였다. 그래서 영혼의 아름다움을 인식하게 되면 신체의 아름다움을 하찮게 생각하게 된다고 말한다.

셋째, '학문의 아름다움'이다. 사실 아름다움의 종류를 신체와 영혼으로 구별하여 생각하는 데에는 별다른 어려움이 없이 동의할 수 있을 것이다. 그러나 플라톤처럼 이 두 가지 범주를 넘어서 다시 학문 또는 지식 episteme의 아름다움을 말한다면 쉽게 이해하기는 어렵다. 학문의 아름다움이란 도대체 무엇이란 말인가? 인간의 영혼이 역사를 통해 축적해 온 지식을 체계화한 것이 개별 학문들이다. 플라톤은 우리가 여러 학문들로부터 하나의 보편 학문을 사랑하는 데로 나아가야 한다고 말한다. 그리하여 아름다움의 드넓은 바다로 향해 나아가면서 아름다움을 관조하며 위대한 철학에서 수많은 아름다운 말들과 사유를 하게 된다.

넷째, '아름다움 자체'다. 우리는 학문의 아름다움으로부터 결국 아름다움 자체로 나아가게 된다. 아름다움 자체는 아름다움의 최고의 이데아로, 이데아 중의 이데아라 할 수 있다. 그것으로 인해 아름다운 모든 것들을 아름답다고 말할 수 있으며, 아름다운 것들을 아름답게 해주는 것이다. 아름다움 자체는 영원한 존재이기 때문에 생성, 소멸하지 않으며 증가나 감소하지 않는다. 또한 어떤 점에서 아름답고 어떤 점에서는 추해지거나 어떤 때는 아름답고 또 어떤 때는 추해지지 않으며, 어떤 것과의 관계에서는 아름답고 다른 것과의 관계에서는 추해지는 것이 아니다. 그것은 우리가 직관해야 할 진리 그 자체이다. 플라톤은 네 종류의 아름다움이 각각 독립적으로 있는 것이 아니라 상호 연관되어 있다고 생각했다. 그래서 신체의 아름다움에서 영혼의 아름다움으로, 영혼의 아름다움에서 학문의 아름다움으로, 학문의 아름다움에서 아름다움 자체로 마치 사다리를 올라가듯 변증법적으로 발전해 간다.

아름다움은 일차적으로 우리의 시선과 밀접하게 관련이 있다. 그것은 아름다운 것을 말할 때 우리가 구체적이고 물질적인 것과 관련하여 생각하기 때문이다. '미학aesthetics'이란 말은 그리스어로 '감각'을 의미하는 아이스테시스aisthesis에서 유래되었다. 다시 말해 아름다움은 무엇보다도 우리의 감각이나 지각과 직접적으로 연관이 있다는 것이 통상적인 견해이다. 아름다움은 그것을 바라보는 시선과 주체에 따라 변화되어 왔다. 한 사회를 지배하는 주체가 누구인가에 따라 아름다움에 대한 평가도 달라질 수밖에 없다.

이 글은 아름다움의 역사를 총체적으로 설명하기보다는 고대 그리스의 신화와 철학을 중심으로 서구 사상에서 아름다움의 이미지의 기원과 변천을 통해 아름다움에 대한 인식과 문화적 현상이 어떻게 변화해 왔는지를 살펴보고자 한다. 원시사회에 대해 우리는 역사적 문헌을 가지고 있는 것이 아니라 유물들만 가지고 있기 때문에 아름다움의 이미지를 분석하고 해설할 수 있다. 우선 원시시대로부터 그리스와 헬레니즘을 거쳐 르네상스에 이르기까지 여성적 아름다움이 가지는 초월적 이미지가 어떻게 관능적 이미지로 변화되었는지를 살펴볼 것이다. 다음으로 고대 그리스의 남성 신체의 이상화를 통한 중성적인 미소년의 이미지로부터 헬레니즘과 르네상스 시대의 성 정체성을 위태롭게 뒤흔드는 양성적 이미지로 어떤 문화적 현상에 의해 변환되었는지를 살펴볼 것이다. 마지막으로 아름다움을 작고 연약한 것으로 규정하여 여성의 전유물로 만들면서 열등한 가치로 전락시킨 근대 미학자들의 시선을 비판적으로 검토하면서 현대 여성의 성형과 다이어트와 관련하여 미적 금욕주의와 그로테스크의 미학에 대해 살펴볼 것이다.

2
초월과 관능: 여성적 아름다움의 은유

다산과 풍요로서의 아름다움

고대의 여신은 '위대한 어머니 여신The Great Mother'이라 불렸다. 위대한 어머니 여신은 이 세계의 모든 것을 생성시키고 존재할 수 있게 하는 존재이다.14) 노이만Erich Neumann은 위대한 어머니 여신을 원형적 여성성의 부분적 양상으로서 보며 매우 발달된 사변적 의식을 함축하는 추상적 개념이라 한다.15) 세계의 모든 것이 태어나고 자라나서 되돌아가는 자연의 이미지는 여성성으로 표상되었다. 그래서 구석기시대에는 최초의 신성이 여성성으로 나타날 수밖에 없었다. 고대의 위대한 어머니 여신은 모든 것을 생산하는 자였다. 가장 아름다운 여신의 모습은 임신을 할 수 있거나 하고 있는 모습으로 그려졌다. 항상 무언가를 생산하거나 출산할 수 있는 근원이자 원천이라 생각되었기 때문이다. 여신의 몸은 우주의 자궁이자 배꼽이며 여기서 이 세계의 모든 것이 생겨나서 자라난다.

기원전 약 2만 년에서 1만8천 년경으로 추정되는 구석기시대의 여신상들은 한결같이 여신의 신체에서 특정 부분만을 강조하고 있다. 오스트리아에서 발굴된 기원전 약 2만8천 년에서 2만5천 년경 빌렌도르프

'빌렌도르프 비너스', 기원전 약 3만 년경, 비엔나 자연사 박물관

Willendorf의 여신상은 머리와 사지를 제외한 몸을 강조하고 있다. 구석기인들에게 가장 중요한 신체 부분은 머리도 팔다리도 아니다. 임신, 출산과 관련된 가슴과 배, 그리고 엉덩이 부분이다. 흥미롭게도 팔다리는 거의 생략되다시피 자세히 묘사되지 않았고, 특히 얼굴에는 아무런 특징들도 새겨져 있지 않다. 전체적으로 아주 통통하고 두루뭉술하게 만들어져 있고 기괴한 비율로 여신의 몸을 표현하고 있다. 아예 얼굴에는 전혀 관심이 없는 듯하고 몸 자체가 얼굴인 양 심혈을 기울이고 있다. 프랑스 도르도뉴에 있는 로셀Laussel의 바위 은신처에서 출토된 기원전 약 2만2천 년에서 1만8천 년경으로 추정되는 여신상은 오른손에 들소의 뿔을 들고 있다. 뿔에는 달이 차 가는 13일을 지시하듯 13개의 금이 그어져 있다. 왼손은 자궁을 감싸고 있는 배 위에 있으며, 머리는 초승달을 향해 기울어져

■
'레스퓨그 여신상', 기원전 약 2만 년경,
파리 인류 박물관
구석기시대의 여신상들은 신체의 특정 부분이 강조되었다.

있다. 자궁 위에 있는 손가락으로부터 머리의 경사를 통해 초승달 모양의 뿔에 이르기까지의 곡선을 그리고 있다. 그것은 달이 차오르는 국면과 여성의 자궁의 풍요 간의 연관 관계를 만들어 낸다.16) 심지어 기원전 약 2만 년경으로 추정되는 레스퓨그Lespugue의 여신상은 신체 부분들 간에 지나치게 대비가 이루어져 추상적이고 관념적으로 보인다. 가슴과 엉덩이 부분은 알을 품은 듯이 엄청나게 크게 부풀어 올랐고 얼굴은 생략되고 다리 부분도 갈라놓지 않았다.17)

대부분의 구석기시대의 여신상은 빌렌도르프의 여신상처럼 얼굴 없이 신체의 절반을 차지하는 가슴만 강조하거나 자궁을 둘러싼 엄청나게 커다란 배 또는 알을 품은 듯한 기괴한 엉덩이만을 한결같이 강조하는 모습이다.18) 신석기시대의 여신상들도 구석기시대에 비해 머리와 팔다리가

248

보다 균형 있게 만들어지긴 하였지만 여전히 가슴과 배 및 엉덩이가 훨씬 더 강조되어 있다.

구석기시대의 여신상에 얼굴이 없다는 것은 여러 가지로 해석될 수 있다. 첫째, 위대한 여신의 종교적 기능과 관련된 주요 부분은 바로 여신의 몸 자체이기에 얼굴을 상세히 표현할 필요가 없었을 것이다. 둘째, 위대한 여신이 아직 특정한 방식으로 개별화되지 않아 자아 정체성을 드러내는 얼굴을 표현할 필요가 없었을 것이다. 개별적이고 독립적인 인격이 발달되는 철기시대에 이르면 점차적으로 얼굴에 대한 표현이 중요시된다. 그리스 상고기나 고전기에 나타나는 주요 남신들이나 여신들 또는 영웅들의 얼굴은 수학적 비율과 조화에 근거하여 정형화되어 만들어졌기 때문에 표정이 거의 없고 신체의 동작을 통해 특정한 장면이나 상황을 그려내고 있을 뿐이다. 따라서 여신이나 남신의 얼굴은 서로 비슷하며 신체적인 차이만 분명하게 나타난다.

그러나 신석기시대에서 청동기시대로 넘어가면서 신체 비율이 전반적으로 달라지기 시작한다. 기원전 1천6백 년경 크레테Crete의 미노아Minoa 문명에 나타나는 여신상은 구석기시대와 신석기시대의 여신상과는 전혀 다른 모습을 하고 있다. 청동기시대의 미노아문명에도 여신의 신체적 비율의 불균형은 여전히 존재한다. 허리와 엉덩이 간의 비율이 지나치게 강조되어 너무 잘록한 허리와 너무 부풀어 오른 엉덩이가 비현실적으로 보인다. 그러나 완전히 나체로 드러난 구석기시대와 신석기시대의 여신상들과 달리 청동기시대 미노아문명의 여신상은 임신한 몸의 형태에서 벗어나 비교적 균형 잡힌 형태이며 전체적으로 신체의 선이 드러난 주름 무늬 옷을 입고 있다. 신체 전체에서 머리와 몸 및 사지의 비율은 실제 인간의 모습과 크게 차이를 알아채지 못할 정도다.[19]

■
'미노아문명의 뱀 여신',
기원전 약 1600년경,
크레타 헤라클리온 고고학 박물관

그렇지만 전체적으로 신체 크기에 비해 상대적으로 큰 가슴은 그대로 노출되어 있다. 현대적으로 본다면 대중매체에서 여성성을 상품화하기 위해 신체 비율을 지나치게 강조하는 것처럼 보일 수도 있다. 하지만 미노아 문명의 여신상은 여성의 몸을 성적으로 대상화하여 보기 때문이 아니라 종교적 측면에서 위대한 어머니 여신의 생산력을 상징적으로 드러내기 위한 목적이었다. 특히 미노아의 뱀 여신의 강조된 가슴 아랫부분은 마치 뼈를 드러낼 듯 말라 있고 엉덩이 부분은 지나치게 도드라져 있다.[20] 이러한 특징은 위대한 여신의 다산과 풍요를 드러내기 위해 의도적으로 비현실적인 비율을 사용하여 초현실적인 느낌을 불러일으킨다. 더욱이 미노아의 여신은 아래로 뻗은 양손에 뱀을 잡고 있어 엉덩이 부분에서 사선으로 시선을 분산시키는 동시에, 두려움을 자아내는 공포의 시선으로 우리를 얼어붙게 만들기 때문에 여신의 가슴을 선정적으로 볼 수 없게 만든다.

　구석기시대와 신석기시대의 여신상들은 제의적祭儀的인 목적과 특징이 매우 강하게 부각되고 있다. 고대인들은 여신상을 통해 우주의 생명력인 다산과 풍요를 기원하고 삶과 죽음 및 재탄생의 원리를 재현하고자 하였다. 따라서 구석기시대와 신석기시대의 여신상들은 주술적이며 초월적인 특성을 주로 보여준다.

균형과 조화로서의 아름다움

고대 그리스의 여신상은 구석기시대나 신석기시대의 여신상처럼 신체 비율을 지나치게 대비를 이루게 하거나 신체의 특정 부분을 두드러지게 강조하지 않는다. 가장 아름다운 만드는 수학적 비율에 의해 신체가 구성되기 때문에 전체적으로 균형미와 조화미가 느껴진다.

　그리스 문화는 일반적으로 상고기Archaic, 고전기Classical, 헬레니즘Hellenistic 시대로 구분된다. 우선 상고기 그리스의 도기 그림에 나타난 여신상은 신체의 특정 부분을 강조하지는 않는다. 여신의 신체는 검은 머리에 기다란 옷을 걸치고 있어 전체 실루엣이 감추어져 있다. 남신과 구별하기 위해 여신의 의복을 갖추고 있지만 여성의 신체적 특징을 정확히 묘사하는 데는 별로 관심이 없거나 전혀 모르는 것처럼 보인다. 남신의 경우도 여신과 구별하기 위해 특유의 검은 수염을 길게 기르고 있지만 치렁거리는 기다란 겉옷을 입고 있는 것은 여신과 유사하다. 상고기에 나타나는 여성상을 보면, 초기의 조각상들은 이집트의 영향을 많이 받았지만 점차 그리스 의상을 통해 고유한 아름다움을 찾아가는 것을 보인다. 전체적으로 균형과 조화를 이루며 화려하고 우아한 모습으로 여성의 아름다움

'아욱세레 여신상',
기원전 630년경.
높이 62cm. 루브르 박물관

을 표현한다.

기원전 630년경으로 추정되는 아욱세레 Auxerre의 여신상은 매우 독특한 모습을 하고 있다. 역삼각형으로 내려오는 길쭉한 얼굴에 마치 이집트 상에서 보이는 가발같이 굵게 땋은 듯한 일자형의 머리 모양을 하고 있다. 크레테 특유의 망토를 어깨에 걸쳤지만 가슴을 드러내고 있으며 허리는 잘록하게 매었고 엉덩이 부분부터 발까지는 거의 일자형으로 내려오며 다리는 일직선으로 놓여 있다. 한 세기가 지나기까지 이러한 여인상에는 별다른 변화가 없다. 그러나 기원전 530년경으로 추정되는 아크로폴리스에 봉헌된 소녀상은 전형적인 그리스인들의 의상을 입고 있다. 키톤 chiton 위에 일자로 떨어지는 페플로스 peplos를 입고 하체는 과감히 생략되어 있으며 포즈 자체는 큰 변화가 없으나 머리 모양은 아주 자연스러워져 있으며 입가에 머금고 있는 미소가 잔잔히 퍼져 나간다.

기원전 520년경으로 추정되는 소녀상은 독특하게 치마를 뒤로 잡아당기어 다리의 윤곽이 드러나도록 했다. 머리 모양은 훨씬 자연스럽고 우아해 보이며 커다란 귀고리와 주름 잡힌 히마티온 himation을 화려하게 감고

■
'아크로폴리스 소녀상', 기원전 530년경. 높이 121.9cm. 아테네 아크로폴리스 박물관
'아크로폴리스 소녀상', 기원전 520년경. 높이 180cm. 아테네 아크로폴리스 박물관
고대 그리스의 여신상은 가장 아름다운 수학적 비율에 의해 신체가 구성되기 때문에 전체적으로 균형미와 조화미가 느껴진다.

있다. 상고기의 도기 그림에 나타나는 여인이나 여신도 페플로스에 키톤으로 온몸을 두르고 등장하는 경우가 많으며 소녀상이나 여성상에 더 이상의 변화는 없던 것으로 보인다.

여성의 나체와 관능미

그리스 고전기 여신상의 경우에 처음에는 상고기와 마찬가지로 신체의 특징이 드러나지 않는 겉옷을 걸치고 있다가 점차 신체의 실루엣이 드러나 보이는 겉옷으로 변한다. 상고기에는 여신상이나 여인상이 치렁거리는 기다란 키톤을 걸쳤지만 고전기에는 페플로스를 걸쳤는데, 마치 살아 움직일 듯이 섬세하게 흘러내리면서 신체의 모든 실루엣을 전라처럼 완벽하게 드러내 보여준다. 아테네의 아크로폴리스 위 파르테논 신전에 장식된 동쪽 페디먼트pediment는 기원전 5세기에 완성되었는데 아테나 여신의 탄생 장면이 그려져 있다. 여기에 조각된 헤스티아, 디오네, 아프로디테, 아르테미스, 데메테르 등의 여신들은 페플로스를 입고 있기는 하지만 아주 가볍고 얇은 천 위에 물결치듯이 흘러내리는 주름이 신체의 선을 그대로 드러내 준다.21) 특히 가슴과 허벅지 부분에는 더 섬세하게 주름을 넣어 몸의 곡선이 훨씬 강조되어 나타난다.

파르테논 신전 앞에 있는 아테나 니케 신전에서 발굴된 〈샌들을 고쳐 신는 니케〉라 불리는 부조는 기원전 420~400년경으로 추정되는데 입상으로 오른쪽 다리를 들어 올려 움직임을 극대화하면서 여신의 신체의 흘러내리는 곡선을 세밀하게 잡아내고 있다. 이와 같은 방식으로 신체의 아름다움을 보여주려는 시도는 남성상에게는 거의 없으며 여성상에게만 독특하게 나타난다. 그리스 사회는 남성의 신체를 가장 이상적이고 완벽한 대상으로 바라보기 때문에 남신이나 남자의 신체는 벗은 채로 묘사되는 것이 일반적이다. 그러나 여성의 신체는 감추어지고 숨겨져야 할 대상으로 바라보는 경향이 아직 남아 있었다.

그러나 상고기로부터 시간이 한참 지난 후인 고전기 후기와 헬레니즘 시기로 접어들면서 그리스 조각가들은 여신들의 얇은 겉옷도 벗겨내기

'파르테논 신전 동쪽 페디먼트 장식 조각',
기원전 5세기, 런던 대영박물관
아테나 여신의 탄생 장면을 그렸다. 여신들은 페플로스를 입고 있기는 하지만 아주 가볍고 얇은 천 위에 물결치듯이 흘러내리는 주름이 신체의 선을 그대로 드러내 준다.

'샌들을 고쳐 신는 니케',
기원전 410-407년,
그리스 아테네 아크로폴리스 박물관
아테나 니케 신전에서 발굴된 부조. 오른쪽 다리를 들어 올려 움직임을 극대화하면서 여신의 신체의 흘러내리는 곡선을 세밀하게 표현하고 있다.

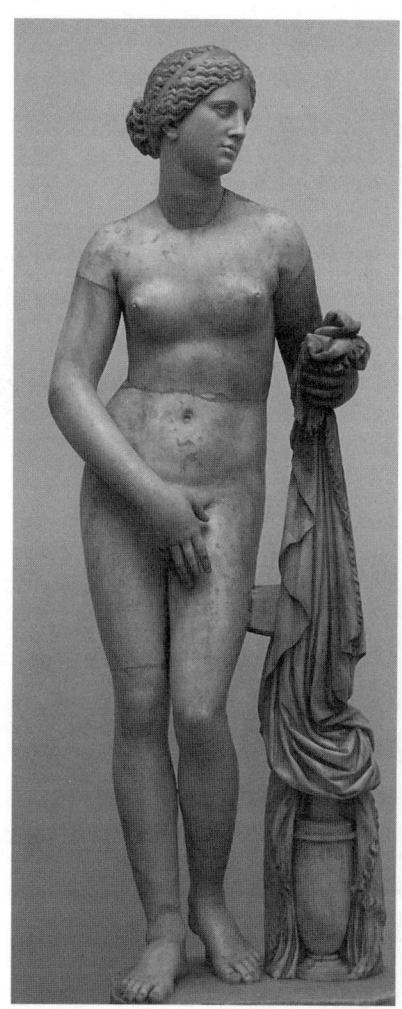 

프락시텔레스, '크니도스의 아프로디테', 기원전 350년경, 높이 205cm, 바티칸 미술관
'카피톨리노의 비너스', 기원전 3-2세기 조각상의 복제품, 카피톨리노 미술관
이 시기가 되어서야 여신의 나체는 비로소 좀 더 관능적인 모습으로 등장하며 남성적 시선의 대상으로 나타나기 시작한다.

시작한다. 기원전 5세기 말에 여신상이 나체로 조각되기 시작하여 기원전 4세기에는 대중적인 인기를 끌게 된다. 이 시기에는 인간의 신체에 대한 해부학적인 문제를 어느 정도 해결하였기 때문에 그리스인들은 이제 여성상에도 관능미를 의도적으로 부여하기 시작한다.[22] 그러나 이 당시의 여신상은 구석기시대나 신석기시대에 우주의 생식력을 드러내 보이기 위해 종교적인 의미에서 여신들이 나체로 나타나는 것과는 전혀 다르다. 5세기 말에 프락시텔레스Praxiteles가 전라의 크니도스Knidos의 아프로디테 상을 제작하여 성공을 거둔 이후 여성의 나체상도 일반화되었다.[23] 프락시텔레스의 아프로디테 상은 당시에 크니도스를 세계적인 명소를 만들어 주었다.[24] 물론 프락시텔레스는 종교적인 의식의 일환으로 아프로디테가 목욕하는 장면을 묘사했지만 여성의 은밀한 부분은 가리는 동작을 하고 있어 인간적인 측면이 강하게 부각된다.

기원전 3~2세기에 만들어진 카피톨리노의 아프로디테Capitoline Venus 상은 오른손은 가슴을 가리려는 듯이 위로 올라가고 왼손은 은밀한 곳을 가리려는 듯이 비스듬하게 아래로 향해 있으나 실제로는 마치 관객의 시선을 유도하는 것처럼 보이기도 한다.[25] 그리스 고전기에 나체는 매우 익숙한 모습이었기 때문에 전혀 비판의 대상이 아니었으나 후대로 가면서 훨씬 관능적인 누드 상이 불건전한 편견을 일으키게 되었다.[26] 이 시기가 되어서야 여신의 나체는 비로소 좀 더 관능적인 모습으로 등장하며 남성적 시선의 대상으로 나타나기 시작한다. 그리고 고전기를 벗어나 헬레니즘 시대에 접어들면서 여신의 모습조차 남성의 시선에서 벗어날 수 없었고 점차 초월적인 특징보다는 관능적인 특징이 강화되었다.

르네상스 시대의 중성적 미소와 양성성

르네상스 시대에 고대 그리스의 이상이 부활하면서 그리스적 특징들은 일부 르네상스 화가들에 의해 다양하게 구현된다.27) 특히 르네상스 작품 속의 여성상은 세 종류의 여성들로 분류될 수 있다. 첫째 성모 마리아상이며, 둘째 그리스의 여신상이며, 셋째 일반 여인상이다. 기본적으로 성모 마리아상과 그리스 여신상을 대하는 르네상스인들의 태도는 다르기 때문에 서로 미묘하게 다른 이미지들을 보여준다. 먼저 보티첼리Sandro Botticelli의 여성상은 매우 독특하다. 그의 특징은 '불안정한 상태에 있으면서도 매력적이고 드물게는 아름다움과 힘 있는 존재로 드러나기도 하는 인간에 대한 동정과 인간을 위축시키는 위대한 실체들이 인간 위에 드리우는 그림자에 대한 의식이 그의 내면에 교차되고 혼합된다는 데' 있다.28) 일반적으로 보티첼리는 여러 후원자들과의 관계에서 신플라톤주의의 영향을 많이 받은 것으로 알려져 있다.29) 특히 신플라톤주의 학파의 '사랑'의 주제는 아프로디테, 즉 로마의 베누스Venus를 묘사하는 데 반영되었을 것이라 추정된다.

보티첼리의 베누스 상이나 성모 마리아상은 '사랑'이라는 주제에 의해 유사성을 갖는다. 보티첼리가 선택한 가장 고전적 주제들 중 하나는 〈베누스의 탄생〉(1485년)이다. 그가 다산과 풍요의 상징인 사랑의 여신 아프로디테를 묘사하는 방식은 매우 독특하다. 우선 전체 색채가 매우 창백하고 싸늘하게 보이도록 하여 세속적 아프로디테의 이미지를 감소시키고, 다음으로 신체 비율을 비현실적으로 사용하여 신비적인 느낌을 이끌어낸다. 아프로디테의 상징인 조개 위에서 벌거벗은 몸으로 서 있지만 비현실적인 비율 때문에 굳이 긴 금발로 가리지 않아도 전혀 육감적이지 않으며 초월적인 느낌이 강하다. 더욱이 보티첼리는 〈프리마베라

Primavera〉(1478년)에서 볼 수 있듯이, 고전기 그리스 미술과 비슷하게 얇고 주름진 천을 입고 있지만 몸 전체가 드러나는 방식으로 여성들을 그려냈다. 그러나 그것도 역시 보티첼리의 여성상들을 비현실적으로 만드는 기묘한 탈세속화와 관련이 있다.

한편 레오나르도 다 빈치가 그려내는 여성상들은 각기 다른 고유한 이미지들을 가지고 있다. 특히 여성을 그린 초상화들은 마치 내면의 소리까지 듣고 있는 듯이 표현하고 있어 각기 다른 표정들을 가지고 있다. 그렇지만 기묘하게도 레오나르도 다 빈치의 그림에는 여성과 남성의 경계선이 허물어져 버리면서 성 정체성이 모호해지는 '순간'이 있다. 신체는 분명히 여성이건만 또는 분명히 남성이건만 얼굴에 이르면 알 수 없는 순간이 벌어진다. 이러한 현상은 미소년을 그릴 때만 일어나는 것이 아니라 여인상이든 성모상이든 성인상이든 언제든 일어난다.

가령 〈모나리자〉의 얼굴을 보라. 우리 모두 레오나르도가 여성을 그렸다는 데 동의한다. 그러나 모나리자의 얼굴만 보면 이상하게 어떠한 성적 이미지도 떠오르지 않는다. 눈썹은 흐릿하고 길게 뻗은 코와 입가에 머금은 미소가 양성적이다. 모나리자의 미소는 보는 사람들을 단번에 사로잡아 버린다.30) 흔히 스푸마토sfumato라 불리는 레오나르도의 회화 기법은 사물의 경계선을 희미하게 묘사하는 것이다. 이것은 마치 그리스 상고기의 조각상에 나타나는 '미소'와 매우 유사하다. 그리스의 쿠로스 상이나 코레 상에서는 어떤 성적 이미지도 떠올릴 수 없는 정체된 상태에서 단지 부드러움과 온화함과 신비스러움만이 느껴진다.

레오나르도 다 빈치의 〈세례자 요한John the Baptist〉에 보이는 이교도적인 특성은 신비스러운 미소와도 관련이 있다. 대부분의 다른 화가들이 그렸던 성인상들은 현실에 발 딛고 있으면서도 세속을 초월한 듯한 표정을

레오나르도 다 빈치, 〈세례자 요한〉,
15세기경, 69×57cm, 루브르 박물관

짓는다. 그래서 어떤 성인상은 수많은 화살에 맞아도 고통스러워 보이지 않고 피를 흘리지만 상처 입은 것처럼 보이지 않거나 약간 고통스러운 듯한 표정만 지을 뿐 초연한 태도를 보인다. 그렇지만 레오나르도 다 빈치의 세례자 요한은 희한하게 이러한 종류의 전형적인 성인상과는 전혀 다르다. 세례자 요한은 레오나르도 다 빈치의 여성상들에서조차 찾아보기 힘든 유혹적인 눈빛을 보이고 있어 우리를 당혹스럽게 만든다. 남성이면서도 여성과 같이 바라보는 사람을 강력하게 빨아들이는 눈빛과 어렴풋한 미소는 종교적으로는 절대로 수용하기 쉽지 않다. 사실 개인적으로 그것이 레오나르도 다 빈치의 작품이라는 이유로 오늘날까지 존재할 수 있지 않았을까 싶기도 하다. 레오나르도 다 빈치의 회화에 등장하는 여인들은 매우 우아하고 아름답다. 그렇지만 그것은 언제나 냉정하게 일정한 거리를 유지하게 한다. 더 이상 가까이 갈 수도 멀리 떨어질 수도 없는 거리 말이다. 그래서 우리를 사로잡아 흔들어 버리는 특징은 나타나지 않으며 늘 아폴론적인 거리를 유지하게 한다. 레오나르도의 여성상은 그리스 상고기 후기와 고전기 초기의 인물상을 보는 듯하고, 그의 남성상은 헬레니즘 시대의 인물상을 보는 듯하다.

3
매혹과 숭고: 남성적 아름다움의 은유

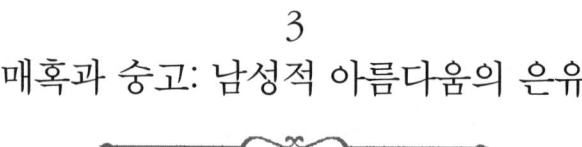

그리스의 동성애와 남성 중심적 사회

서구 구석기시대에 발굴된 신상은 모두 여신상으로 남신상은 현재로는 존재하지 않는다. 남신상은 신석기시대 후반에서 청동기시대 초반에 등장하기 시작한다. 구석기시대의 '위대한 어머니 여신'은 신석기시대 후반으로 넘어가면서 분화하기 시작한다. 따라서 이 당시에 나타난 남신상은 대부분 어린아이의 모습으로 나타나거나 여신을 수행하는 사람의 모습으로 등장한다. 서구 사회에서는 본격적으로 가부장제 사회로 접어들면서 남성의 이미지가 독립적인 형태로 나타난다. 루마니아 체르나보다 Cernavoda에서 한 쌍의 남녀상이 출토되었는데 기원전 약 4천 년에서 3천 5백 년경으로 추정된다. 특히 남성상은 양팔을 다리에 올려 얼굴을 괴고 있는 자세로 생각하는 사람의 모습을 하고 있다.31) 그리스 예술의 주요 특징은 소년kouros상에 찾아볼 수 있다. 그리스인들은 특히 아름다운 소년상을 많이 제작했다. 소년은 남성과 여성의 이미지를 모두 가지고 있다고 할 수 있다. 여성적인 부드러운 이미지와 남성적인 강한 이미지가 절묘하

'체르나보더의 생각하는 사람', 기원전 4000-3500년경
루마니아 체르나보더에서 출토된 한 쌍의 남녀상 중 남성상은 양팔을 다리에 올려 얼굴을 괴고 있는 자세로 생각하는 사람의 모습을 하고 있다.

게 융합되어 나타나기 때문이다.

그리스인들이 동성애를 추구했다는 사실은 이미 잘 알려져 있다. 그리스 사회가 가부장제 사회이면서도 동성애, 아니 엄밀히 말하자면 소년애에 대해 관대한 이유는 무엇일까? 우선 그리스 사회가 '남성 중심적'이고 '남성 우월적'이었다는 사실을 지적할 수 있다. 물론 이것이 소년애에 대해 관대한 이유는 될 수 없다. 남성 중심적이거나 남성 우월적인 사회가 모두 소년애나 동성애에 대해 우호적이지는 않았으며 오히려 동성애에 대해 더 억압적인 경우가 훨씬 많다. 그렇지만 이것이 여러 이유 중에 한 가지 이유가 되는 것은 분명하다. 남성이나 남성적인 것이 모든 것의 중심이 되고 기준이 되기 때문에 여성이나 여성적인 것은 상대적으로 열등하고 하찮게 생각되었다. 그리스 사회는 고전기로 가면서 점차 여성적인 것에 대해 부정적인 평가를 내리기 시작한다.

그리스 사회의 여성 혐오증 misogyny은 그리스 비극과 철학에서 빈번하게 나타난다. 아리스토텔레스가 여성을 불완전한 남성으로 본 것은 당시의 사회적 가치를 반영한 결과일 뿐이다. 남성적 가치를 지나치게 우월시하는 태도가 소년애나 동성애에 대해 관대하였던 궁극적인 이유는 아닐지라도 최소한 그것을 강화시키는 역할을 했을 가능성도 높다. 그리스 동성애의 특징은 상고기 후반과 고전기 초반의 도자기 그림에서 나타나는 것처럼 항상 '남성성'이 강조되었다.32) 그렇지만 그리스 동성애는 성장 단계에서 나타나는 일시적 현상이라 할 수 있다. 성인 남자들은 약 12세에서 20세 정도의 소년들을 사랑하지만 소년의 턱에 수염이 자라나면 사랑받는 자의 위치에서 벗어나게 된다. 약 40세 이하의 성인 남자들도 결혼을 아직 하지 않은 사람이 결혼을 하면 동성애 관계에서 벗어나 남편으로서 정착한다.

다음으로 그리스 사회가 소년애를 교육적인 목적으로 권장했다는 사실을 주목할 필요가 있다. 그리스의 도시국가마다 약간은 차이가 있지만 기본적으로 소년애를 장려했다. 특히 스파르타에서는 성인 남자가 자신이 가르치는 소년이 훌륭한 군인이 되도록 지도하는 것은 일종의 의무였다. 그래서 사적인 애정 관계보다는 국가적 이익을 위해 소년애를 제도화하였다. 성인 남자는 자신이 사랑하는 소년에 대해 전적으로 책임이 있었다. 그래서 소년이 수치스러운 짓을 했다면 성인 남자가 처벌을 받아야 했다. 플라톤도 《향연》에서 소년애 관계에서 사랑하는 사람들은 훌륭한 삶으로 인도된다고 한다. 사랑을 하는 사람은 사랑을 받는 사람 앞에서 수치스러운 행동을 하지 않게 된다. 그래서 플라톤은 사랑하는 사람들과 사랑받는 사람들로 이루어진 나라나 군대를 만들 수만 있다면 가장 좋은 나라와 군대가 될 것이라 말한다. 그것은 사람들이 모든 수치스러운 행동들을 멀리하고 서로가 경쟁적으로 훌륭한 일을 실천하려고 하기 때문이다.33)

그리스 사회는 소년애 관계를 통해 당시 사회의 전통과 관습 및 이상을 적절하게 전승할 수 있었다. 성인 남자는 사랑하는 소년에게 자신이 소중히 생각하는 모든 지식을 전수하려 노력하고 소년이 항상 올바르고 좋은 것을 열망하기를 바란다. 소년은 사랑하는 성인 남자의 삶의 방식을 모방하고 늘 배우기 위해 노력하여 도시국가가 바라는 이상적인 인간으로 성장하게 된다. 그러므로 소년애는 도시국가의 모든 구성원들이 상호 간의 인격이 성장하도록 독려하기 때문에 그리스 사회로서는 배타시할 이유가 없었던 것이다.

마지막으로 그리스의 소년애는 단지 영혼의 결합에 머무르지 않았으며 신체의 결합으로까지 이어졌다. 물론 도시국가가 권장하는 소년애의 궁극적 목적과 달리 성인 남자가 단순히 소년의 신체를 탐하기만 하거나 또는 소년이 성인 남자를 유혹하려는 것에 대해서는 비판적이었다. 아리스토파네스는 《구름The Clouds》에서 당시 타락한 소년들의 모습을 한탄하며 절제가 존중되던 시절의 소년들에 대한 교육이 어떠했는지를 말하고 있다.34) 그렇지만 이러한 경우를 제외하고 그리스 사회에서는 사랑하는 성인 남자와 사랑받는 소년 간의 정신적 관계뿐만 아니라 육체적 관계 자체가 도덕적인 문제가 되지 않았다. 플라톤은 《향연》에서 아리스토파네스Aristophanes의 입을 통해 동성애 자체가 자연적이며 본성적이라는 것을 설명하고 있다.35) 그럼에도 불구하고 마지막 부분에서 플라톤은 소크라테스가 당시에 일반적이었던 스승인 성인 남자와 제자인 소년과의 신체적 결합을 자연스럽게 물리치는 장면을 그렸다. 모든 그리스인들이 가장 아름다운 소년이라 인정하는 알키비아데스Alkibiades를 플라톤이 너무나 존경하지만 못생겼다고 인정한 소크라테스가 거부한 것이다. 그것은 오히려 소크라테스를 매우 독특한 유형의 인물로 부각시키는 결과를 가져왔다. 플라톤 자신은 에로스의 변증법을 통해 궁극적으로 아름다움 자체로 나아가기 위해 신체의 아름다움과 영혼의 아름다움에 대한 사랑을 모두 이야기하고 있다. 물론 육체적 쾌락을 추구하는 일시적이고 덧없는 세속적 사랑과 정신적 쾌락을 추구하는 영원불멸한 천상적 사랑을 구별하기는 하지만 말이다. 그렇지만 플라톤은 궁극적으로 추구해야 할 것은 영원불멸한 진리의 아름다움에 대한 사랑이라 말한다.

그리스의 미소년과 아폴론적 시선

그리스의 남신상이나 남성상은 대부분은 반라거나 전라로 나타난다. 그리스 조각가는 여성보다 남성의 신체에 훨씬 많은 관심을 가졌다. 그리스에서는 남성이 모든 것의 척도였기에 신을 닮은 듯한 이상적인 신체를 재현해내는 데 남성의 나체가 참고되었다. 더욱이 그리스 젊은이들은 주로 전라로 신체 훈련을 받았기 때문에 나체는 아주 익숙한 모습이었다. 물론 스파르타에서는 여자아이도 남자아이와 같이 나체로 신체 훈련을 했지만 다른 지역에서는 별로 볼 수 없는 풍경이었다. 실제로 남성 신체에 비해 여성 신체의 아름다움을 재현해내는 데는 훨씬 더 오랜 시간이 걸렸다.[36] 여성의 경우에는 초기에는 나체가 아닌 정장을 한 상태에서 신체의 아름다움을 표현하기 위해 몇 가지 기술들이 필요했다. 당시에 김나지움에서의 훈련을 통해 적당한 근육이 잡힌 남성 신체는 충분히 아름다움에 대한 동경을 불러일으킬 만했다.

그러나 그리스의 남신상이나 남성상은 아폴론적인 특징을 보인다. 일부 학자들은 그리스인들의 신체 비율이 너무 수학적이고 이상적이어서 인간적인 느낌을 받지 못한다고 한다. 그리스 연구자 도즈Dodds는 영국 박물관에서 파르테논 조각상을 관람하고 있을 때 어떤 젊은이가 근심스러운 표정으로 다가와서 솔직히 그리스 조각상이 아무런 감동을 주지 않는다고 고백하면서 소름 돋을 정도로 합리적이기 때문이라고 설명하는 것을 들었다고 한다.37) 사실 그리스 상고기나 고전기의 부조나 조각상을 보면 감성이 아닌 이성이 앞서 나간다. 그래서 가슴을 크게 파고들거나 흠뻑 적셔드는 감동이 먼저 밀려오지 않는다. 언제나 신속하게 움직이는 감각을 마비시키고 모처럼 이성이 앞질러 나가는 반전이 일어나기 때문이다. 한 치도 빈틈이 없어 보여 숨막히게 하는 현실적인 이성의 치밀성과 보이지 않는 것을 보이게 하는 형이상학적 이성의 초월성 때문에 모든 것에 예민한 감성이 한순간에 마비된다. 그렇지만 아무런 감동을 받지 않는다는 주장은 사실이 아니다. 이성적 직관이 잠시 물러서는 순간에 감성은 한편으로 차가운 기류를, 다른 편으로는 뜨거운 기류를 불러들인다. 그래서 여전히 이성의 빗장을 걸고 있는 사람은 소름만 끼치지만 그것을 자연스럽게 열어젖힌 사람은 동시에 천천히 스며드는 따뜻함을 느낄 수 있다. 이성의 평형성 때문에 감정이 격렬하게 흔들리지는 않지만 사람을 사로잡는 힘으로 인해 한동안 정적에 머물게 한다.

그리스 상고기에 해당하는 기원전 610~600년경 것으로 추정되는 아티카Attica에서 출토된 소년상은 처음 보면 그리스보다는 이집트나 근동 지역에 나타나는 조각상과 비슷하다는 인상을 받게 된다. 실제로 그리스 상고기의 조각상들이 이집트로부터 영감을 받았고 제작 기술을 수용했다고 말해진다.38) 어깨를 넘어가는 머리카락을 길게 땋은 머리 모양은 수메

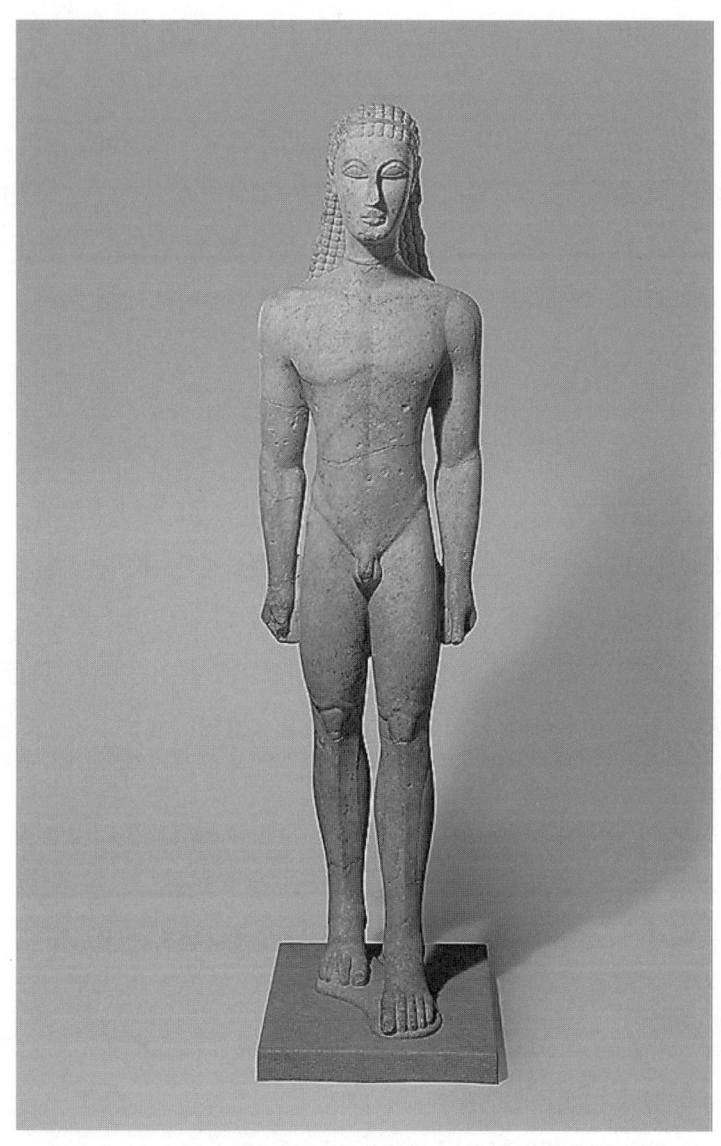

■
'아티카의 쿠로스', 기원전 610-600년경, 뉴욕 메트로폴리칸 미술관
어깨에 비해 엉덩이와 허벅지는 상대적으로 좁아 보이며 허리는 살짝 곡선을 그으며 들어가 있다. 얼굴에 아무 표정이 없고 가슴은 W 형태로 선을 이룬다.

르와 바빌로니아 도상에서 자주 본 듯하고, 왼쪽 발을 한 걸음 내디딘 형태는 이집트 입상에서 자주 나타난다. 어깨는 신체 전체에서 가장 넓은 부분으로 엉덩이와 허벅지는 상대적으로 좁아 보이며 허리는 살짝 곡선을 그으며 들어가 있다. 얼굴에 아무 표정이 들어가 있지 않고 가슴은 W 형태로 선을 이루고 있으며 한쪽 다리가 한 걸음 나와 있기는 하지만 양 다리 모두 곧게 뻗고 있다. 따라서 상고기의 소년상은 전형적인 그리스 조각상과 비교해 보자면 매우 이국적으로 느껴진다.

그러나 약 30년이 지난 기원전 580년경으로 추정되며 델포이Delphoi에서 출토된 '클레오비스와 비톤Kleobis and Biton'이라 불리는 조각상과 기원전 550년경으로 추정되며 테네아에서 출토된 소년상은 아티카의 소년상과 신체 비율이 많이 달라진 모습이다. 이들은 기본적인 입상의 형태는 동일하게 유지하고 있으나 허리가 훨씬 잘록하게 들어가고 엉덩이와 허벅지가 가슴 크기만큼이나 크게 발달되어서 전혀 다른 인상을 준다.

더욱이 테네아의 소년상은 독특하게 입가에 잔잔한 미소가 번지도록 살짝 웃고 있는 표정을 짓고 있다. 이것은 바로 다음 시기인 고전기에는 등장하지 않고 나중에 헬레니즘 시대나 르네상스 시대에서 볼 수 있는 매우 우아한 미소다. 우리에게 '상고기의 미소archaic smile'로 알려져 있으며 이후에 서구의 수많은 조각상에서 발견된다.39) 전체적으로는 이집트 조각상과 비슷한 아티카의 소년상이 상체에 비해 하체가 약간 빈약해 보인다면 테네아의 소년상은 상체와 하체의 비율이 균형을 이루고 있는 것처럼 보인다. 기원전 530년경으로 추정되며 아나비소스에서 출토된 소년상은 테네아의 소년상과 비슷해 보이지만 가슴에 비해 엉덩이와 허벅지가 유난히 곡선형으로 발달하여 오히려 여성적 이미지를 보이고 잘록한 허리가 성 정체성을 모호하게 하는 독특한 이미지를 창출해 낸다.

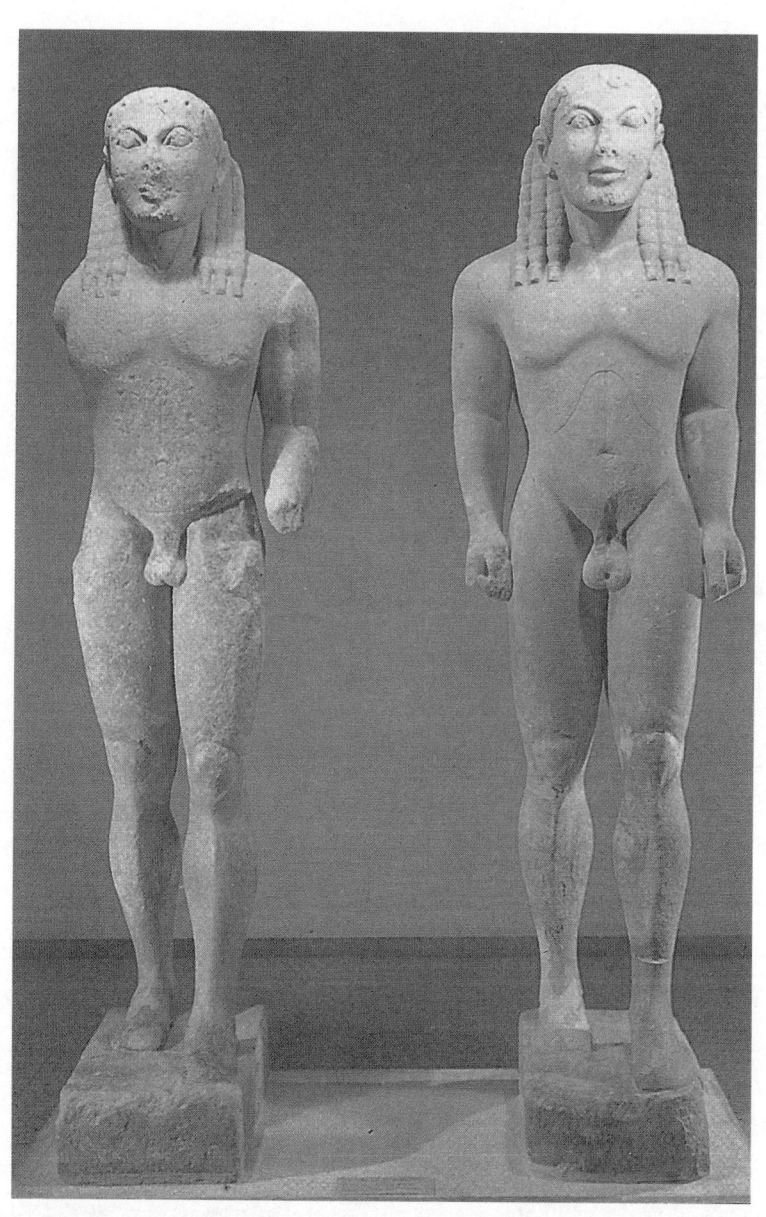

'클레오비스와 비톤', 기원전 580년경, 델포이 고고학 미술관
아티카의 소년상과 기본적인 입상의 형태는 동일하게 유지하고 있으나 허리가 훨씬 잘록하게 들어가고 엉덩이와 허벅지가 가슴 크기만큼이나 크게 발달되었다.

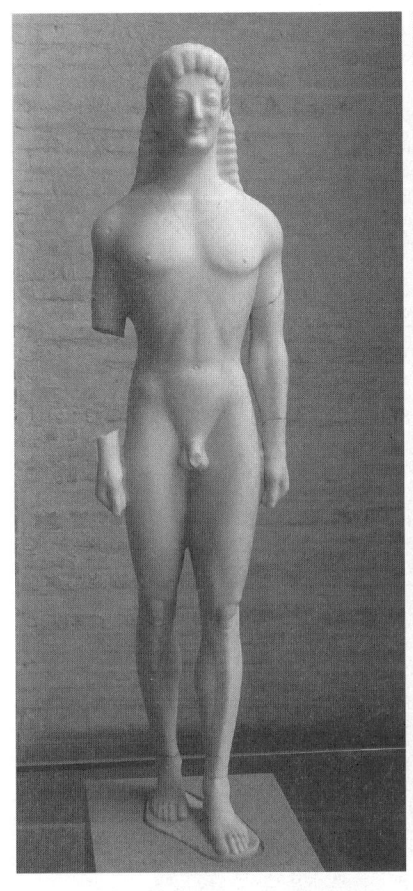 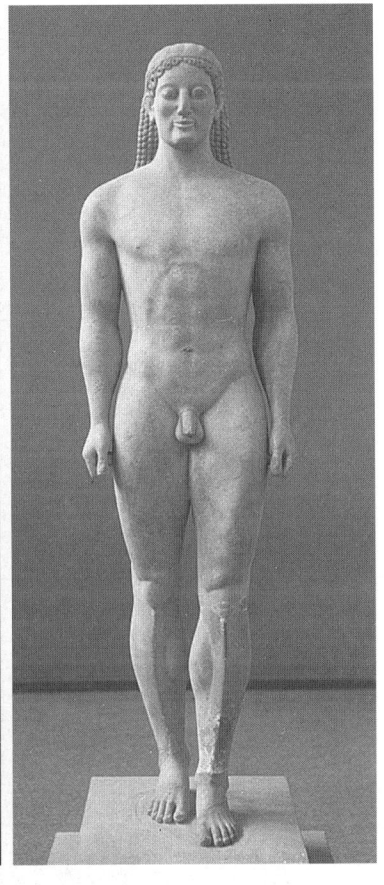

■
'테네아의 소년상', 기원전 550년경, 뮌헨 글립토테크 미술관
독특하게 입가에 머금은 잔잔한 미소는 '상고기의 미소'로 알려져 있으며 이후에 서구의 수많은 조각상에서 발견된다.

'아나비소스의 쿠로스', 기원전 530년경, 아테네 국립 고고학 박물관
가슴에 비해 유난히 곡선형으로 발달한 엉덩이와 허벅지로 인해 성 정체성이 모호해 보인다.

 그리스 고전기의 소년상은 그리스의 전형적인 조각상의 특징인 수학적 비례와 균형이 완벽하게 조화를 이루고 남성 신체의 특징들을 이상적으로 표현하고 있다. 상고기의 소년상에서 보이듯이 허리가 잘록하게 들

■
'크리티오스 소년상', 기원전 490-480년경, 아테네 아크로폴리스
그리스 고전기의 소년상은 이집트의 영향을 받은 입상의 형태로부터 점차 자유로워지면서 상고기와 달리 전형적인 그리스적 분위기를 연출한다.

어가 보인다거나 가슴 부분에 비해 엉덩이와 허벅지가 너무 발달해 보이는 특징은 사라졌다. 고전기의 소년상은 전체적으로 상·하체가 적절한 균형을 이루고 있으며 상고기에 비해 가슴과 배의 근육이 자연스럽게 발달해 있다. 적당하게 엉덩이와 허벅지를 묘사하여 허리가 너무 잘록하게 들어가 보이는 특징은 나타나지 않는다. 특히 헤어스타일은 확연하게 차이를 보인다. 상고기의 소년상은 마치 일일이 구슬을 박아 놓은 듯한 기다란 머리 모양이 요즘 흑인들의 레게 스타일처럼 눈에 두드러져 보이는데, 고전기에는 독특한 머리 모양이 완전히 사라지고 짧은 머리로 표현되었다. 기원전 480년경에 제작된 아테네의 크리티오스Kirtios 소년상을 보면 가슴이나 배 근육이 지나치지 않게 적당히 발달되어 있고 짧은 머리 모양에 부드러운 물결 모양의 선을 긋는 방식으로 장식해 섬세하지만 아주 자연스럽게 처리하였다. 그리스 고전기의 소년상이 상고기와 달리 전형적인 그리스적 분위기를 연출하는 것은 이집트의 영향을 받은 입상의 형태로부터 점차 자유로워졌다는 것이다.

상고기의 소년상은 무언가 매우 엄격하고 경직되었다는 느낌에서 벗어나기 힘든데, 고전기의 소년상은 갑자기 아주 자연스러운 분위기를 연출한다. 그것은 입상의 자세의 작은 변화로 인해 생겨났다. 왼쪽 다리를 앞으로 뻣뻣하게 내딛은 상고기의 포즈와 달리 고전기에는 오히려 오른쪽 다리를 내딛고 약간 구부리면서 왼쪽 다리로 무게 중심이 옮겨져 엉덩이가 약간 치켜 올라간 형태이다. 이것이 소년상을 살아 있는 듯이 아주 자연스럽게 보이게 한다. 또한 그리스 고전기의 조각상은 상고기의 조각상과 인체를 표현하는 데에 확연히 다른 점이 있다. 상고기 조각상들이 아름다운 형태를 묘사하기 위해 반복과 대칭을 사용하였다면, 고전기 조각상은 강력한 운동성을 묘사하기 위해 대칭을 피하고 있다. 기원전 450

■ '미론의 원반 던지는 사람',
기원전 450년경,
로마 국립고대미술관
역동적인 모습을 보여주기 위해 조각상의 오른쪽은 곡선 형태이고 왼쪽은 지그재그 형태로 각이 져 있다.

년경 미론Myron이 만든 〈원반 던지는 사람Diskobolos〉은 현재 로마에 복제품이 남아 있는데 역동적인 모습을 보여주기 위해 조각상의 오른쪽은 곡선 형태이고 왼쪽은 지그재그 형태로 각이 져 있다.40) 고전기의 소년상은 소년들이 체력 단련을 통해 자연스럽게 가질 수 있는 근육들을 너무 지나치지 않게 표현하고 있으며, 어린아이에서 성인으로 넘어가면서 아직은 구별되지 않는 여성적 이미지와 남성적 이미지가 절묘하게 녹아들어 있다.

헬레니즘 시대의 파토스와 중성적 이미지

헬레니즘 시대로 넘어가면서 그리스 조각상들은 마치 살아 있는 듯이 신체의 외적 움직임을 자유자재로 표현해 낼 뿐만 아니라 내적 움직임도 자연스럽게 표현해 내고 있다. 사실 인간 내면에서 일어나는 감정pathos은 눈에 보이지 않는 것이지만 눈에 보이게 하기 위해 더 많은 연구와 기술이 필요했을 것이다. 페르가몬에서 발견된 제우스 제단의 열주 아래쪽에는 신과 거인족의 전투를 보여주는 프리즈가 둘러싸고 있다. 기원전 약 180년경으로 추정되는 이 작품은 등장하는 인물들의 고통으로 뒤틀린 얼굴과 몸짓을 아주 섬세하게 표현하고 있다. 특히 아테나 여신에게 머리채를 잡힌 거인족 알퀴오네우스Alkyoneus의 표정은 그 내면에 이는 분노와 절망이 섞인 미묘한 감정을 보여준다. 또한 기원전 1세기로 추정되는 〈라오콘Laokoon〉은 이전의 그리스 조각상과 확실히 차이가 있다.[41] 그리스 조각들의 일반적 특징은 '자세나 표정 모두에서 나타나는 고귀한 단순성과 고요한 위대성이다. 표면은 동요하더라도 그 깊은 속은 변함없이 고요한 바다처럼 그리스 인물들의 표정은 열정에 의해 흥분해 있기는 하나 언제나 위대하고 침착한 영혼을 보여준다.'[42] 〈라오콘〉은 고통으로 일그러진 영혼의 상태를 얼굴의 표정과 온몸에 드러나는 힘줄, 뒤틀려진 몸의 근육으로 절절하게 보여준다.

헬레니즘 시대의 소년상은 여성도 아니고 남성도 아닌, 또는 너무나 여성적이면서도 너무나 남성적인 이미지를 드러내면서 소년상이 가진 특유의 양성적 이미지가 부각될 뿐만 아니라 관능적인 특징이 강화된다. 고전기에서 헬레니즘 시대로 넘어가는 시기인 4세기에 만들어진 〈벨베데레의 아폴론Apollo Belvedere〉은 고전기의 마지막 미소년 상을 완성했다. 부드럽게 곱슬거리는 머리카락이 우아하게 장식되어 있으며 얼굴은 왼쪽으로

■
'페르가몬 제우스 대제단의 알퀴오네우스', 기원전 180년경, 베를린 페르가몬 박물관
신과 거인족의 전투를 보여주는 프리즈는 고통으로 뒤틀린 얼굴과 몸짓을 아주 섬세하게 표현하고 있다.

'라오콘', 기원전 150-50년경, 높이 240cm, 바티칸 미술관
고통으로 일그러진 영혼의 상태를 얼굴의 표정과 온몸에 드러나는 힘줄, 뒤틀려진 몸의 근육으로 절절하게 보여준다.

돌려 시선이 먼 곳을 응시하고 있다. 그리스의 아폴론은 소년들의 입문 의식과 관련된 신이다. 그는 미소년의 전형적인 인물로 균형과 조화를 이룬 이상적인 모습을 보여준다. 특히 〈벨베데레의 아폴론〉은 너무나 절제된 아름다움을 보여주어 고전기와 헬레니즘 시기의 경계를 이루는 작품이라 할 수 있다. 기원전 4세기 후반 경에 프락시텔레스Praxiteles가 제작한 것으로 추정되는 〈헤르메스와 어린 디오뉘소스〉는 짧은 곱슬머리에 몸 전체가 자연스럽게 휘어진 S자형의 포즈를 취하고 있다. 이와 비슷하게

■
프락시텔레스, '헤르메스와 어린 디오뉘소스', 기원전 4세기 후반, 올림피아 미술관
짧은 곱슬머리에 몸 전체가 자연스럽게 휘어진 S자형의 포즈를 취하고 있다.

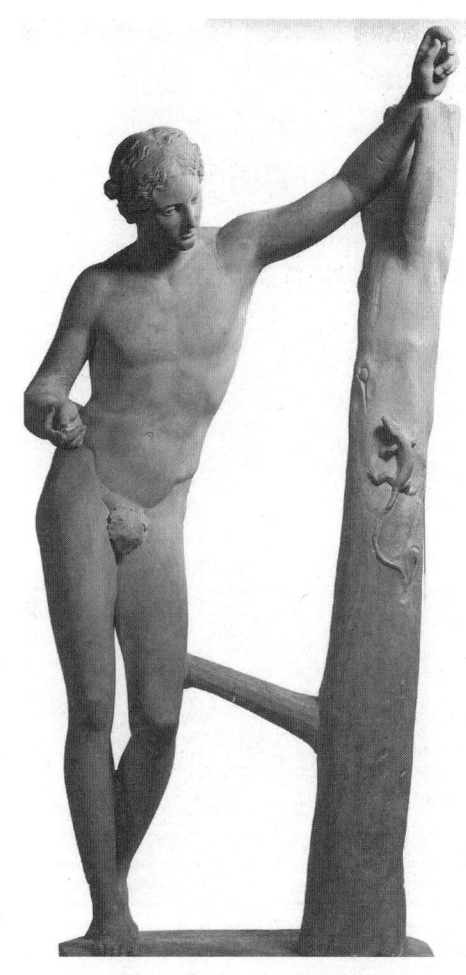

프락시텔레스,
'도마뱀을 죽이는 아폴론',
기원전 480-323년경, 높이 149cm,
루브르 박물관

기원전 350년경에 역시 프락시텔레스에 의해 만들어진 〈도마뱀을 죽이는 아폴론Apollo Sauroktonos〉 상을 보면 머리 모양도 장식이 곁들여져 훨씬 여성스러워졌으며 하복부의 V자형 근육이 흐려진 상태에서 몸을 훨씬 깊게 틀어서 미묘한 분위기가 느껴진다.

    그리스 예술가들은 처음에는 단지 인체의 아름다움을 최대한 이상적으로 구현하기 위해 노력했지만 점차 관능적으로 바라보는 또 다른 남성

베르니니, 〈취해서 잠든 사티로스〉(바르베리니 파우누스), 기원전 200년경 조각상의 복제품, 높이 210cm, 뮌헨 글립토테크 미술관
가볍게 넘실거리는 머리카락에 다리를 벌리고 반쯤 누워 있는 파우누스의 모습이 관능적이다.

의 시선을 벗어날 수 없었다. 기원전 200년경에 제작된 〈바르베리니 파우누스Barberini Faunus〉를 보면 술 취해서 잠든 파우누스의 모습을 매우 관능적으로 표현했다. 가볍게 넘실거리는 머리카락에 다리를 벌리고 반쯤 누

미켈란젤로, 〈교황 율리오 2세 무덤의 죽어가는 노예〉, 1513-14년경, 높이 229cm. 루브르 박물관
노예는 죽어 간다기보다는 나른한 표정 또는 황홀경에 빠진 표정을 짓고 있다.

위 있는 파우누스의 모습은 충분히 관능적이다. 미켈란젤로의 〈죽어가는 노예Dying Slave〉와 비교할 때 여성의 신체와는 다른 기묘한 관능미를 느낄 수 있다. 노예는 죽어 간다기보다는 도취되거나 흥분된 모습이다. 얇은 상의를 위로 밀어 올린 채로 파우누스와 같이 한 손으로 머리카락을 부여잡고 있으며 비대칭인 다리가 전체적으로 약간 뒤틀리면서 나른한 표정 또는 황홀경에 빠진 표정을 짓고 있다.

역사상 다른 문화와 비교해 봤을 때 그리스 사회는 가부장제 사회이면서도 동성애를 긍정적으로 받아들인 특이한 문화를 형성했다. 그것은 그리스 사회가 남성 중심적일 뿐만 아니라 남성 우월적 시각을 갖고 있었기 때문이며 그리스인들은 여성을 열등하게 바라보았고 정치적 논의나 철학적 논의는 남성들끼리만 가능하다고 생각했다. 그래서 가장 훌륭하며 아름다운 인간은 남성일 수밖에 없고 남성만이 사랑하고 사랑받을 수 있는 존재라 생각한 것이다. 아름다움의 척도는 바로 남성이었고 남성에 대해 '아름다운'이라는 형용사를 자유롭게 사용했다. 고대 그리스에서는 인간이 가진 신체와 영혼의 탁월성이 완전하게 발휘될 수 있는 것은 남성뿐이었다. 인간이 이성적 동물이라고 할 때 '인간'은 바로 남성을 가리킨다. 여성이나 아이는 불완전한 이성을 가진 존재이며 여성이나 여자아이는 완전한 이성을 가질 수 없었다. 따라서 여성의 경우에는 완전한 아름다움을 드러낼 가능성이 원천적으로 배제되었다. 그렇기 때문에 '아름다운kalos'은 오히려 남성에게 적절한 용어였다고 할 수 있다. 캐밀 파야는 그리스의 소년상을 다음과 같이 정리하고 있다. '상고기의 소년상은 완전히 남성적인 데 비해, 고전기 초기와 중기의 미소년은 남성과 여성을 완벽하게 조화시키고 있다. 에우리피데스가 예측했듯이 헬레니즘 시대에 들어와서 미소년은 거의 여성화되었다고 할 수 있다.'[43]

그러나 이러한 입장은 약간 수정을 가할 필요가 있다. 앞서 살펴보았듯이 상고기의 소년상에도 엄격하고 경직된 남성적인 이미지에 이미 부드럽고 풍만한 여성적인 이미지가 침투해 있어 기묘한 분위기를 드러내기 때문이다. 고전기의 소년상은 남성과 여성으로 분화되기 직전 또는 남성과 여성의 경계선에 있는 신체의 아름다움을 매우 섬세하게 표현했다. 전혀 여성적인 요소를 가지지 않으면서 여성적인 이미지를 연상하게 하며 남성의 신체적 특성을 모두 갖추고 있으면서도 지나치게 남성적이지 않은 중성적인 이미지를 완벽하게 표현한 것이다. 여기서 약간만 양성적 이미지의 균형이 흐트러져도 소년상 특유의 이미지가 무너져 버릴 것 같은 긴장감이 팽팽하게 감도는 순간을 절묘하게 포착하고 있다. 그러나 헬레니즘 시대에 오면 이러한 절제심과 긴장감이 조금씩 무너져 내리며 미소년은 양성적인 이미지를 강하게 드러낸다. 그래서 어떤 시각에서는 거의 여성화되었다는 인상을 갖게 되지만 여성과는 전혀 다른 관능미를 드러낸다. 이러한 특징은 르네상스 시대의 소년상이나 남성상과 또 다르다. 르네상스 초기 조각가들은 헬레니즘 시대의 소년상의 이미지를 발전시킨 것으로 보이나 미켈란젤로에 이르면 경계를 넘나들 정도로 성 정체성의 위기가 나타나고 때로는 전도된 성적 이미지들로 혼란을 일으키게 된다.

르네상스 시대의 헤르마프로디테적 이상

헬레니즘 시대의 조각가들이 남성 신체의 아름다움을 표현한 방식은 르네상스 시대의 미켈란젤로, 첼리니, 도나텔로와 같은 조각가들이 아니라면 포착하기 어렵다. 그들의 작품은 고전적 남성 신체의 아름다움을 절묘하게 되살려 내면서도 얼굴에는 여성적 이미지가 중첩되어 나타난다. 르

■ 도나텔로, 〈다윗〉, 1430-33년경, 높이 158cm, 피렌체 바르첼로 미술관
고전적 남성 신체의 아름다움을 절묘하게 되살려 내면서도 얼굴에는 여성적 이미지가 중첩되어 나타난다.

네상스 시대의 도나텔로의 〈다윗David〉(1430~1432년경)은 마치 그리스의 헤르마프로디테Hermaprodite를 그려 놓은 것 같다. 만약 그가 멋들어진 여행자의 모자나 골리앗의 머리를 잘라낸 기다란 칼을 들고 있지 않았다면 다윗이라 생각하기 힘들었을 것이다. 더욱이 남성을 가리키는 생식기만 없다면 여성이라 해도 믿을 수 있을 정도로 근육이라고는 찾아볼 수 없고 배 부분은 여성처럼 둥글게 약간 나와 있으며 허리에 손을 살짝 얹어 놓고 있다. 마치 헬레니즘 시대에 만들어진 디오뉘소스처럼 넘실거리는 머리카락이 어깨로 흘러내린다. 도나텔로의 〈다윗〉은 그리스의 미소년 상과 달리 너무나 관능적인 소년상을 그려냈다. 그래서 오히려 헬레니즘을 극단적으로 밀고 나아가 기이한 이미지를 창출했다.

첼리니Benvento Cellini는 고대 그리스의 헬레니즘 조각들이 가진 남성적 관능미를 여과 없이 보여준다. 청동상 〈페르세우스Perseus〉(1550년경)는 메두사의 잘린 머리를 왼손으로 들어 올리고 거세된 여성의 신체를 짓밟으며 아래를 응시하고 있다. 도나텔로와는 달리 지나치게 과장되지 않은 적절한 근육을 가진 남성의 신체에 메두사보다도 더 여성적인 얼굴은 남성적 이미지와 여성적 이미지를 완벽하게 융합시킨 걸작으로 평가된다.

'잠든 헤르마프로디토스', 기원전 120년경, 루브르 박물관

■
첼리니, 〈메두사의 머리를 든 페르세우스〉, 1545-54년, 피렌체 아카데미아 미술관
페르세우스가 메두사의 잘려진 머리를 왼손으로 들어 올리고 거세된 여성의 신체를 짓밟으며 아래를 응시하고 있다. .

미켈란젤로, 〈다윗〉, 1501-04년, 높이 517cm, 피렌체 아카데미아 미술관
미켈란젤로, 〈줄리아노 데 메디치〉, 1526-34년, 피렌체 산 로렌체 교회

"〈페르세우스〉는 공격적인 서구의 눈이 빚어낸 아폴론적 우상이다. 그것은 첼리니의 뛰어난 초자아의 승리인가 하면, 르네상스에 들어와 부활한 그리스-로마적 주제인 미소년을 동성애적으로 승화시킨 기념비이다."[44]

도나텔로와 첼리니에 이어 미켈란젤로는 더욱 남성적인 이미지를 이상화시켰다. 미켈란젤로에게서 모든 성적 이미지는 남성성으로 환원된다.

도나텔로나 첼리니와 달리 지나치게 발달한 근육은 그리스의 미소년 상의 수학적 비례를 훨씬 뛰어넘는다. 미켈란젤로의 〈다윗〉은 도나텔로의 〈다윗〉과는 전혀 다르다. 도나텔로가 아직 남성과 여성의 융합된 이미지에서 분화되기 직전의 아름다운 소년의 모습을 몽환적으로 그려내고 있다면, 미켈란젤로는 이미 소년의 이미지를 벗어던지고 아폴론적인 비율과 균형으로 무장한 건실한 청년의 이미지이다. 다윗의 몸 전체에는 섬세한 근육이 발달하고 돌을 쥐고 있는 긴장된 손에는 핏줄이 선명하게 드러나 있으며 적대적인 존재를 바라보는 시선은 사물을 꿰뚫을 듯이 날카롭다. '미켈란젤로의 다윗은 잠에서 깨어난 서구의 의식이다. 다윗은 냉정하고 적대적이며 아폴론적인 햇빛 속에서 적을 뚫어져라 쳐다보고 있다.'[45]

미켈란젤로의 남성상은 미소년보다는 건장한 성인 남자의 완숙한 아름다움을 표현한다. 〈줄리아노 데 메디치Giuliano de Medici〉(1531~1534년경)상은 남성의 아름다움을 극대화하고 있다. 미켈란젤로는 여성상에는 한 치도 허용하지 않는 여성적인 이미지를 남성상에 최대한 활용하고 있다. 미켈란젤로의 〈줄리아노 데 메디치〉는 근육이 적당히 발달된 아주 평범한 남성상인 양 보이지만 치명적인 매력을 가지고 있다. 약간 기다란 목에 넓은 사각형으로 발달된 가슴근육이 이상스럽게도 여성적이라는 느낌을 불러일으킨다. 엄밀히 말해 여성적이라기보다는 독특한 성적 매력을 드러낸다. 최소한 그리스 소년상이나 남성상들은 이와 같이 가슴근육이 발달되어 있지는 않다.

그러나 미켈란젤로의 여성상은 오히려 남성상보다 더 여성적 이미지를 배제하는 듯하다. 그는 여성에게 아름다움을 선사하는 데에 너무나 인색하다. 사실 미켈란젤로가 조각한 여성상은 여성에게 예상치 못한 놀라움을 준다. 분명히 여성인 것처럼 보이는데 여성적 이미지를 찾아보기

미켈란젤로, 〈쿠마이의 시빌레〉, 1508-12년, 바티칸 시스티나 천장화
미켈란젤로, 〈밤〉, 1525-31년, 피렌체 산 로렌체 교회

힘들기 때문이다. 미켈란젤로의 여성상은 때로는 남성상보다 훨씬 더 근육질로 나타난다. 처음으로 〈쿠마이의 시빌레Cumaean Sibyl〉(1508~1512년경)를 보고는 화들짝 놀랐다. '여성을 이렇게도 묘사할 수 있을까?' 솔직히 미켈란젤로가 천정화 작업에 쫓겨 성의 없이 이미 그려 놓은 남성상에다 약간 수정을 가해 여성상을 만들었을 것이라 추측했다. 그러나 〈쿠마이의 시빌레〉처럼 과도하고 엄청난 근육을 가진 여성상이 아닌 경우에도 여성상이 남성상보다 더 남성적으로 나타나는 기이한 현상을 보고 '미켈란젤로의 실수'가 아니라는 것을 생각하게 되었다. 미켈란젤로의 〈밤〉

은 여성의 모습을 그렸으나 어깨 근육은 웬만한 남자 못지않게 발달되어 위쪽으로 솟아 있고, 배는 구부리고 있는 것을 표현했다기에는 너무나 사실적으로 쭈글쭈글 주름이 잡혀 있다. 가슴은 왜 거기에 존재해야 하는지를 알 수 없을 정도이며 양쪽 간의 거리가 너무나 멀어 이상한 위치에 자리 잡고 있을 뿐만 아니라 겨울에 말라서 비틀어진 홍시처럼 얹혀 있다. 그것을 '굴욕적인 부착물'이라 부른 것은 정확한 묘사인 것으로 보인다.[46] 미켈란젤로의 여성성의 표현은 의도적이든 또는 의도적이 아니든 여성성을 근본적으로 부정하는 것처럼 보인다. 남성의 근육질 신체를 약간 작게 하고 전혀 어울리지 않는 이상한 가슴을 얹어 놓은 것이 단지 가슴을 가진 남성처럼 보여 기괴하고 끔찍한 느낌이다. 얼굴과 긴 머리만 여성이고 얼굴 아래로 몸은 남성과 거의 비슷하게 팔뚝과 다리에 근육이 완벽하게 발달해 있어 가슴만 살짝 가리면 남성과 동일하다. 7세기 그리스의 여신상이나 여성상은 물론 이 정도는 아니지만 반대로 거의 굴곡이 없이 가냘픈 몸에 무언가를 가슴에 살짝 얹어 놓은 느낌이다.

그러나 근대 이후 '아름다운'이라는 형용사는 주로 여성에게 사용되었고 남성에게 사용하는 것은 전혀 어울리지 않는 것으로 생각되었다. 아름답다는 칭호는 단지 여성의 전유물인 양 사용되었기 때문에 아름다운 남성이라는 표현은 무언가 어색함을 자아내었다. 물론 최근에는 꽃미남이나 미소년이라는 말을 흔하게 사용하게 되면서 좀 더 자연스럽게 생각하게 되었기는 하다. 그렇지만 이것은 현대 사회에서 점차 여성관이나 남성관의 변화가 이루어지면서 나타나는 현상이기도 하다. 현대여성은 근대 가부장제에서 이상적으로 생각하는 강한 남성의 이미지보다는 부드러운 남성의 이미지를 선호한다. 솔직히 이제 강한 남성의 이미지는 지배적이고 억압적이며 근대적인 남성과 중첩되면서 부정적인 평가를 얻게 된다.

현대에서 야만적이고 짐승적인 마초적 이미지가 호소력을 얻는 경우는 성적인 이미지와 연관될 때일 뿐이다. 즉 여성의 시선이 남성을 성적 대상으로만 볼 때에만 호소력을 얻는다는 말이다.

4
아름다움의 이데올로기와 신체 미학

서구 이원론과 여성의 지위

서구 정신의 역사에서 이원론의 전통은 이 세계를 구성하는 원리를 영혼과 신체, 정신과 물질, 질서와 혼돈, 남성과 여성, 이성과 감성, 홀수와 짝수, 조화와 부조화 등으로 구분한다. 인간의 인식 능력은 개념화의 과정에서 일차적으로 이원적 원리를 사용해 왔다. 이것은 고대 그리스신화의 우주 생성 신화로부터 초기 자연주의 철학자들이 세계를 설명하는 데 사용되기도 하였다. 아낙시만드로스는 대립자의 원리들을 사용하여 우주 생성을 설명하고, 피타고라스에 이르면 이원적 원리들을 정리하여 도식화하고, 플라톤에 와서 본격적으로 활용된다.

서구 이원론은 본래 철학적으로 인식론의 원리에 한해 사용되어 왔다. 그러나 이것이 가치론의 원리로 확장되어 부적절한 시대적 판단 착오와 오류 평가로 인해 서구 사회의 다양한 차별의 문제를 심화시키는 이론적 근거가 되어 왔다. 그리하여 영혼, 정신, 질서, 남성 등은 우월한 것이고 신체, 물질, 혼돈, 여성 등은 열등한 것이라는 부적절한 공식이 적용되었다.

아름다움은 열등하다

근대에 이르러 '미적인 것'의 등장은 감각, 직관, 욕망, 상상, 신체, 주관으로부터 구성된 인간의 경험에 주목하게 만들기 시작했다. 미적인 것은 영혼과 신체, 이성과 감정의 이분법으로부터 벗어나 통합적인 인간 존재의 가능성을 드러내준다. 그러나 근대 미학은 여전히 미적 가치를 '이성적인 것'으로 간주한다. 그래서 이러한 이성 중심주의에 의해 정신-이성-단일-순수-영원-필연-정지-불변-남성의 계열과 신체-감정-복합-불순-순간-우연-운동-변화-여성의 계열을 구별하고 전자에 의해 후자가 지배되고 통제되는 위계적 이원론이 완성되었다. 여기서 여성의 아름다움은 열등할 수밖에 없다.[47] 왜냐하면 여성의 아름다움은 신체에 나타나 있으며 감각을 통해 인식할 수 있기 때문이다.

영국의 미학자 버크는 "아름다움은 사랑이나 그와 유사한 어떤 감정을 불러일으키는 어떤 대상 속에서 발견되는 성질"이라고 주장한다.[48] 흔히 사람들은 완전함이 아름다움의 원인이라 생각하며 감각적 대상에까지 확대하여 적용한다. 그러나 감각적 대상의 아름다움은 완전한 것과 거리가 멀다.

> "최고의 아름다움이 나타나는 여성의 경우에는 거의 언제나 연약함이나 불완전함이라는 관념이 수반될 정도이다. 여성들은 이러한 사실을 잘 알고 있다. 그래서 여성들은 연약한 것처럼 심지어 병약한 것처럼 보이려고 혀 짧은 소리로 말하고 비틀거리며 걷는 법을 배운다."[49]

버크는 여성적 아름다움은 전통적으로 철학에서 주장하는 것처럼 완전성과 관련이 없다고 말한다. 고대 그리스철학에서부터 아름다움 자체는 완전한 것이었으나, 여성적 아름다움은 근본적으로 불완전하기 때문이다. 버크는 여성에게는 아름다움이, 남성에게는 숭고함이 적합하다고 각기 다른 미적 가치를 부여한다. 나아가 버크는 "아름다움은 이성의 산물이 아니며 실제적인 필요와 상관없이 우리에게 감동을 준다."고 말한다.50) 아름다움은 근본적으로 감각과 관련되어 있다. 그러므로 아름다움은 여성에게 속한 것이라고 주장하는 것이다.

아름다운 여성, 숭고한 남성

아름다움은 특히 육체적으로는 여성적 이미지와 연관되어 나타났다. 그것이 남성에게 '아름답다'는 말이 적절하지 않게 여겨진 이유일 것이다. 더욱이 버크는 아름다움을 크기와 연관하여 분석한다. 여성적 아름다움은 작은 것에 있고 남성적 숭고함은 커다란 것에 있다는 것이다. 버크는 "우리는 커다랗고 아름다운 것이라는 표현은 거의 사용하지 않는다. 반면 커다랗고 추한 것이란 표현은 아주 흔하게 쓰인다. … 따라서 아름다운 것들은 상대적으로 그 크기가 작다."라고 한다.51) 더욱이 "여성들의 아름다움은 상당 부분 그녀들의 연약함이나 가냘픔에서 비롯되며 이와 유사한 성격인 수줍음에 의해서 더 강화된다."52) 근대에 버크는 여성의 아름다움을 '작고 연약한 것'으로 정의한다. 이것은 근대에 여성적 아름다움의 중요한 기준이 되었다.

아름다움은 변하지 않을 수 있다. 그러나 아름다움을 보는 사람들은 변한다. 그러므로 현대에서 아름다움의 기준은 달라졌다. 이제 버크가 말하듯이 여성은 아름답고 남성은 아름답지 않은 것이 아니다. 그러나 한때 남성은 여성과 달리 작거나 연약하고 병약하게 보이면 안 된다고 생각되었다. 1970년대까지만 해도 대중매체에 나타나는 남성의 이미지는 '마초' 같이 어깨가 벌어지고 얼굴이 각지며 얼굴과 몸에 털이 많아 강하게 보이는 것을 선호하였다. 이것이 과도해지면서 인위적으로 근육을 키워 부조화를 이루는 신체 비율을 지향하는 보디빌딩 대회가 아직까지도 열리고 있다. 이와 같이 비자연적인 근육을 지향하는 대회도 남자의 신체에 대한 일종의 억압일 수 있다. 여성과 달리 남자는 강해야 하고 강해 보여야 한다는 사회적 강박관념이 남성의 몸을 왜곡되고 뒤틀리게 만들었다.

그러나 현대에 이르러 '아름다움'이라는 말은 남성에게도 적용되기 시작하였다. 우리나라에서 2000년대에 이르러 본격적으로 '미소년' 또는 '꽃미남'이라는 말이 유행하기 시작하였다. 최근에는 대중매체에 등장하는 남성들은 중년 배우를 제외하고는 대다수가 '꽃미남'이다. 이러한 현상은 여성의 사회적·정치적 지위의 변화와 밀접한 연관이 있다. 고대로부터 근대에 이르기까지 여성은 가부장제 안에서 경제적으로나 정치적으로나 종속적인 존재였다. 여성은 비이성적인 존재로 공식적으로 교육을 받을 수 없을 뿐만 아니라 정치에 참여할 수 없었다. 고대 그리스의 아리스토텔레스가 여성은 불완전한 남성으로 이성적 능력이 결여되었다고 주장한 것이 중세를 지나 근대사회에도 여전히 유효했다. 로크는 만민은 평등하고 독립적이기 때문에 어느 누구도 생명과 건강과 자유와 재산에 있어 다른 사람을 해칠 수 없다고 한다. 하지만 여기서 인간은 남녀 모두를 포괄하는 것이 아니다. 남성은 여성보다 훨씬 유능하고 힘이 세기 때문에 여성에 대한 지배권을 가진다는 것이다.

그러나 19세기 말부터 여성의 권리를 위한 투쟁이 시작되고 여성도 교육을 받을 수 있는 기회와 정치적 자유를 위한 참정권을 획득하게 되었다.[53] 그리고 이제 남녀의 지위에 대한 시각이 변화되면서 아름다움의 기준도 변화되기 시작했다. 에리히 프롬이 말하던 남성은 여성의 '경제적 먹이'고, 여성은 남성의 '성적 먹이'라는 공식은 파괴되어 가고 있다. 오히려 남성에게 여성이 경제적 먹이가 될 수 있으며 여성에게 남성이 성적 먹이가 될 수 있다. 여성이 경제력을 획득할 수 있는 기회를 갖게 되면서 여성에게 남성의 경제력이 필요조건이 되지 않기 때문이다. 이제 여성도 남성을 보다 다양한 관점에서 평가하게 되어 남성은 훨씬 다양한 측면에서 매력적일 필요가 있게 되었다.

이제 누군가에게 아름답게 보이려는 외모 꾸미기는 단지 여성에게만 고유한 영역이 아니다. 남성도 화장과 성형을 하며 치장하는 시대가 왔다. 과거에 여성의 전유물로 생각되었던 아름다움의 신화는 스스로 경계를 무너뜨렸다. 그렇지만 이것이 아름다움의 신화의 종말을 예고하는 것은 아니다. 오히려 아름다움의 신화가 여성에게뿐만 아니라 남성에게까지 확장된 것에 불과하다. 과거에는 여성에게 족쇄가 되던 것이 남성에게도 족쇄가 되고 있다. 더욱이 여성에 대한 아름다움의 기준은 더 강화되고 있다. 버크는 여성의 아름다움과 관련하여 "작은 것이 아름답다."고 말했지만 이제 여성의 몸에 대한 요구는 훨씬 복합적이다. 과거에 제시된 여성적 아름다움의 기준은 현대 여성에게도 강압적으로 작용되고 있다.

신체의 억압과 다이어트

현대에 이르러서도 여성은 여전히 아름다움에 종속되어 있다. 일방적으로 정해진 아름다움의 물리적 수치가 모든 여성에게 보편적으로 요구되고 있다. 그러나 버크의 주장처럼 '작은 것이 아름답다'는 명제는 여성 신체의 이미지에 강압적으로 작용해 왔다. 여성의 신체에는 가부장적 남성

이데올로기가 투영되어 있다. 이것은 대중매체를 통해 나타나는 여성 신체의 이미지를 통해 확인할 수 있다. 대중매체를 통해 이상화된 이미지가 아름다움의 균일화와 표준화 효과를 초래하여 이는 여성들에게 지속적인 측정과 교정을 요구한다. 그리하여 현실적인 몸과 거리가 먼, 아주 제한된 '환상적인' 아름다움을 설정하여 이러한 기준에 일반 여성들이 도달하도록 강요한다.

더욱이 대중매체에 등장하는 여성의 몸은 비정상적인 형태를 가지고 있다. 현대의 여성들은 '작다'보다는 '적다'를 지향하고 있다. 과거보다 신장은 늘었는데 체중은 줄어드는 비정상적인 상황이 자연적인 것으로 받아들여진다. 오늘날 수많은 여성들이 보다 가냘프고 늘씬한 몸매를 만들기 위해 심각한 다이어트 중독증에 빠지고 심지어 거식증에까지 이르는 현상이 종종 사회 문제로 다뤄진다. 그것은 버크가 말하는 작고 연약한 여성의 전형적인 모습이다. 정상적 체중에 미치지 못하는 수많은 여성들이 스스로 뚱뚱하다고 생각하고, 날씬하다 못해 깡말라 보이는 것을 가장 이상적인 신체의 이미지로 생각한다.

오늘날 아름다움은 여성만이 아니라 남성까지도 포함하는 억압의 주체로 다가온다. 여성은 마른 몸매를 선호하고 남성은 근육질의 몸매를 선호한다. 그렇지만 최소한 남성의 몸에 대해서는 일반적으로 건강을 해치거나 병을 유발할 정도로 마른 몸매를 요구하지 않는다. 물론 남성의 경우에도 과도하게 근육질의 몸을 만들기 위해 일상적인 음식을 섭취하지 않게 되는 경우도 있다. 최근 들어 많은 남성들에게 '몸 만들기'가 점차 일반화되어 가는 추세이긴 하다. 그렇지만 대중매체가 드러낸 여성의 신체에 대한 이데올로기는 여전히 '작고 연약해야 한다'는 것이다. 왜 여성은 작고 연약해야 할까? 그것은 아직까지도 가부장제의 이념이 우리 사회에

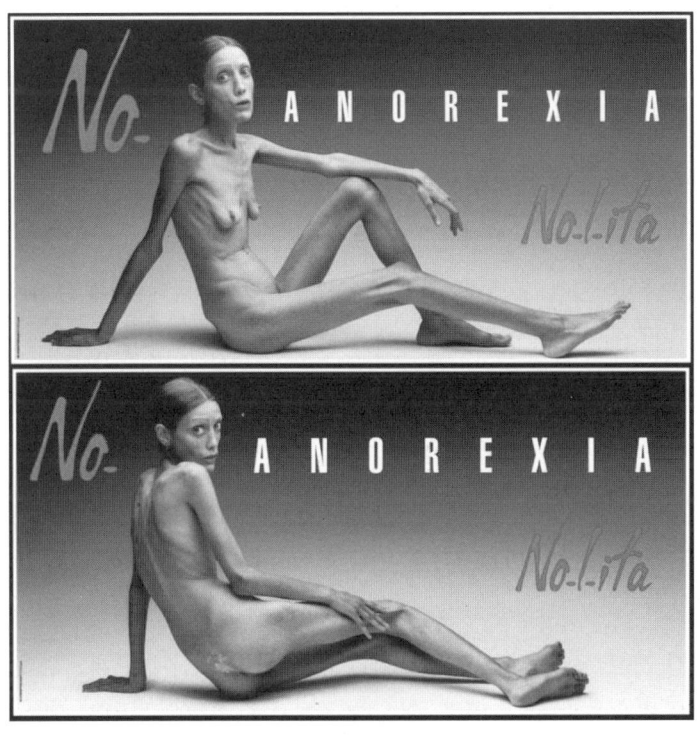

■
거식증에 걸린 프랑스 모델 이사벨 카로
2007년 이탈리아 사진작가 올리비에 토스카니의 패션 광고 캠페인에서 거식증의 위험을 알리며 주목을 받았다.

남아 있다는 증거이기도 하다. 여성은 남성에게 지배되어야 하고 종속되어야 하는 존재이기 때문이다. 물론 현대에 와서 사회적 또는 경제적 변화로 인해 여성의 아름다움에 대해 다양한 시각이 생겨났다. 최근 일군의 '몸짱 아줌마'들이 거센 열풍을 불러일으켰듯, 단순히 마른 몸매만이 아니라 적당한 근육질의 여성이 선호되는 경향도 있다. 그러나 이것은 대부분 다이어트의 관점에서만 설명될 뿐이다. 실제로 남성과 같이 과도하게 근

297

육을 만드는 것은 여성에게는 체질적으로 쉽지 않다.

샌드라 리 바트키Sandra Lee Bartky는 여성이 다이어트나 운동을 통해 몸을 통제하는 것은 판옵티콘Panopticon에 갇혀 스스로 자신을 감시하며 가부장제의 패러다임을 수용하는 것이고 이러한 자기 감시야말로 가부장제에 복종하는 양식이라고 설명한다.54) 여성은 '자발적으로' 자신의 신체를 단련하고 다이어트를 통해 당대의 문화규범이 정한 아름다움에 근접하려고 노력한다. 그런데 이러한 노력이 우월한 몸과 열등한 몸을 생산하면서 억압적으로 불평등한 성적 종속체계라는 더 큰 규율 체계를 생산해 낸다는 것이 문제다. 바트키에 의하면 현대의 한국 여성들 중 상당수가 여전히 다이어트에 병적으로 집착하는 이유는 분명하다. 우리 사회가 무의식적으로 기존의 여성적 아름다움의 이념을 끊임없이 재생산해 내고 있기 때문이다.

수잔 보르도Susan Bordo도 바트키와 같이 여성의 신체를 제도적 규범에 순응한 미셸 푸코Michel Foucault의 '유순한' 신체 개념과 유사한 것으로 이해한다.55) 인간의 신체 자체는 정치적으로 각인된 실체로, 신체의 기능과 형태는 억압과 통제의 실천과 역사에 의해 형성되었다. 가령 전족과 코르셋, 강간과 폭행, 강요된 이성애, 강제 불임 시술, 원하지 않은 임신, 명백한 상품화가 억압과 통제의 예다.56) 대중매체 속에 등장하는 여성은 요리를 하고 남자는 주로 먹는다. 물론 현대에서는 남성이 요리하는 모습도 가끔씩 등장하지만 그것은 특별한 이벤트성 행동일 뿐이지 일상적인 모습은 결코 아니다. 특별한 경우를 제외하면 여성이 계속해서 먹는 것을 보기는 어렵다. 더욱이 여성이 식품을 맛있게 먹거나 많이 먹는 광고를 찍을 때 대부분은 아주 마른 여성이 등장한다. 뚱뚱한 여성이 많이 먹는 광고는 비교 대상으로 등장하는 경우를 제외하고는 전혀 없다.

대중매체에 등장하는 아주 마르고 가냘픈 소녀의 이미지는 현재 우리 사회가 드러내는 여성적 아름다움의 이데올로기다. 이것이 가부장제 사회가 여성에게 투사하는 전형적인 이미지다. 우리 사회의 여성들은 무의식으로 이러한 이미지를 끊임없이 내재화하려는 시도들을 하게 된다. 그것이 바로 지나친 다이어트 열풍과 성형 중독이라는 사회적 현상을 낳는 것이다. 이것은 여성들 사이에 또 다른 갈등과 소외를 조장하는 원인이 된다. 비만의 기준이 과학적으로 제시되기도 하지만 사실 대부분의 여성들은 스스로 자신이 비만인지 아닌지를 판단한다. 실제 과학적으로 제시되는 데이터를 중시하는 여성은 별로 없다. 대부분 비만의 기준은 대중매체나 남성 문화를 통해 무의식적으로 반복 학습되었을 가능성이 높다. 이러한 측면에서 타자의 욕망의 대상이 되기 위해 끊임없이 외모를 가꾸고 다이어트를 하는 여성은 은밀하게 이루어진 사회적 훈육에 의해 가부장제의 가치를 체화한 것일 수 있다. 여성의 몸은 태어나는 것이 아니라 '만들어지는 것'이다.

미적 금욕주의와 나르시시즘

여성이 외모에 집착하고 지나친 다이어트에 몰두하는 경향은 당대 지배적인 계급이라 할 수 있는 타자의 시선에 의해 무의식적으로 주입 받고 내면화된 것이라 볼 수 있다. 사실 진짜 뚱뚱해서라기보다는 타자에게 뚱뚱하게 보일까봐 다이어트를 무리하게 감행하는 경우가 더 많다. 여성들이 스스로 자신의 신체를 과도하게 억압하는 측면을 보면 오랜 세월 동안 무의식적으로 여성의 아름다움에 대한 이데올로기가 내면화된 것으로 분석된다. 그렇지만 우리는 또 다른 측면에서 외모 집착이나 다이어트를 고찰해 볼 수 있다. 모든 여성, 아니 모든 인간은 아름다움에 대한 욕망을 가지고 있다. 흔히 아름다움에 대한 욕망을 여성의 전유물로 이해하기도 한다. 그렇지만 왜 아름다움이 여성에게만 고유한 것인가?

역사적으로 아름다움의 주체는 아름다움의 문화나 이데올로기에 따라 여성에서 남성으로, 남성에서 여성으로 서로 변화되었다. 고대 그리스 사회에서는 미소년이 아름다움의 대명사로 이해되었다. 플라톤이 사랑의 궁극적 목표는 아름다움이라고 했을 때 이미 아름다움은 남성이나 여성 누구에 의해서든 향유될 수 있는 것이었다. 아름다움에 대한 욕망은 한편으로 타자의 시선에 의해 내면화된 결과일 수도 있지만 자기 스스로 만족하기 위한 일종의 나르시시즘의 결과일 수도 있다. 나르시소스는 연못의 물 위에 비춰진 자기 자신을 타자로 인식하여 사랑하였다. 사람들은 누구나 타자에게 비춰진 자신의 모습을 사랑한다. 때로는 타자의 얼굴 속에서 발견될 수 있고 자신의 거울 속에서 발견될 수도 있다. 아름다움에 대한 욕망이 항상 타자의 시선 때문만은 아니고 자신의 만족 때문인 경우도 분명히 있다. 그렇지만 이러한 미적 나르시시즘은 타자의 존재가 아무리 원인의 계열에 멀리 있다 할지라도 완전히 부정하기는 어렵다.

그러나 아름다움에 대한 욕망과 관련하여 타자, 즉 남성의 시선에서 벗어나려는 시도를 하는 과정에서 자신의 자연적인 신체의 아름다움을 탈성별화하고 중성화하려는 미적 금욕주의의 경향도 나타난다. 여성적 신체와 여성성 자체를 거부하기 위한 목적으로 과도한 다이어트를 통해 신체를 최소화시키려고 하는 것이다. 미적 금욕주의자들의 입장은 남성이 규정한 여성의 아름다움이나 남성의 관심을 끌기 위한 아름다움을 갖추지 않겠다는 것이다. 이들은 아름다운 여성은 외모 때문에 인격적 관계보다는 대상적 관계로 변질될 가능성이 높다고 주장한다. 따라서 궁극적

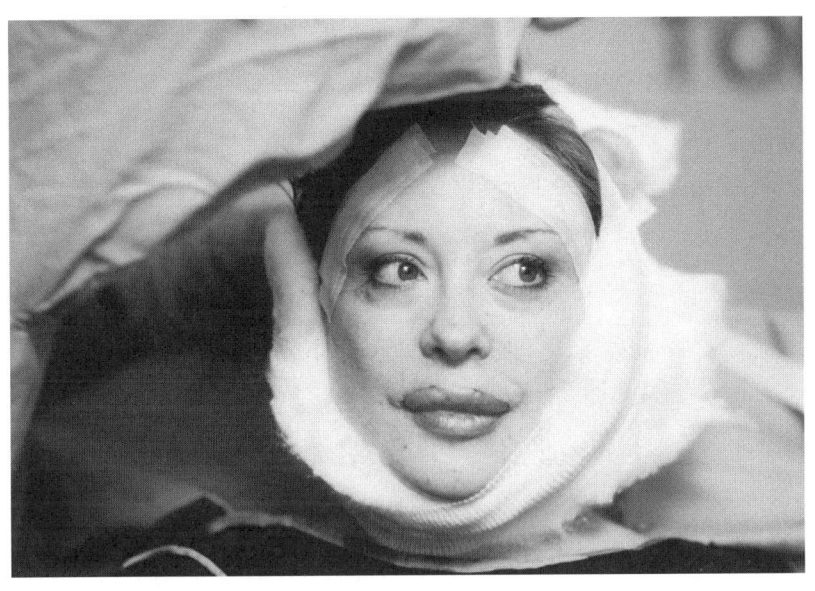

생트 오블랑, 〈오를랑의 거듭남 혹은 이미지, 새로운 이미지들〉, 1990년
서양 미술사에 나타나는 미녀들을 모델로 한 성형수술 연작 퍼포먼스.

으로는 신체를 최소화시키는 금욕주의를 통해 정신적인 아름다움을 획득할 수 있다고 믿는다. 그렇지만 지나치게 신체를 최소화하려는 강박관념은 때로는 거식증으로 나아가게 하고 죽음으로 내몰리게 만들기 때문에 위험천만한 선택이라 할 수 있다.

더욱이 극단적인 방식으로 자신의 신체를 해체시키는 행위 예술을 통해 기존의 미학에서 추구하는 비례나 균형 및 조화 등을 거부하고 신체를 절단하거나 훼손하는 방식을 통해 기괴한 형상을 추구하는 그로테스크Grotesque 미학도 있다. 이것은 기존의 아름다움의 신화를 폭로하려는 목적을 가지고 있다. 그로테스크 미학 계통의 행위 예술가인 오를랑Orlan은 신체 예술Carnal Art을 통해 기존의 억압적인 여성적 이미지를 해체시키는 제의의 무대를 제공한다. 그녀는 단지 남성들의 성적 욕망의 대상이 되기 싫어 미적 금욕주의가 되거나 탈성화하는 것으로 끝내지 않고 있다. 1990년에 실연을 했던 〈오를랑의 거듭남 혹은 이미지, 새로운 이미지들〉에서는 서양 미술사에 나타나는 미녀들을 모델로 아홉 차례의 성형수술 연작 퍼포먼스를 보여주었다. 즉 뺨은 보티첼리의 〈비너스 탄생〉, 이마는 레오나르도 다 빈치의 〈모나리자〉, 입술은 구스타프 모로의 〈유로파의 납치〉 등을 모방하는 수술을 말한다.57) 그녀는 아름다움의 이상은 조작된 것일 뿐이고 실현할 수 없는 허구라는 사실을 입증한다. 서양 미술사의 미녀들의 신체 부분들이 합성된 이미지는 아름답기는커녕 부자연스럽고 우스꽝스러우며 기괴한 느낌을 주기 때문이다.58)

여성 신체의 아름다움이라는 이상은 보편적이거나 객관적인 것이 아니다. 시간의 변화에 따라 아름다움의 이상도 변화되어 간다. 그렇지만 여성에게 제시된 아름다움의 이미지는 유사한 형태를 띠고 있다. 그것은 여성의 신체를 끊임없이 훈육시키고 각인시키는 역할을 해왔다.

여성적 남성, 남성적 여성

현대사회는 남녀평등을 지향해 나아가고 있다. 현대의 한국 여성은 남성이지만 아름답고 부드러운 이미지를 가진 꽃미남 또는 미소년에 관심을 기울인다. 기존의 강력하고 보수적인 남성의 이미지는 억압적이고 강압적으로 보이기 때문에 부정적인 이미지로 전락하게 되었다. 심지어 젊은 세대에게는 희화화되어 촌스러운 구닥다리 이미지로 보이기도 한다. 반면에 현대의 한국 남성은, 독립적인 인격체로서 강인한 이미지를 갖는 여성보다 아직까지는 연약하고 청순해 보이는 미소녀에게 관심을 보인다.

기성세대의 남성에게 여성은 한편으로 여전히 작고 연약한 존재로서 보호하고 지배할 수 있는 대상이어야 매력을 가질 수 있으며, 다른 한편으로 강력한 성적 매력을 가진 유혹적인 존재로서 자극적인 성적 대상이어야 매력을 가질 수 있다. 따라서 국내에서 걸 그룹이나 아이돌이 인기를 끄는 이유는 여러 가지 이유가 있지만 이상과 같은 심리도 상당한 작용을 했을 것이다. 이것은 가령 일본 만화나 애니메이션에서 어리고 청순한 얼굴에 지나치게 육감적 신체를 가진 소녀들이 등장하는 작품들이 인기를 끈 것과 유사한 이유다.

현대사회에서는 그리스 시대와 같이 남성과 여성의 경계가 절묘하게 넘나드는 양성적 이미지가 더욱 부각될 수 있다. 그렇지만 현대의 꽃미남 또는 미소년에 대한 관심은 그리스 시대와는 전혀 다른 시각에서 출발한다. 그리스의 미소년 이미지는 근본적으로 남성 중심적이거나 우월적 시각에서 가장 이상적인 아름다움이 깃들여졌다고 여겨진 소년에 대한 사랑에 기반을 두는 남성의 시선에서 출발한다. 그러나 현대의 미소년은 남성 중심적이거나 우월적 시각을 거부하고 헬레니즘 시대의 양성적인 아름다움을 추구하는 여성의 시선에서 출발한다.

현대에서 남성적 아름다움과 여성적 아름다움은 해체되어 가는 양상을 띠고 있다. 여성과 남성이 각각 서로에 대해 아름다움을 느끼는 특징들은 개개인에 따라 많은 차이를 보여준다. 사람들은 각자 자신의 삶의 역사 속에서 각자 다른 아름다움의 취향을 섬세하게 만들어 나간다. 그래서 아무리 아름다운 여성일지라도 또는 아무리 아름다운 남성일지라도 그를 좋아하는 사람들의 부류와 싫어하는 사람들의 부류가 있기 마련이다. 단지 이상적인 대상으로서만이 아니라 구체적인 현실에서는 사람들의 취향은 아주 세밀하게 차이를 드러낸다.

서구 고대 그리스로부터 현대에 이르기까지 여성적 아름다움의 이미지는 끊임없는 변화를 겪어 왔다. 여기서 서구 문화 속의 여성적 아름다움에 대한 회화적 시선들을 통해 아름다움에 대한 인식의 원리가 무엇인지를 검토하여 현대사회에 나타나는 아름다움에 대한 문화적 현상을 설명하였다. 우선 여성적 아름다움은 초월과 관능의 이미지로 은유되어 나타난다. 고대인들은 여신상을 통해 우주의 생명력을 통해 다산과 풍요를 기원하고 삶과 죽음 및 재탄생의 원리를 재현하고자 했기 때문에 제의적인 목적과 특징이 매우 강하게 부각된다. 따라서 구석기와 신석기의 여신상들은 주술적이며 초월적인 아름다움의 특성을 주로 보여준다. 그러나 그리스 시대의 여성상은 상고기에서 고전기를 거쳐 헬레니즘으로 가면서 초기의 여신상에는 초월미가 남아 있지만 점차 관능미가 강화된다. 르네상스 시대에는 다양한 여성상이 그려지지만 아폴론적 시선이 유지되는 고대 그리스의 양성적이고 중성적인 이미지를 부활시킨다.

다음으로 남성적 아름다움은 매혹과 숭고의 이미지로 은유되어 나타난다. 고대 그리스는 가부장제 사회로 남성우월주의와 여성혐오증이 확산되는 가운데 교육적으로 소년애를 권장하던 사회였다. 소년은 강인한 남성과 부드러운 여성의 이미지를 모두 가진 양성적 존재였다. 그리스 상고기에서 헬레니즘으로 넘어가면서 소년상은 자연스러운 중성적 이미지를 체화하였다가 헬레니즘 시대에는 양성적 이미지뿐만 아니라 관능적 특징도 강화된다. 그렇지만 그것은 여전히 여성의 시선이 아니라 남성의 시선에 상응하는 관능미였다. 그러나 르네상스로 오면 성 정체성의 위기와 전도된 성적 이미지들의 혼란이 야기되는 경우도 많았다. 그러나 근대에 이르면 아름다움은 성 정체성에 의해 매우 제한된 의미로 사용된다. 근대 미학에서 아름다움은 감각의 산물이며 작고 연약한 것으로 규정하여 여성의 전유물로 만들면서 열등한 가치로 전락시킨 시선을 비판적으로 검토한다. 그렇지만 현대에도 여성은 아름다움에 종속되어 있어 현대 여성의 성형과 다이어트가 사회적 문제가 되면서 미적 금욕주의와 그로테스크의 미학과 같은 극단적 이론도 등장한다.

현대인이 추구하는 신체적 아름다움은 단지 여성뿐만 아니라 남성에게도 확장되어 가고 있으며 고대 그리스와 르네상스 시대와 다른 사회적 맥락에서 양성적 이미지 또는 중성적 이미지가 추구되는 현상이 나타난다. 하지만 전인적인 면에서 인간의 아름다움을 관조할 수 있는 문화적 가치를 형성하는 것이 미학적 관건이라 할 수 있다. 구체적인 현실에서는 사람들의 취향은 아주 세밀하게 차이를 드러낸다. 이러한 문화적 현상은 한국 사회의 전통적인 가부장적 가치질서가 해체되었다고 평가하기 쉬우나, 여전히 성적 이미지의 변형을 통해 기존 가치가 보존되고 있는 추세를 확인할 수 있다. 물론 상대적으로 기존의 남성성과 여성성의 고정관념이나 여성미와 남성미의 이분법이 해체되어 가는 과정이라 말할 수 있지만 완전히 탈피하기는 쉽지 않다는 것은 분명해 보인다. 그렇지만 한국 사회의 문화 전반에서 이미 이원적 가치질서를 해체시키는 현상이 벌어지고 있다. 아름다움에 대한 다양한 평가 기준을 가지고 전인적인 측면에서 인간 본연의 아름다움을 관조할 수 있는 문화적 가치를 형성하는 것이 현대 사회의 미학적 관건이라 할 수 있다.

1) Aristoteles, *Ethica Nicomachea*, 1094a.
2) Homeros, *Ilias*, 2.211ff. 수다쟁이 테르시테스는 자신과 비교가 되지 않은 훌륭한 영웅들에 대해 함부로 말을 하다 사람들 앞에서 수치스럽게 오뒷세우스에게 등짝을 맞아 눈물을 흘리는 인물로 나온다. 비록 테르시테스의 말이 틀리지 않다고 하더라도 그가 할 만한 적절한 말이 아니라고 판단되었기 때문에 모욕을 당하는 것이 적절하다고 생각했던 것으로 보인다.
3) Bruno Snell, *Die Entdeckung des Geistes, The Discovery of the Mind*, Trans. T. G. Rosenmeyer, Cambridge University Press,《정신의 발견: 서구적 사유의 그리스적 기원》, 김재홍 옮김, 까치, 1994, 254면.
4) ibid., 257ff.
5) 이것은 영혼과 신체가 조화된 상태에 대해 사용된다. '건강한 신체에 건강한 영혼이'를 의미하는 'mens sana in corpore sano'와 유사하다.
6) Aristotle, *Ethica Eudemia*, 1248b. 우즈와 라캄 같은 현대 영미학자들은 '고귀함'nobility으로 번역한다.
7) 여기서 예술이라는 표현을 사용하고 있지만 사실 그리스어로 poiesis로 표현한다. 이것은 '시' 또는 '시가'로 번역되는데, 아리스토텔레스는 서사시, 비극, 희극 등 포괄하여 사용하기도 한다.
8) Aristotle, *Poetike*, 1448a.
9) ibid., 1448b.
10) ibid., 1450b-1451a.
11) Theognis, 17.
12) Platon, *Symposion*, 203c.
13) ibid., 210a-212a.
14) 위대한 어머니 여신의 변천과 신체적 특징과 상징에 대해서는 다음 책을 참고하시오. 장영란, 『위대한 어머니여신: 사라진 여신들의 역사』, 살림, 15면.
15) cf.Erich Neumann, *The Great Mother*,《위대한 어머니 여신》, 박선화 옮김, 살림, 2009, 27면
16) Anne Baring & Jules Cashford, *The Myth of the Goddess: Evolution of an Image*, Arkana, Penguin Books, 1991. p.6.
17) 장영란, 같은 책, 18면.
18) 오스트리아에서 발견된 빌렌도르프의 비너스Venus of Willendorf는 약 4.5인치(10.8센티미터) 정도의 작은 여성상으로 기원전 2만8천 년에서 2만5천 년으로 추정된다.
19) 장영란, 같은 책, 19면.
20) 일명 '뱀 여신Snake Goddess'이라 불리는 여성상들은 손에 뱀을 잡고 있는 형상으로 기원전 약 1570년으로 추정된다. cf. Reynold Higgins, *Minoan and Mycenaean Art*, Thames and Hudson, 1967.
21) 영국 대영박물관에 전시되어 있는 파르테논 신전의 동쪽 페디먼트의 여신상들은 기원전 435년경으로 추정되며 누구를 그려냈는지는 정확히 알 수 없다.
22) Nigel Spivey, *Greek Art*,《그리스 미술》, 양정무 옮김, 한길아트, 2001, 167면.
23) 일반적으로 프락시텔레스의 〈크니도스의 아프로디테〉가 여성 누드상을 전파시키는데 중요한 단초가 된다. 그렇지만 실질적으로 기원전 2세기 후반에서야 대중화되었다고 말해진다. Pedley, J.G., *Greek Art & Archaeology*,《그리스 미술》, 조은정 옮김, 예경, 2004, 451면.
24) Nigel Spivey, 같은 책, 309면.
25) Pedley, J.G., 같은 책, 451면.
26) Boardman, J., 같은 책, 166-167면 참조.
27) 르네상스의 화가들은 수없이 많지만 특히 이태리를 중심으로 보티첼리와 레오나르도 다빈치 및 미켈란젤로를 중심으로 살펴보고자 한다. 그것은 이 세 명의 미술가들이 고전적인 전통에서 서로 분명하게 차별화되는 여성상을 보여주고 있기 때문이다.
28) Walter Pater, *The Renaissance Studies in Art and Poetry*,《르네상스》, 학고재,

1893/2001, 61면.
29) 박성은 외, 《서양미술사연구: 르네상스에서 낭만주의까지》, 다빈치, 2008, 61-62면.
30) 월터 페이터는 지나치게 감탄하며 모나리자를 "저 창백한 그리스 여신이나 고대의 미인들 곁에 세워본다면, 영혼과 그 모든 혼돈까지 고스란히 스며있는 그 아름다움에 고대의 여신과 미인들은 얼마나 당황할 것인가! 거기에는 이 세상의 모든 사랑과 경험들이 각인되어 있고 형상화되어 있다"고까지 말한다. Walter Pater, 같은 책, 127면.
31) Hugh Honour & John Fleming, *A World History of Art*, Laurence King Publishing, 2002. p.49.
32) Dover, K.J., *Greek Homosexuality*, Cambridge University Press, 1978, p.79.
33) Platon, *Symposion*, 178e.
34) Aristophanes, *Nephelai*, 961ff.
35) Platon, *Symposion,* 189e ff.
36) Boardman, J., *Greek Art*, 《그리스 미술》, 시공사, 2003, 165면 참조.
37) Dodds, E.R., *The Greeks and the Irrational*, 『그리스인들과 비이성적인 것』, 주은영, 양호영 옮김, 까치, 2002, 11면.
38) Susan Woodford, *Cambridge Introdution to the History of Art: The Art of Greece and Rome*, 《그리스, 로마 미술》, 김창규 옮김, 예경산업사, 1991, 10면.
39) '상고기의 미소'는 분명한 전거가 없어 정확한 해석을 할 수는 없지만 고대 그리스 상고기 (기원전 600-480) 이후에도 광범위하게 나타난다. 이미 말해졌던 그리스 상고기의 코레상들에도 이 미소는 나타나 있다. 이러한 미소는 미적 대상이 살아 있는 것을 표시하기 위한 것이라고 한다. cf. Taylor, F.H., "The Archaic Smile: A Commentary on the Arts in Times of Crisis", Metropolitan Museum of Art, 1952.
40) Susan Woodford, 같은 책, 21-22면.
41) Umberto Eco ed., *Storia Della Bellezz*a, 《미의 역사》, 이현경 옮김, 열린 책들, 2004, 44면.
42) 같은 책, 47면. 빙켈만의 《고대예술사》에서 재인용.
43) Camille Paglia, *Sexual Personae*, 《성의 페르소나》, 이종인 옮김, 예경, 2003, 167면.
44) 같은 책, 196면.
45) 같은 책, 211면.
46) 같은 책, 214면.
47) 김주현, "여성의 몸과 외모 꾸미기: 금욕주의와 나르시시즘을 넘어서", 《미학》제47집, 2006, 33-34면.
48) Burke, Edmund, *A Philosophical Enquiry into the Origin of Our Ideas of the Sublime and Beautiful*, 『숭고와 아름다움의 이념의 기원에 대한 철학적 탐구』, 김동훈 옮김. 마티, 2006. 제3부 1절.
49) ibid., 제3부 9절.
50) ibid., 제3부 12절.
51) ibid., 제3부 13절.
52) ibid., 제3부 16절.
53) Josephine Donovan, *Feminist Theory*, 《페미니즘 이론》, 김익두, 이월영 옮김, 문예출판사, 1993, 17면 이하.
54) Bartky, Sandra Lee(1988), "Foucault, Feminity and the Modernization of Patriarchal Power", Irene Diamond and Lee Quinby, eds., Boston; Northstern Up, p.81.
55) Bordo, Susan(1995), *Unbearable Weight: Feminism*, Werstern Culture and the Body, 《참을 수 없는 몸의 무거움》, 박오복 옮김, 또 하나의 문화, 2003, 31면 이하 참조.
56) 같은 책, 37면.
57) 김주현, "외모꾸미기와 정체성 정치학", 《철학과현실》제60호, 2004, 165면.
58) 같은 면, 참조.

맺는말

 죽음과 아름다움의 신화와 철학에 대한 글은 너무 오랜 시간 묵혀 둔 채 계속해서 마무리를 하지 못하고 있었다. 얼마 전 한 선배로부터 책을 묵히면 안 된다는 말을 듣고, 너무 많은 것을 담으려고 하다가 썩히고 있는 글 뭉텅이를 보았다. 사실 내 방에는 몇 권이나 절반 이상을 써 놓고 방치해 둔 글들이 널려 있었다. 형식적인 서론이나 결론을 쓰는 것을 극도로 싫어하는 성향 탓에 중간 부분만 써 놓고 내버려 둔 것들이다.

 사실 매번 서론을 쓸 때마다 책을 쓰기 전이나 도중이 아닌 이미 책을 거의 다 써놓은 상태에서 어쩔 수 없이 썼던 기억이 많다. 엄밀히 나는 지금까지 책을 낼 때마다 서론 아닌 서론을 항상 써 왔다. 더욱이 결론은 솔직히 쓸 것이 별로 없어 쓰지 않은 적도 많다. 전작 《영혼의 역사》를 출간한 후에 한 동료가 책 내용은 재미있었는데 결론이 없어서 당황했다고 말했다. 그 말을 들은 나 역시도 적잖이 당황했던 기억이 난다. 사실 누구에게나 재미있는 내용이라 할 수는 없는 책이긴 하지만 정작 필자 자신은 너무나 즐기면서 쓴 책이기 때문에 누군가가 '재미있다'고 말해 주면 마치 영혼의 소통을 한 듯 내심 매우 기뻤다. 그런데 결론이 없어 아쉽다고 말하니 무언가 변명을 해야만 할 것 같아 한 권으로 끝나지 않는 '연작'이라서 그렇다고 말해 버렸다. 실제로 내가 연구하는 다양한 주제가 일차적으로 '영혼'이라는 주제를 중심으로 전개되기 때문에 그것은 틀린 말은 아니다. 하지만 그 책은 그 자체로 또 다른 결론을 필요로 하지 않기 때문에 결론이 없다는 것이 정답이라 할 수 있다. 물론 그 책을 이루는 모든 부분들은 연속적이지만 또한 독립적인 주제를 확보하고 있다. 그래서 이미 책 속의 모든 독립적인 주제들에 대한 결론을 내려 두었기 때문에 또 다른 결론은 적어도 내게는 중언부언이라 할 수 있다. 왜 사람들은 늘 결론을 필요로 하는가? 물론 책은 저자와 독립되지 않는 부분이 있다. 저자의 영혼이 담겨져 있기 때문이다. 그렇지만 책은 저자를 떠나 다른 사람들에게 읽히는 순간 저자와 독립적인 영혼을 가진다. 독자가 책에 대해 낳은 사유는 독립적이다.

박사 학위를 받고 난 후에 개인적으로 관심 갖는 주제들에 대해 자유롭고 다양하게 써 왔지만 모든 것을 아우르는 하나의 중심축이 있었다. 그것은 바로 철학을 하면서 늘 마음에서 떠나지 않았던 '영혼'이라는 주제이다. 그리스의 신화와 철학의 '영혼' 개념은 서구 사상에서 다양한 방식으로 변주되었다. 전작을 쓰면서 처음 머리에 떠올렸을 때 너무 마음에 들던 제목이 있었다. 아무에게도 말하지 않고 몇 년 동안 묵혀 놓았던 바로 '영혼의 역사'이다. 사실 책이 출판된 후에 보니 필자 혼자만 지나치게 좋아했던 제목이었던 것 같기는 하다. 개인적으로 과거에 썼고 현재에 쓰고 있고 미래에 쓰일 책들도 어떤 측면에서 영혼과 연관되지 않을 수는 없을 것이다. 《죽음과 아름다움의 신화와 철학》도 사실 영혼이라는 주제와 관련하여 인간의 늙음과 죽음, 그리고 아름다움에 대한 욕망을 이야기하고 있다.

이 책 역시 결론을 쓰지 않았다. 솔직히 처음부터 책 전체의 결론을 쓸 필요가 없다고 생각한 것은 아니다. 통상적으로 결론을 쓰는 경우가 대부분이기 때문에 당연히 결론을 써야 하는 것이 아닌가 하고 고민도 해보았다. 그렇지만 아무 말도 덧붙일 것이 떠오르지 않았다. 필자가 하고 싶은 말은 이미 텍스트 안에 모두 썼기 때문이다. 거기에 덧붙여 또 다른 결론을 쓰는 것이 사족같이 느껴져서 포기하고 넘어갔다. 그렇지만 아마도 쓸 수만 있었다면 썼을 것이다. 결론만 남겨두고 여섯 달이 훨씬 넘는 시간을 끌었기 때문이다. 그러나 결론은 열려 있어야 하고 독자의 몫이라 생각하며 훌훌 털어내고 떠날 필요가 있다. '죽음'과 '아름다움'이라는 거대한 주제라면 지금 분량보다 훨씬 많은 내용이 담길 수 있다. 하지만 책 자체로 스스로 참을 수 없는 무게를 견디게 하지 않게 하기 위해 여기서 멈추기로 하였다. 이 책에 꼭 들어가야 한다고 생각했던 부분이 있었다는 사실조차 잊기로 했다. 사실 '후기'를 생각하지 않았다면 여전히 책을 마무리하지 못했을 가능성이 높고 출간까지 가지 못했을 수도 있다.

책은 사람과 함께 나이 들어가는 것 같다. 처음 죽음의 신화에 대해 글을 쓰기 시작했을 때만 해도 죽음에 가까이 있다고 생각하지는 못했다. 죽음보다 먼저 찾아온 질병이나 노령과 같은 친구들이 죽음을 생각하고 준비하게 만들고 있다. 여기서 다루는 죽음과 아름다움은 우리가 어느 시기엔가 한 번씩 떠올리기도 하고 떠올려야 하기도 하는 아주 일상적인 주제들이기 때문에 관심을 끌었다. 죽음이나 노령이 단지 우리를 우울하고 쓸쓸하게 만드는 주제라고 생각될 때면 너무 늦어 버린 주제이지 않을까 생각하면서, 오히려 우리와 너무 멀리 떨어져 있는 주제라고 생각이 들 때 다루어 보면 더 좋지 않을까라는 생각을 해보았다.

언젠가 인생이라는 숲을 찬찬히 둘러보기 시작하면 예전에 무섭고 두렵던 것들이 아무것도 아니라는 것을 깨닫게 된다. 우리는 자신에게 익숙하지 않고 낯선 것에 대해 막연한 두려움을 느끼지만, 죽음이라는 주제도 자주 대면하다 보면 우리에게 아주 친근하고 거의 부담을 주지 않는 인상을 주게 된다. 그러니 처음부터 천천히 그리고 멀리 넓게 만나기 시작하는 것이 좋지 않을까? 책이 전체적으로 너무 무겁지도 너무 가볍지도 않으며, 너무 열정적이지도 너무 냉정하지도 않게 생각보다 훨씬 담담하게 쓰였다고 말하고 싶다. 그렇지만 이것은 전적으로 개인적인 기준에 불과하고 사람마다 달리 느낄 수 있다. 단지 이 책도 사람과 같이 누구에게 너무 무겁지도 지루하지도 부담되지도 않게 느껴지기를 바랄 뿐이다.

참고문헌

김미현,《판도라 상자 속의 문학》, 민음사, 2001.
김상근, "신플라톤주의 신학이 16-17세기 유럽이 마녀사냥에 미친 영향",《신학논단》51호, 2008.
김주현,《외모 꾸미기 미학과 페미니즘》, 책세상, 2009.
____, "여성 신체와 미의 남용: 포스트페미니즘과 나르시시즘 미학",《미학》55집, 2008.
____, "여성의 몸과 외모 꾸미기: 금욕주의와 나르시시즘을 넘어서",《미학》47집, 2006.
노성두, "서양미술에 나타난 악마의 도상연구",《미술사학보》34집, 2010.
또 하나의 문화 편집부,《여성의 몸, 여성의 나이》, 또하나의문화, 2001.
마경희, "사회권으로서 돌봄의 제도화를 위한 대안적 패러다임 모색",《여성과 사회》16집, 2005.
박성은 외,《서양미술사 연구: 르네상스에서 낭만주의까지》, 다빈치, 2008.
백인호, "근대 초 유럽의 마녀사냥: 사바트를 중심으로",《서강인문논총》20집, 2006.
시몬 드 보부아르,《노년: 나이 듦의 의미와 그 위대함》, 홍상희, 박혜영 옮김, 책세상, 2002.
신혜경, "페미니스트 미술에서의 몸의 도전과 한계",《미학》, 50집, 2007.
피터브룩스,《육체와 예술》, 이봉지, 한예경 옮김, 문학과 지성사, 2000.
피에르 부르디외,《구별짓기: 문화와 취향의 사회학》, 최종철 옮김, 새물결, 1996.
윤난지 역음,《페미니즘과 미술》, 눈빛, 2009.
이동옥, "노인여성의 의존자로서 지위와 보살핌을 받을 권리",《여성건강》6권 2호, 2005.
이재경, "중년기 여성의 생애과정과 노년",《가족과 문화》14집 3호, 2002.
이승환, "자본주의 신체미학과 자아정체성: 미적 실존에서 감성적 실존으로",《철학연구》36집, 고려대철학연구소, 2008.
이진경 편저,《문화정치학의 영토들》, 그린비, 2007.
이창남, "미, 추의 변증법과 문화비판: 아도르노 미학이론의 추, 미, 기술의 카테고리를 중심으로",《헤세연구》12집, 2004.
이승연, "유가에 있어서 노인",《유교사상연구》42집, 2010.
장영란,《그리스 신화와 철학으로 보는 영혼의 역사》, 글항아리, 2010.
____,《장영란의 그리스신화》, 살림, 2005.
____,《위대한 어머니 여신》, 살림, 2003
____,《신화 속의 여성, 여성 속의 신화》, 문예, 2001.
____, "희생제의와 희생양의 철학적 기능",《동서철학연구》68호, 2013.
____, "그리스 종교축제의 원형적 특성과 탁월성 훈련",《철학논총》73집 3권, 2013.
____, "그리스 종교축제의 영혼의 치유와 소통",《동서철학연구》69호, 2013.
____, "그리스 신화와 철학에 나타난 네 요소에 관한 철학적 상상력의 원천(1)",《서양고전학연구》14집, 한국서양고전학회, 2000.
장 마리니,《흡혈귀-잠들지 않는 전설》, 장동현 옮김, 시공사, 1996.
장 보드리야르,《소비의 사회》, 이상률 옮김, 문예, 1992.
주경철, C "마녀 개념의 형성연구: 《캐논 에피스코피》에서 《말레우스 말레피카룸》까지",《서양사연구》48집, 2013.
칸트,《아름다움과 숭고함의 감정에 관한 고찰》, 이재준 옮김, 책세상, 2005.
태혜숙, "몸의 정치, 성차의 윤리: 뤼스 이리가라이",《여/성이론》2호, 여성문화이론연구소 엮음, 여이연, 2000.
클로드 르쿠퇴,《뱀파이어의 역사》, 이선형 옮김, 푸른미디어, 2002.
최준호, "심미적인 것과 문화: 칸트, 아도르노, 니체",《니체연구》, 7집, 2005.

최재목, "유교에서 '노'의 의미와 기능", 《유교사상연구》 33집, 2008.
최현진, "중년 여성의 성형수술 경험을 통해 본 여성의 나이듦", 《여성건강》 6권 1호, 2005.
한국여성연구소, 《여성의 몸: 시각, 쟁점, 역사》, 창비, 2005.
한국여성철학회, 《여성의 몸에 관한 철학적 성찰》, 철학과 현실사, 2001.
한혜원, 《뱀파이어 연대기》, 살림, 2004.
허라금, "성주류화 정책 패러다임 모색: '발전'에서 '보살핌'으로", 《한국여성학》 21권 1호, 2005.
허라금, "보살핌의 사회화를 위한 여성주의의 사유", 《한국여성학》 22권 1호, 2006.

Aeschylus, *Agamemnon, Libation-Bearers, Eumenides, Fragments,* trans. by Herbert Weir Smyth, Loeb Classical Library, Harvard University Press, 1960.
_____, *Suppliant Maidens, Persians, Prometheus, Seven Against Thebes,* trans. by Herbert Weir Smyth, Loeb Classical Library, Harvard University Press, 2006.
_____, 《아이스퀼로스 비극》, 천병희 옮김, 단국대출판부, 1998.
Aeschylus, *Agamemnon*, ed. with a Commentary by Eduad Fraenkel in 3 vols., Oxford, 1950.
_____, *Coephoroi,* ed. with Introduction and Notes by Sidgwick, Oxford, 1952.
_____, *Eumenides,* ed. by A. H. Sommerstein, Cambridge University Press, 1989.
_____, *Prometheus Bound,* ed by M. Griffith, Cambridge University Press, 1983.
_____, 《아이스퀼로스 비극》, 천병희 옮김, 단국대학교 출판부, 1998.
Allen, R.E. and Furly, D.J(ed), *Studies in Presocratic Philosophy,* vol. 2, 1975.
Anne Baring & Jules Cashford, *The Myth of the Goddess: Evolution of an Image,* Arkana, Penguin Books, 1991.
Apuleius, Lucius, *The Golden Ass,* tr. by Robert Graves, Farrar, Straus & Giroux, 1972.
Aristophanes, *Comoediae,* ed. by F. W. Hall and W. M. Geldart, 2 vols., Oxford, 1907.
_____, 《아리스토파네스의 희극》, 천병희 옮김, 단국대학교 출판부, 2000.
Aristotles, *Nicomachean Ethics,* trans. by Rackham H., Loeb Classical Library, Harvard University Press, 1934.
_____, *Aristotle: The Nicomachean Ethics,* trans. Ross, W. D., Oxford University Press, 1980.
_____, *Aristotle: Nicomachean Ethics,* trans. Terence Irwin, Hakett Publishing Company, 1985.
_____, 《니코마코스 윤리학》, 이창우, 김재홍, 강상진 옮김, 이제이북스, 2006.
_____, *Art of Rhetoric,* trans. by Feese, J.H., Loeb Classical Library, Harvard University Press, 2006.
_____, *Aristotle on Rhetoric,* newly translated with Introdution, Notes, and Appendixes by George A. Kennedy, Oxford University Press, 1991.
Aristotle, Aristotle De Anima, by R.D. Hicks, Cambridge University Press, 1907.
_____, *Aristotle's De Anima,* ed. D.W. Ross, Clarendon Press, Oxford, 1961.
_____, *Aristotle's De Anima,* trans D.W. Hamlyn, Clarendon Press, 1968.
_____, *Parva Naturalia,* trans. by Hett. W. S., Loeb Classical Library, Harvard University Press, 1975.
Arthur C. Lehmann and Janes E. Myers, *Magic, Witchcraft and, Religion,* California State University Mayfield Publishing Company, 1989.
Averil Cameron and Amelie Kuhrt(ed), *Images of Women in Antiquity,* Wayne State University Press, 1983.
Barnes, J., *The Presocratic Philosophers*, 2 vols, Routledge and Kegan Paul, 1979.
Bartky, Sandra Lee, "Foucault, Feminity and the Modernization of Patriarchal Power", Irene Diamond

and Lee Quinby, eds., Boston; Northstern Up, 1988.
Bowra, C.M., *The Greek Experience*, 《그리스 문화예술의 이해》, 이창대 옮김, 철학과 현실사, 1957/1997.
Bernard, M., ed.(2000), *Women Ageing*, 《여성의 나이 듦에 대한 이해》, 미리암 버나드 외, 여성한국사회연구소 옮김, 경문사, 2003.
Boardman, J., *Greek Art*, 《그리스 미술》, 시공사, 2003.
Bordo, Susan(1995), *Unbearable Weight: Feminism, Werstern Culture and the Body*, 《참을 수 없는 몸의 무거움》, 박오복 옮김, 또하나의문화, 2003.
_____(1997), "The Body and the Reproduction of Femininity", *Writing on the Body: Female Embodiment and Feminist Theory*, Katie Conboy et al., eds., Columbia Up.
Bram Stoker, *Dracula*, 《드라큘라》, 이세욱 옮김, 열린책들, 2000.
Bryan S., Turner, *The Body & Society*, 《몸과 사회》, 임인숙 옮김, 몸과 마음, 2002.
Butler, Judith(1990), *Gender Trouble: Feminism and the Subversion of Identity*, Routledge.
_____(1993), *Bodies that matter: on the discursive limits of "sex"*, 《의미를 체현하는 육체: '성'의 담론적 한계들에 대하여》, 김윤상 옮김, 인간사랑, 2003.
Burkert, W., *Ancient Mystery Cults*, Harvard University Press, 1987.
_____, *Greek Religion*, Basil Blackwell, 1985.
_____, *Homo Necans*, University of California Press, 1983.
Camille Paglia, *Sexual Personae*, 《성의 페르소나》, 이종인 옮김, 예경, 2003.
Chrisiane Sourvinou-Inwood, *'Reading' Greek Death*, Clarendon, 1995.
Claus, D., *Toward the Soul*, New Haven, 1981.
Conford, F.M., *From Religion to Philosophy*, 《종교에서 철학으로》, 남경희 옮김, 이화여대출판부, 1995.
Dodds, E.R., *The Greeks and the Irrational*, California University Press, 1951.
Dover, K.J., *Greek Homosexuality*, Cambridge University Press, 1978.
Easterling & Muir, *Greek Religion and Society*, Cambridge University Press, 1985.
Edmunds, L.(ed.), *Approaches to Greek Myth*, The Johns Hopkins U.P., 1990
Cicero, *De Senectute*, trans. by Falconer, W.A., Loeb Classical Library, Harvard University Press, 1968.
_____, 《노년에 관하여》, 오홍식 옮김, 궁리, 2002.
Daniel Ogden, *A Companion to Greek Religion*, Blackwell Publishing, 2007.
Dante Alighieri, *La Divina Commedia*, 《신곡》, 김운찬 옮김, 열린책들, 2007.
Diogenes Laertius, *Lives of Eminent Philosophers*, trans. by Hicks, R.D. Loeb Classical Library, Harvard University Press, 1925.
Eliade, M., *Histoire des Croyances et des Idees Religieuses*, 《세계종교사상사》 1권, 이용주 옮김, 이학사, 2005.
Elizabeth Grosz, *Volatile Bodies: Toward a Corporeal Feminism*, 《뫼비우스의 띠로서 몸》, 여이연, 2001.
Epicuros, 《쾌락》, 오유석 옮김, 문학과 지성사, 1998.
Erich Neumann, *Amor and Psyche*, Princeton University Press, 1956.
Euripides, *Cyclops, Alcestis, Medea*, trans. by David Kovacs, Loeb Classical Library, Harvard University Press, 1994.
_____, *Trojan Women, Iphigeneia among the Taurians, Ion*, trans. by David Kovacs, Loeb Classical Library, Harvard University Press, 1999.

_____,《에우리피데스 비극》, 천병희 옮김, 단국대출판부, 1999.
Euripides, *Medea*, ed. with Introduction and Commentary by D.C. Page, Oxford, 1955.
_____,《에우리피데스 비극》, 천병희 옮김, 단국대학교 출판부, 1998.
Finley J.H., *Homer's Odyssey*, Harvard University Press, 1979.
Fullerton, M.D., *Greek Art*, Cambridge University Press, 2000.
Furley, D.J & Allen D.J., *Studies in Presocratic Philosophy*, vol.1, Routledge & Kegan Paul, 1965.
Geothe, J.W., *Faust*,《파우스트》 1, 2, 정서웅 옮김, 민음사, 1999.
Gerard Legrand, *L'art de la Renaissance*,《르네상스》, 생각의 나무, 1999/2004.
Germaine Greer, *The Boy*,《보이》, 정영문, 문영혜 옮김, 새물결, 2004.
Griffin, Jasper, *Homer on Life and Death*, Clarendon Press, 1980.
Grotz, Elisabeth(1989),《뫼비우스 띠로서 몸》, 임옥희 옮김, 여이연, 2001.
Guthrie, W.K.C., *Orpheus and Greek Religion*, Princeton University Press, 1993.
_____, *The Greeks and theirs Gods*, Methuen & Co. LTD., 1950.
_____, *Orpheus and Greek Religion*, Princeton University Press, 1952(1993).
Hannelore Shlaffer, *Das Alter*,《노년의 미학》, 김선형 옮김, 경남대학교 출판부, 2005.
Harold Cherniss, *Aristotle's Criticism of Presocratic Philosophy*, Octagon Books, 1976.
Harrison, Jane Ellen, *Prolegomena to the Study of Greek Religion*, London, Merlin Press, 1903.
Heinrich Wolfflin, *Die Klassische Kunst*,《르네상스의 미술》, 안인희 옮김, 휴머니스트, 2002.
Hesiod, *Theogony, Works and Days*, trans. by Glenn W. Most, Loeb Classical Library, Harvard University Press, 2007.
_____, *Theogony*, edited with Prolegomena and Commentary by M.L. West, Clarendon Press, 1966.
_____, *Works and Days*, edited with Prolegomena and Commentary by M.L. West, Clarendon Press, 1978.
Homer, *Homeri Opera*, rec. T. W. Allen, III-IV, Oxford, 1917-1919.
____,《오뒤세이아》, 천병희 옮김, 단국대학교 출판부, 1996.
____, *Homeri Opera*, rec. T. W. Allen, I-II, Oxford, 1956.
____,《일리아스》, 천병희 옮김, 단국대학교 출판부, 1996.
____, *Homeric Hymns, Homeric Apocrypha, Lives of Homer*, trans. by West, M.L. Loeb Classical Library, Harvard University Press, 2003.
Hugh Honour & John Fleming, *A World History of Art*, Laurence King Publishing, 2002.
Hussey, E.l. The Presocratics, 1972.
Jeffrey R. Russell(1980), *History of Witchcraft in the Middle Ages: Sorcerers, Heretics, and Pagans*,《마녀의 문화사》, 김은주 옮김, 르네쌍스, 2001.
Elaine Pagels, *The Origin of Satan*,《사탄의 탄생》, 권영주 옮김, 루비박스, 2006.
Kant, E., *Beobachtungen uber das Gefuhl des Schonen und Erhabenen*,《아름다움과 숭고함의 감정에 관한 고찰》, 이재준 옮김, 2005.
Katie Conboy et al., eds., Writing on Body: Female Embodiment and Feminist Theory,《여성의 몸, 어떻게 읽을 것인가?》, 한울, 2001.
Karl Kerenyi, *The Heroes of The Greeks*, Thames and Hudson, 1959.
_____, *The Gods of the Greeks*,《그리스 신화: I. 신들의 시대》, 장영란, 강훈 옮김, 궁리, 2002.
Kirk, G.S., *The Nature of Greek Myths*, Penguin Books, 1974.
Kirk, G.S., Raven, J.E. and Schofield, M., *The Presocratic Philosophers*, Cambridge University Press,

1984.
Kittay, Eva Feder, "Love's Labor Revisited", *Hypatia* 17-3, 2002.
____, "Social Policy", in *A Companion to Feminist Philosophy*, eds. Alison Jagger and Iris Young, Blackwell, 1998.
Marija Gimbutas, *The Goddesses and Gods of Old Europe*, Thames and Hudson, 1982.
_____, *The Language of The Goddess*, Harper Collins, 1991.
Miriam Berard, ed., *Women Ageing*, Routledge, 2000.
Mourelatos, A.P.D. (ed), *The Pre-socratics, a Collection of Critical Essays*, Anchor Press, 1974.
Niegel Spivey, *Greek Art*,《그리스 미술》, 양정무 옮김, 한길아트, 2001.
Noddings, Nel, *Starting at Home: Caring and Social Policy*, University of California Press, 2002.
_____, *Caring: A Feminine Approach to Ethics and Moral Education*, University of California Press, 1984.
O'Brien M.C., *Apuleius' Debt to Plato in the Metamorphoses*, The Edwin Mellen Press, 2002.
Onians, R.B., *The Origins of European Thought*, Cambridge University Press, 1954.
Panofsky, Erwin, *Studies in Iconology*,《도상해석학연구》, 이한순 옮김, 시공사, 2002.
Paoletti, J.T. & Radke, G.M., *Art in Renaissance Italy*, Pearson, 2012.
Pedley, J.G., *Greek Art & Archaeology*,《그리스 미술》, 조은정 옮김, 예경, 2004.
Plato, *The Symposium of Plato*, Bury, Robert Gregg(ed), Cambridge University Press, 1932.
____, *Plato's Symposium*, Stanley Rosen(ed), Yale University, 1987.
____, *Lysis, Symposium, Gorgias*, trans. by Lamb W.R.M., Loeb Classical Library, Harvard University Press, 1925.
____,《향연》, 박희영 옮김, 문학과 지성사, 2003.
____,《고르기아스》, 김인곤 옮김, 이제이북스, 2011.
____, *Plato's Statesman*, Skemp, J.B.(trans), Routledge & Kegan Paul, 1952.
____, *Plato's Cosmology: The Timaeus of Plato*, F. M. Cornford (trans), Routledge & Kegan Paul, 1937.
____, *A Commentary on Plato's Timaeus*, Taylor, A.E.A.(ed), Clarendon Press, 1928.
____, *Timaeos*,《플라톤의 티마이오스》, 박종현, 김영균 옮김, 서광사, 2000.
____, *The Republic of Plato*, James Adam(ed), Cambridge University Press, 1902.
____, *The Republic*, trans. by Shorey, Paul, Loeb Classical Library, Harvard University Press, 1971.
____, *Politeia*,《국가》, 박종현 옮김, 서광사, 1997.
____, *Euthyphro, Apology, Crito, Phaedo, Phaedrus*, trans. by Fowler, H.N., Loeb Classical Library, Harvard University Press, 1999.
____, *Plato's Phaedrus*, Hackforth, R(trans), Cambridge University Press, 1972.
____,《파이드로스》, 조대호 역해, 문예출판사, 2008.
____, *Plato's Phaedo*, Hackforth, R(trans), Cambridge University Press, 1955.
____,《에우티프론, 소크라테스 변론, 크리톤, 파이돈》, 박종현 옮김, 서광사, 2003.
____, *Theaetetos*, trans. by Fowler, H.W., Loeb Classical Library, Harvard University Press, 1971.
Ramazanoglu, Caroline eds.,(1993), *Up Against Fouault*,《푸코와 페미니즘》, 최영 외 옮김, 동문선, 1997.
Reynold Higgins, *Minoan and Mycenaean Art*, Thames and Hudson, 1967.
Richard Kearny, *Strangers, Gods, and Monsters*,《이방인, 신, 괴물》, 개마고원, 2004.
Roswnkranz, J.K.F., *Asthetik des Haβlichen*,《추의 미학》, 조경식 옮김, 나남, 2008.
Sophocles, *Ajax, Electra, Oedipus Tyrannus*, trans. by Huge Lloyd-Jones, Loeb Classical Library,

Harvard University Press, 1994.
_____, Antigone, *The Women of Trachis, Philoctetes, Oedipus Colonus*, trans. by Huge Lloyd-Jones, Loeb Classical Library, Harvard University Press, 1994.
_____,《소포클레스 비극》, 천병희 옮김, 단국대학교출판부, 1998.
Toni M. Calasanti and Kathleen f. Slevin(ed.), *Age Matters*, Routledge, 2006.
Regnell, H., *Ancient Views on the Nature of Life*, CWK Gleerup, Lund, 1967.
Richardson, N.J, "Early Greek Views about Life after Death", from *Greek Religion and Society*, eds. Easterling and Muir, Cambridge University Press, 1985.
Robert Graves, *The Greek Myths*, Penguin Books, 1992.
Robert A. Segal(ed), *Philosophy, Religious Studies, and Myth*, Garland Publishing, INC., 1996.
Rohde, E., *Psyche: The Cult of Souls and Belief in Immortality among the Greeks*, trans. W. B.. Hillis 8th ed. New York, Harper Torchbooks, 1966.
Solmsen F., *Hesiod and Aeschylus*, Cornell University Press, 1995.
Sophocles, *Antigone*, ed. with a Commentary by R. Jebb, Cambridge University Press, 1959.
_____, *Oedipus Tyrannus*, ed. with Introduction and Notes, by R. Jebb, Cambridge University Press, 1958.
_____, *Oedipus Colonus*, ed. with Introduction and Notes, by R. Jebb, Cambridge University Press, 1955.
_____, *Electra*, ed. with a Commentary by R. Jebb, Cambridge University Press, 1952.
Steven Lowenstam, *As Witnessed by Images*, The Johns Hopkins University Press, 2008.
Susan Woodford(1982), *Cambridge Introdution to the History of Art: The Art of Greece and Rome*, 《그리스, 로마 미술》, 김창규 옮김, 예경산업사, 1991.
Thomas Aquinas, *Summa Theologiae*, 《신학대전》 14권, 이상섭 옮김, 바오로딸, 2009.
Umberto Eco ed., *Storia Della Bellezza*, 《미의 역사》, 이현경 옮김, 열린책들, 2004.
_____, *UmbStoria Della Bruttezza*, 《추의 역사》, 오숙은 옮김, 열린책들, 2008.
Vermeule, E., *Aspects of Death in Early Greek Art and Poetry*, Berkeley and Los Angeles, 1979.
Vernant, J. P., *Mortals and Immortals*, ed. Froma I. Zeitlin, Princeton University Press, 1991.
_____, *Myth and Thought among the Greeks*, Routledge & Kegan Paul, 1983.
_____, *Les origines de la pensee grecque*, 《그리스 사유의 기원》, 김재홍 옮김, 자유사상사, 1993.
_____ & Vidal-Naquet, P., *Tragedy and Myth in Ancient Greece*, tr. J.L. Lloyd, Brighton, 1981.
Walter Burkert, *Greek Religion*, Basil Blackwell, 1985.
Walter Pater, *The Renaissance Studies in Art and Poetry*, 《르네상스》, 학고재, 1893/2001.
Waltraud Posch, *Korper machen Leute: Der Kult die Schonheit*, 《몸, 숭배와 광기》, 조원규 옮김, 여성신문사, 2001.
Wollstonecraft, Mary, *Vindication of the Rights of Women*, Kramnick, 1975.